ELSA THIRIOT

# une année pour donner le goût de l'école

CO-SCHOOLING
7-11 ans

52 semaines pour accompagner les enseignements primaires par le jeu

MANGO

# Introduction

Vous le savez, devenir parent est une véritable métamorphose. Comme la chenille qui, sortant de sa chrysalide, se découvre être tout autre chose, il y a pour nous un « avant » et un « après » de la parentalité. Construire une famille, c'est s'engager, en tant que parent, dans un processus qui demande un investissement de chaque instant. S'il est vrai que chaque famille est différente, on peut tout de même admettre que toutes ont ceci en commun : chacune fait du mieux qu'elle peut avec ce qu'elle est !

## À vous parent, qui lisez ce livre

Lorsque votre enfant était un tout petit bébé, c'est tout naturellement que vous vous êtes **investi dans ses apprentissages** : le toucher, lui parler, lui tendre des hochets... À aucun moment il ne vous serait venu à l'esprit que ce n'était pas là votre rôle, en tant qu'éducateur ! Les choses ont continué assez naturellement à l'entrée de l'école maternelle – même si certains parents ressentent, à ce stade, une espèce de flou quant à leur mission éducative : est-ce à moi de lui apprendre à dire « s'il vous plaît » et « merci », ou est-ce à ses enseignants ? Qui doit lui apprendre à faire ses lacets, et à connaître le nom des couleurs ?

C'est surtout à l'entrée de l'école élémentaire que le clivage s'instaure. Les parents, tenus à l'écart de l'école dans laquelle ils n'ont même plus le droit d'entrer sans rendez-vous, délèguent un peu aveuglément aux enseignants tout ce qui relève des apprentissages, et sont souvent **démunis quand il s'agit d'aider leur enfant à la maison**. Que faire face à d'éventuelles difficultés scolaires ? Comment réagir lorsque son enfant prend une matière en grippe ? Comment l'aider à réaliser ses devoirs du soir dans la joie sans y passer trois heures ?

En tant qu'enseignante, il m'est rapidement apparu qu'il était contre-productif de « soigner » le dégoût scolaire (ou le simple désintérêt) **par un surcroît** de leçons magistrales et d'exercices d'application... Après des années de réflexion sur ce sujet, j'ai développé **le concept de « co-schooling »**, qui m'a aidée à me positionner en tant que maman d'enfants scolarisés. **C'est la solution** : s'amuser avec les savoirs, jouer à les moduler et à les intégrer à notre vie de tous les jours, afin de développer un rapport à la connaissance profond et authentique... et tellement ludique !

## Présentation de l'auteure

Enseignante dans le premier degré, ma passion pour la pédagogie et les apprentissages ludiques a pris un nouveau tournant lorsque je suis devenue maman. Depuis sept ans, je tiens un journal de notre « *co-schooling* » dans un blog « Merci qui ? Merci Montessori ! » consacré aux apprentissages domestiques de mes enfants. Dans le présent ouvrage, je souhaite partager avec vous ma passion et vous transmettre tous les outils pratiques pour qu'apprendre devienne, chez vous aussi, une merveilleuse aventure familiale !

## Qu'est-ce que le « co-schooling » ?

Le *co-schooling* prend ses racines dans la contradiction suivante : « D'une part, **je ne souhaite pas empiéter** sur ce que mes enfants étudient en classe, par crainte de dénaturer leur plaisir d'apprendre, de contredire l'enseignant ou tout simplement de les étouffer. Car je sais bien qu'après une journée d'école, ce dont mes enfants ont besoin, c'est surtout de ma disponibilité et de mon attention, pas d'une énième heure de classe. D'autre part, il n'est pas question que, sous prétexte qu'ils sont scolarisés, **je renonce au formidable plaisir d'apprendre à et avec mes enfants**. D'autant que je sais que ces temps de transmission sont de merveilleux moments partagés – de ceux dont on forge les souvenirs d'enfance ! »

Vous êtes **les seuls au monde** à pouvoir donner à vos enfants des parents qui aiment apprendre avec eux. Si vous souhaitez que votre enfant en ait le goût et l'envie aussi, il vous suffit d'y prendre vous-même plaisir. **Lancez-vous le défi de découvrir quelque chose tous les jours**, et échangez avec vos proches sur le résultat de vos lectures, de vos recherches ou sur vos acquis. Amusez-vous, et le reste suivra : vous et votre enfant aurez plaisir à jouer et à partager – à apprendre ! Le *co-schooling*, c'est un engagement réciproque dans lequel **l'adulte comme l'enfant font ce qu'ils ont à faire** : le premier apprend à jouer, et le second apprend en jouant.

## Une année pour donner le goût de l'école

Le présent ouvrage, progressif et ludique, est issu de ma propre expérience. Il vous permettra, semaine après semaine, de développer et de partager en famille votre amour pour le savoir... pour tous les savoirs : jeux mathématiques, artistiques, de lecture, d'écriture, d'histoire, de sciences et de géographie.

Vous y trouverez de nombreuses activités, mais aussi des **« billes pédagogiques »** : ces pages vous livrent mon éclairage de professionnelle de l'enseignement. Vous y découvrirez quelques repères théoriques, ainsi que toutes les petites astuces qui constituent le secret de la réussite !

Ayez toujours en tête qu'apprendre et manipuler ensemble, c'est avant tout une manière simple de partager un moment de complicité. Ne soyez pas étonné que votre enfant en redemande ! Ce livre s'appuie sur les principes pédagogiques suivants :

– **Se centrer sur les intérêts de l'enfant**. Il s'agit, pour l'adulte, d'être connecté à son instinct : vous avez, en tant que parent, une connaissance intime de votre enfant. Vous savez, pour peu que vous preniez le temps de « brancher vos antennes », ce qui peut lui plaire ou non. Le présent livre vous expose à plus de cent propositions pédagogiques – parmi lesquelles il vous faudra certainement faire un tri. C'est l'enfant lui-même qui est votre guide, votre boussole. Au fil des semaines, vous apprendrez à vous connecter à lui de plus en plus finement – et à vous tromper de moins en moins dans vos propositions.

– **Permettre à l'enfant de voir le monde pour ce qu'il est** : la plus grande et la plus belle salle de classe imaginable, qui propose une myriade « d'ateliers ». L'important est que votre enfant « vive le monde », et qu'il développe une conception de l'apprentissage qui dépasse celle qui se construit trop souvent à l'école. Non, on n'arrête pas d'apprendre lorsque sonne la cloche. Au contraire !

– **Développer la soif de savoir**. S'initier et s'instruire ainsi, « dans le monde », développe une pertinence, une connexion intime avec ce qu'on assimile. On peut sans doute décrocher d'un parcours scolaire ; mais on ne peut décrocher de la vie. Être vivant, c'est construire des outils et des compétences pour réfléchir, créer et produire dans notre siècle ; être vivant, c'est s'adapter, c'est apprendre. Les savoirs ne sont pas figés. Dès lors que ceci est admis, la question de la motivation ne se pose plus... L'enfant en redemande, car vivre et apprendre sont synonymes !

# Sommaire

JEU artistique

JEU d'écriture

JEU de lecture

JEU d'histoire

JEU mathématique

JEU de sciences

JEU de géographie

Bille pédagogique

# AMUSEZ-VOUS !

Notre époque est exigeante. Prenez l'écriture, par exemple : aujourd'hui, quiconque doit savoir écrire, c'est-à-dire : savoir coder les sons de la langue, tenir un stylo, connaître les règles de ponctuation et d'accords, être capable de composer un texte sensé... Le tout, avant 9 ans ! Le poids de ces attentes peut être lourd pour de jeunes épaules... Fort heureusement, les adultes peuvent offrir leur aide dans cet apprentissage complexe, à condition de savoir se positionner.

## LE POUVOIR DU JEU

Les enfants sont portés par nature à aimer ce qui est bon pour eux, et le meilleur pour eux, c'est le jeu. **Le jeu fait grandir, et en ce sens, tout jeu est éducatif.** Le jeu met l'enfant dans un état de concentration et d'attention poussé, et c'est exactement l'état d'esprit nécessaire à l'apprentissage.

Vous, parent, le savez : vous avez un rôle très particulier à jouer dans le développement éducatif de votre enfant. Mais en quoi consiste cette participation, quand on parle d'apprentissages « scolaires » ? Pas question de proposer des exercices d'application rébarbatifs et répétitifs, ni de prendre la place de l'enseignant. Épauler l'enfant dans sa scolarité, c'est se rendre aux portes ouvertes de son école, superviser les devoirs, et exprimer un intérêt sincère pour ses progrès scolaires. C'est permettre à l'enfant d'intégrer ce qu'il apprend à l'école à sa vie de tous les jours. C'est faire de sa maison un lieu d'apprentissage stimulant. Vous trouverez des pistes pour développer tous ces aspects dans les pages à venir, mais, soyez conscient qu'au-delà de tout cela, **la voie royale pour soutenir votre enfant dans sa scolarité réside dans le jeu partagé.**

## LES TROIS RÈGLES D'OR DU PARENT PÉDAGOGUE

**1. J'écoute mon intuition.**
Toutes les activités présentées dans ce livre ne plairont peut-être pas pareillement à tous les enfants. Sentez-vous libre de sauter des pages, de revenir en arrière, de moduler, transformer, adapter à votre famille et au matériel dont vous disposez.
À l'inverse, si votre enfant raffole d'une activité, proposez-la sans relâche, tant qu'il n'y a pas de lassitude ! Et vous n'aurez pas lu ce livre en vain !

**2. Je ne relève pas les erreurs de mon enfant.**
Des erreurs, il en fera ! Tout comme vous en feriez si on vous demandait une prestation dans un domaine que vous ne maîtrisez pas encore. Il fera des « fautes d'orthographe », confondra les B et les D, écrira en miroir ou oubliera des S. C'est tout à fait normal. Ne vous en faites pas, et poursuivez le jeu. Le temps fera son œuvre, tous ces points techniques seront largement revus à l'école. Contentez-vous d'user correctement de la langue, et votre enfant prendra modèle sur vous, petit à petit. Se crisper sur les erreurs ne fera qu'induire de la frustration, sans aider votre enfant à progresser.
La conséquence la plus immédiate sera certainement que votre enfant ne voudra plus jouer avec vous, et alors, comment pourrez-vous l'aidez ?

**3. Je m'amuse !**
Votre plaisir est communicatif ! Ayez toujours en tête que l'hippocampe, zone du cerveau qui joue un rôle majeur dans l'apprentissage et la mémorisation, est fortement impliqué dans la sensation de plaisir. Sans plaisir, pas d'apprentissage… et pas d'apprentissage sans plaisir !

# Avec le corps

Les trois activités suivantes permettent à l'enfant d'intérioriser le tracé des lettres sans passer par le sens de la vue. Pour apprendre, nous utilisons tous nos sens, même si nous ne nous en apercevons pas toujours. Fermer les yeux invite à se concentrer sur ses sensations tactiles et sur son geste. Et apprendre à écrire, c'est justement intégrer des gestes !

## Le sac mystère

matériel : *Des lettres en bois ou en plastique (pièces de puzzle, aimants…), un petit sac en tissu. Facultatif : un masque de sommeil ou un foulard.*

Placez quelques lettres dans le sac et resserrez les liens qui le ferment (adaptez la difficulté de ce jeu à votre enfant : commencez par placer peu de lettres, deux suffisent au début, dont les formes sont nettement contrastées). Montrez à votre enfant comment l'ouvrir légèrement pour pouvoir y passer la main et saisir une lettre à l'intérieur sans la regarder. Un bandeau peut être utilisé s'il l'accepte. **Le jeu consiste à identifier la lettre en utilisant exclusivement le sens du toucher.** Le nom de la lettre doit être énoncé avant que le joueur ne la sorte du sac : *« Peux-tu piocher un A ? »*

Avec des plus grands, on peut s'amuser à tirer une à une les lettres qui composent un mot simple, ou plus complexe – voilà une excellente manière de mémoriser l'orthographe des mots de la prochaine dictée !

On peut aussi organiser un tournoi à plusieurs : chaque lettre identifiée est « gagnée » et lorsque le sac est vide, chacun compte son butin.

**Conseil**

Multipliez les occasions pour votre enfant de toucher les lettres, de les manipuler, de suivre leurs tracés du doigt. C'est encore pour lui le moyen de plus sûr de les mémoriser.

## Écrire dans l'espace

Tracez dans l'air, avec votre main, des lettres géantes. Invitez votre enfant à faire de même : **investissez bien l'espace, en montant votre tracé le plus haut possible**, en le descendant le plus bas possible, en vous lançant sur les côtés et en vous étirant. Imaginez ensemble que vos mains sont des oiseaux, ou des avions qui tracent des signes dans l'espace. Selon l'âge de votre enfant, il peut aussi écrire des mots entiers, voire des phrases… et le mouvement produit sera alors une véritable danse !

## Dans le dos

Voici une activité très simple et très tendre, propice à la complicité et au retour au calme. À essayer avant le coucher, dans une ambiance tamisée !

Tracez une lettre de l'alphabet contre le dos de votre enfant. Saura-t-il la reconnaître ? Recommencez autant de fois que nécessaire. **Au début, mieux vaut commencer par des lettres capitales, dont les formes sont plus aisément identifiables.**

Avec un jeune enfant, choisissez deux lettres contrastées : *« Est-ce un O ou un A que j'écris dans ton dos ? »* Plus tard, choisissez les lettres familières qui composent son prénom. Un enfant lecteur pourra essayer de déchiffrer un court message, en mémorisant et en combinant les lettres tracées une à une.

# En mode automatique

Ne laissez pas votre enfant s'enfermer dans l'idée que les pratiques artistiques ne sont pas « faites pour lui » sous prétexte qu'il ne sait pas dessiner… Mais peut-être est-ce d'ailleurs ce que vous pensez (de) vous-même ? Détrompez-vous : l'art est avant tout une aventure sensorielle, une promenade dans les textures, les couleurs, les tracés… Faites-en l'expérience grâce au dessin automatique, 100 % décomplexant !

**matériel :** *Papier blanc. Crayons à papier gras (4B ou 6B). Nappe. Facultatif : Crayons de couleur, feutres ou peinture. Bandeau ou masque de sommeil.*

**1** Protégez la table avec une nappe et préparez deux feuilles blanches : une pour votre enfant et une pour vous. Placez-vous face à face et libérez au mieux l'espace autour de vous. Le mieux est de travailler debout face à sa table, de manière à **libérer les bras** et le corps tout entier. Munissez-vous chacun d'un crayon noir gras pas trop taillé.

**2** Expliquez les règles du jeu à votre enfant : chacun de vous **va fermer les yeux** et dessiner librement sur sa feuille, sans essayer de parvenir à un résultat quelconque. S'il est difficile pour votre enfant de garder les yeux fermés, vous pouvez lui proposer de les lui bander.

**Conseil**

Expliquez à votre enfant qu'au cours du XX^e^ siècle, une génération d'artistes a travaillé sur l'automatisme : lorsqu'on fait quelque chose « sans y penser », on accède en fait au fonctionnement réel de la pensée. Faites une rapide recherche documentaire sur ce mouvement, et observez ensemble des reproductions de Marx Ernst, d'André Masson et de Joan Miró : tous ont utilisé le dessin automatique, à divers degrés, afin de laisser « parler » leur inconscient.

**3** **Tracez librement,** chacun sur votre feuille, en combinant lignes droites, courbes, ovales et cercles… Essayez d'occuper tout l'espace – et tant pis si le trait déborde parfois de la feuille !

**4** Lorsque vous pensez avoir terminé, posez le crayon et ouvrez les yeux. Prenez un moment pour observer vos œuvres respectives : discutez avec votre enfant de ce que vous voyez, ou croyez voir, en vous appliquant à **rester descriptif**.

**5** Peut-être **un sujet** semblera émerger de ces lignes, un peu comme lorsqu'on observe les nuages dans le ciel et qu'on pense y reconnaître des formes : *« Oh, regarde, ici, on dirait un cheval, oui ! Et là, c'est la chevelure de son cavalier… »* Si c'est le cas, vous pouvez proposer à votre enfant de compléter son travail, sciemment cette fois, en ajoutant quelques détails. De même, vous pouvez choisir de colorer votre dessin, par exemple en remplissant les formes obtenues de grands aplats de couleurs vives. Mais ces adjonctions sont facultatives, et vous pouvez aussi bien décider de laisser votre œuvre telle quelle.

## Le test de Rorschach

Connaissez-vous ce test, qui consiste à essayer de reconnaître des formes familières dans des tâches d'encre symétriques ? Voici deux techniques pour obtenir des motifs aléatoires :

- **Peinture à billes :** tapissez une boîte à chaussures de papier et placez-y un trait de gouache bien diluée – la texture doit être quasiment liquide. Votre enfant peut décider d'y mettre plusieurs couleurs s'il le souhaite. Placez ensuite une bille (ou plusieurs !) dans la boîte, refermez-la et secouez bien.

- **Peinture à l'essoreuse à salade :** tapissez de papier une essoreuse à salade, placez-y quelques traits de gouache et replacez le couvercle. Demandez à votre enfant de tourner la manivelle vigoureusement !

**Prolongement**

Une fois ces œuvres réalisées, vous pouvez proposer à votre enfant, s'il croit y voir des objets ou des figures, de les compléter à l'aide d'un feutre à dessin.

Retrouvez nos conseils pour constituer votre matériel

P. 36, « Matériel d'art : les indipensables ».

# Le coffre enchanté

La phonologie, c'est la capacité à entendre les sons de la langue. Cette prise de conscience est une nécessité pour apprendre à lire et développer l'association entre l'oral et l'écrit. Le jeu suivant peut être mené à deux, trois, cinq et même dix personnes. Il est particulièrement apprécié lors des voyages en voiture ou des soirées entre amis et développe l'écoute et la mémoire. Il aidera également votre enfant à aiguiser son oreille aux sons des lettres.

## Pour exercer la mémoire

Le jeu peut être joué sans autre objectif pédagogique que celui d'exercer la mémoire. Le premier joueur commence : *« Dans mon coffre enchanté, il y a… une pastèque ! »* Le deuxième joueur reprend : *« Dans le coffre de ma grand-mère, il y a une pastèque… et un kilo de café ! »* Le troisième joueur prend la parole : *« Dans le coffre de ma grand-mère, il y a une pastèque, un kilo de café… et un nid d'hirondelle ! »* C'est au tour du quatrième joueur : *« Dans le coffre de ma grand-mère, il y a une pastèque, un kilo de café, un nid d'hirondelle… et une paire de moufles ! »* Et ainsi de suite. **L'énumération doit toujours respecter l'ordre des items, et chaque joueur, à son tour, ajoute un objet à cette liste.** Si l'un des joueurs oublie un item ou se trompe dans leur ordre, il est exclu du jeu – ou le jeu s'interrompt pour recommencer du début.

## En jouant sur les rimes

Le même jeu peut être mené, lorsqu'il est bien compris, **avec les sons à la rime**. Cette fois, le coffre n'accepte plus que les objets dont le nom se termine par un même son, par exemple le son [a] : *« Un piranha, un séquoia, un tibia… »*

**Conseil**
Certains enfants entendent bien les sons analogues à la rime, alors qu'ils peinent à repérer des attaques de mots similaires. Jouez en augmentant progressivement la difficulté des sons à repérer.

## En changeant de son

Lorsque votre enfant a compris le principe du jeu, expliquez-lui que le coffre enchanté devient très pointilleux. Il n'accepte plus dans son ventre que des objets dont le nom commence par le son [b]. Assurez-vous que votre enfant entende le son en question **lorsqu'il est à l'attaque de mots** avant de commencer la partie : *« Dans mon coffre enchanté, il y a un… Baba au rhum, une… Bûche, un… Bébé, du… Beurre… »*

À chaque nouvelle partie, le coffre enchanté a un nouveau son de prédilection : *« Dans mon coffre enchanté, il y a une… Page, un… Péage, un… Pull… »*

N'oubliez pas les digrammes (sons qui s'écrivent à l'aide de plusieurs lettres) : *« Dans mon coffre enchanté, il y a un… Chat, un… Cheval, une… Cheville… »*

**Astuce**
Ce jeu est un jeu phonologique ! Seul le son qu'on entend compte, et non la manière dont il s'écrit ! Une seule difficulté à la fois ! Ainsi, on acceptera sans problème : *« Dans mon coffre enchanté, il y a un… Espace, un… Elfe, un… Herbivore… »*, etc.

# Archéologue en herbe

Être historien, c'est collecter des traces du passé. Mais celui-ci est parfois si lointain que ce qu'il en reste est bien caché. Réussir à débusquer des objets, c'est le travail de l'archéologue, qui, à bien des égards, ressemble à celui du détective : il met au jour des villes disparues, et reconstitue, à partir de ce qu'il trouve, le mode de vie des hommes de jadis…

**matériel :** *Pot de fleur en terre. 8 bâtons fins ou petits tuteurs. 4 kg de sable fin. 400 g de fécule de maïs. Marqueur noir. Un marteau, ficelle, bac en plastique (type bac à enduit, en vente en magasin de bricolage), bassine. Pinceau large, grosse cuillère. Papier, crayon, règle graduée, post-it®, glue. Appareil photo.*

### À lire et à vivre

- *Copain de l'archéologie,* Francis Dieulafait, Milan, 2014, dès 10 ans.
- *Archéo animaux,* Lamys Hachem, Actes Sud Junior, 2013, dès 9 ans.
- *Il était une fois l'archéologie* (DVD), David Louyot, Fleurus, 2013, dès 11 ans.

**1 Préparez l'activité** avec votre enfant : décorez ensemble un pot de fleur en terre cuite en y dessinant quelques symboles à l'aide d'un feutre indélébile. Pour plus de réalisme, vous pouvez vous inspirer de l'écriture hiéroglyphique égyptienne, ou des caractères chinois antiques. Expliquez-lui que vous allez imaginer que ce pot est un pot très ancien, qu'utilisait un homme du passé. Mettez-le en scène à travers une petite histoire : un jour, l'homme a malencontreusement brisé ce pot. Joignez le geste à la parole en cassant le pot de terre à l'aide d'un marteau : vous devriez obtenir des morceaux assez gros, aux bords nets.

**2 Poursuivez l'histoire :** une fois le pot cassé, il n'était plus d'aucune utilité à son propriétaire, qui a donc jeté les morceaux derrière sa maison. Le temps a passé, la pluie et le vent ont recouvert petit à petit les débris de terre, la végétation y a poussé. Plusieurs siècles plus tard, un jeune archéologue (du nom de votre enfant !) pressent qu'il y a là une intéressante découverte à faire et décide de fouiller le terrain.

**3** L'étape suivante se déroule **hors de vue de votre enfant**. Mélangez 4 kg de sable à 400 g de fécule de maïs et ajoutez de l'eau pour bien humidifier la texture. L'ajout de fécule permet d'obtenir un sable qui se moule facilement. Versez la mixture dans un bac en plastique assez large et cachez-y les débris de poterie en les répartissant bien dans l'espace.

**4** Présentez ce bac à votre enfant et expliquez-lui que les archéologues, avant de fouiller le sol, **balisent** soigneusement le terrain. Faites de même en tendant quatre ficelles, reliées à des bâtons, au-dessus de votre « site ».

**5** Sur une feuille de papier, réalisez **un quadrillage de trois cases sur trois**, et nommez chacun des neuf carrés obtenus, de A1 à C3. Expliquez à votre enfant que lorsqu'il trouvera un élément dans le bac, il devra reporter, sur ce schéma, l'emplacement où il l'a trouvé, en marquant la case correspondante d'une croix.

**6** Au travail ! Fournissez **des outils** dignes d'un grand archéologue : un pinceau large à poils durs et une grosse cuillère. Encouragez votre enfant à procéder méthodiquement en dégageant chaque carré – prévoyez une bassine, pour qu'il puisse y transvaser le contenu du bac. À chaque fois qu'il trouve une pièce, il marque son emplacement sur son plan. Les débris sont soigneusement alignés, avec tout le respect dû aux objets anciens, et étiquetés à l'aide d'un post-it, avec la référence de la case où il a été découvert (A3, B2, etc.).

**7** Lorsque tous les morceaux ont été retrouvés, photographiez-les, avant de passer **à la reconstitution**. Votre enfant parviendra-t-il à réparer le pot ? Fournissez-lui de la glue, et prêtez-lui main forte si besoin.

**Variante**

Vous pouvez aussi enfermer de petits objets (grosses perles, vieilles pièces de monnaie…) dans des blocs de plâtre pour créer des pseudo-fossiles : il suffit de couler du plâtre dans de petits récipients de récupération (pots d'entremets, par exemple), d'y cacher un objet, puis de démouler le bloc. Votre enfant brise ces « cailloux » à l'aide d'un burin et d'un marteau et découvre le petit trésor qu'il contient.

Retrouvez un jeu spécial « petits archéologues »

*P. 94, « Via Romana ».*

*Bille pédagogique*

# DES MATHS EN CUISINE !

La plupart des pédagogies modernes l'affirment : l'environnement est un enseignant à part entière ! Voici deux idées simples et économiques pour aménager votre cuisine de manière à favoriser les apprentissages spontanés, en particulier en mathématiques.

## ON ÉCRIT SUR LES MURS

Dans un monde idéal, nous ferions des mathématiques mentalement, aussi naturellement que nous menons une conversation. Mais dans la vraie vie, les raisonnements mathématiques demandent bien souvent **le recours de l'écrit** : c'est alors que l'enfant peut regimber, assimilant les mathématiques à une tâche scolaire… Il y a néanmoins une manière simple et ludique d'intégrer l'écrit mathématique dans votre environnement : c'est de consacrer un espace sur lequel chacun pourrait noter ses idées et travailler avec les autres. Idéalement, installez-le sur un mur de votre cuisine, ou de la pièce où vous prenez vos repas.

Si vous le pouvez, aménagez **un tableau carré d'un mètre de côté**, de manière à ce que les dessins, les nombres et les mots qui y seront écrits soient visibles à distance. Pour cela, fixez simplement sur votre porte de cuisine un grand morceau de papier blanc bien épais. Lorsque votre panneau est plein, fixez une nouvelle feuille sur la précédente, en fixant seulement le haut, de manière à pouvoir la soulever pour consulter vos écrits antérieurs.

Une autre option consiste à peindre un grand rectangle avec **une peinture « tableau noir »**, qui transforme un pan de mur en tableau sur lequel on peut écrire à la craie. Cette option, très esthétique, ne permet pas néanmoins de garder trace des écrits. De plus, elle est à éviter si l'un des membres de votre famille souffre de problèmes respiratoires.

Dans ce cas, il existe aussi **des tableaux blancs** à fixer : choisissez-le de bonne taille et évitez les marqueurs aux solvants agressifs. Choisissez plutôt des crayons effaçables, comme les Stabilo Woody® ou les Staedtler Lumocolor® non permanents. Ils s'effacent d'un coup de chiffon humide, et sont garantis non toxiques.

S'il vous est vraiment impossible d'installer un panneau de cette taille dans votre cuisine, investissez l**a porte de votre réfrigérateur** : fixez-y un de ces supports aimantés qui permettent d'écrire les listes de courses. Choisissez-le le plus grand possible ! On trouve également dans le commerce des aimants en forme de chiffres et de signes opératoires (=, +, -, etc.).

## QUELLE HEURE EST-IL ?

Y a-t-il **une horloge analogique** dans votre salle à manger ? Peut-être pensez-vous que le petit réveil digital du four à micro-ondes – ou celui de votre smartphone – suffit à indiquer l'heure. Il n'en est rien. Une horloge « à l'ancienne », avec son cadran et ses aiguilles, permettra à votre enfant de construire une représentation du temps qui passe plus riche et plus positive : elle représente le temps cyclique, interdépendant de la notion d'ordre et de succession. En verbalisant l'heure d'une horloge analogique, nous réalisons des additions et des soustractions ! Les quarts d'heures sont aussi une manière indirecte mais très concrète de représenter des fractions.

L'horloge analogique permet également de **visualiser les durées** – concrétisées par l'écart, sur le cadran, entre une aiguille et un nombre. Attirez dès que possible l'attention de votre enfant sur cet aspect temporel : *« Regarde, il nous reste dix minutes avant de partir à l'école ! »* Vous le rendrez ainsi maître de son temps (quel pouvoir !) et aiguiserez sa curiosité pour ce bel objet qu'est l'horloge analogique…

Pour aider votre enfant à **apprendre à lire l'heure**, vous pouvez coller des post-it tout autour du cadran, sur le mur, qui indiquent, en regard de chaque nombre, le nombre de minutes correspondantes : 5, 10, 15… 45, 50, 55. Cet affichage permet à l'enfant de visualiser les deux échelles du cadran, celle des heures et celle des minutes.

### Retrouvez d'autres idées pour construire les notions temporelles

*P. 100, « Des outils pour structurer le temps ».*

# Magiques stalactites

Les stalactites sont de longues et fines colonnes de minéraux pendues aux toits des grottes. Elles se forment lentement au fil des siècles lorsque l'eau suinte et dépose, goutte après goutte, ses minéraux sur les parois. Il est très facile de reproduire à la maison ce phénomène en quelques jours… Voici différentes méthodes pour créer d'éblouissants cristaux.

## Cristaux de sucre

matériel : *120 ml d'eau frémissante, 200 g de sucre. Bol, petit bocal en verre, cuillère. Pique à brochette, pince à linge.*

Invitez votre enfant à verser 120 ml d'eau frémissante dans un bol. Ajoutez 200 g de sucre et mélangez jusqu'à ce qu'il soit dissout. Versez ce mélange dans un bocal.

Trempez l'extrémité d'une pique à brochette dans le liquide chaud, puis saupoudrez-le de sucre, qui adhérera. Laissez sécher le bâtonnet.

Lorsque le mélange a refroidi, plongez-y la pique à brochette : la partie enduite de sucre doit tremper dans le liquide, sans que la pique à brochette ne touche les parois du bocal. À l'autre extrémité, fixez une pince à linge de manière à maintenir le bâtonnet en suspension dans l'eau sucrée.

Laissez le bocal dans un endroit chaud – derrière une vitre ensoleillée, par exemple. Quelques jours plus tard, le bâtonnet se couvrira de cristaux de sucre. L'eau chaude a un pouvoir de dissolution accru, mais lorsque celle-ci refroidit, les cristaux de sucre se reforment sur le bâtonnet. Votre enfant pourra alors déguster sa brochette de cristaux comme une sucette, s'il le souhaite !

**Variante**
Fabriquez des cristaux colorés en versant dans l'eau chaude une cuillère à soupe de colorant alimentaire.

## Cristaux de soude

matériel : *Pelote de laine. 240 ml d'eau frémissante. 2 épingles à nourrice. Assiette, cuillère, deux petits bocaux. Cristaux de soude (en vente au rayon lessive des grands magasins).*

Aidez votre enfant à remplir les deux bocaux d'eau frémissante. Ajoutez dans chacun d'eux trois cuillères à soupe de cristaux de soude et mélangez jusqu'à dissolution.
Coupez un fil de laine d'environ 50 cm, et fixez-y une épingle à nourrice à chaque extrémité. Tendez le fil entre les deux bocaux, de manière à ce que les deux extrémités trempent dans le liquide. Les fils sont lestés par les épingles, qui sont immergées dans l'eau.

Placez une assiette entre les bocaux, qui recueillera les gouttes, et laissez l'installation reposer pendant quelques jours.
Une stalactite blanche va se former au centre de la ficelle, tandis qu'une stalagmite poussera depuis l'assiette.

## Cristaux d'alun

matériel : *120 ml d'eau frémissante, alun de potassium (en vente en pharmacie). Papier essuie-tout. Passoire fine. Fil, crayon.*

Mélangez 120 ml d'eau frémissante à trois cuillères à soupe d'alun de potassium dans un petit bocal. Couvrez le pot d'un carré d'essuie-tout afin d'éviter que les poussières ne salissent le mélange.
Laissez reposer un jour ou deux, jusqu'à l'apparition de petits cristaux au fond du pot. Filtrez alors le liquide dans une passoire fine pour recueillir les cristaux, puis replacez l'eau filtrée dans son bocal.

Observez les petits cristaux obtenus et demandez à votre enfant de choisir le plus gros d'entre eux. Ficelez-le et attachez-le à un crayon. Placez le crayon en équilibre sur le bocal, de manière à ce que le cristal baigne à nouveau dans l'eau. Il ne reste plus qu'à patienter une grosse semaine et à l'observer grandir ! Pour chacune de ces expériences, plus l'on est patient, plus les cristaux obtenus seront gros !

## Cristaux d'Epsom

matériel : *120 ml d'eau frémissante, sel d'Epsom (en vente en pharmacie ou en magasin bio). Cuillère, bol, assiette. Cure-pipe.*

Mélangez 120 ml d'eau frémissante avec 2 cuillères à soupe de sel d'Epsom (ou sulfate de magnésium) dans un bol. Versez quatre cuillères à soupe de ce mélange dans une assiette. Façonnez un cure-pipe pour lui donner la forme d'une étoile, et placez-le dans l'assiette. Au bout de quelques jours, il sera couvert de petits cristaux !

**La sécurité d'abord !**
Le sel d'Epsom et l'alun de potassium ne sont pas comestibles. Lavez-vous les mains très soigneusement après avoir manipulé ces ingrédients.

# Échantillons

JEU artistique

de 5 À 11 ans

En observant des œuvres d'art avec votre enfant, vous remarquerez rapidement que les artistes utilisent diverses techniques picturales, parfois au sein d'une même œuvre. On dirait qu'ils jouent avec les matériaux, et prennent plaisir à expérimenter les effets – non sans une certaine systématicité très scientifique, pour certains. Proposez à votre enfant de créer son propre catalogue de traces : il pourra les réinvestir ensuite dans ses travaux s'il le souhaite.

**matériel :** *Papier blanc type Canson® (petit format si possible). Aquarelle, acrylique, crayons de couleur, feutres... Pinceaux brosse, pinceaux fins, crayons à papier...*

**1** Certains magasins de loisirs créatifs proposent de petites feuilles à dessin au format d'une photographie. À défaut, fabriquez vous-même vos feuilles d'exploration graphique en découpant des rectangles de papier à dessin en rectangles de 11 x 15 cm.

**2** Réfléchissez ensuite, avec votre enfant, au support que vous allez utiliser pour consigner vos échantillons. Vous pouvez coller ces petits rectangles dans un grand cahier, ou les plastifier avant de les relier par un anneau... Rassemblez les fournitures nécessaires. Vous pouvez réaliser un catalogue pour toute votre famille, ou bien chacun peut fabriquer le sien.

**3** L'idée est la suivante : sur chacun de ces rectangles de papier, votre enfant va exécuter une trace différente, avec le médium de son choix. Commencez par peindre une de ces feuilles avec une seule couleur d'aquarelle : l'effet obtenu est transparent, non homogène.

**4** Peignez un deuxième rectangle avec de l'acrylique : la texture est bien plus couvrante. Combien de couches sont-elles nécessaires pour obtenir une opacité parfaite ? Recouvrez une première feuille d'une seule couche, une deuxième de deux couches, une troisième de trois couches. Gardez la même couleur d'un échantillon à l'autre, afin de mieux juger l'effet obtenu. Remarquez-vous une différence ?

**5** Prenez un nouveau carton et tracez deux ou trois larges traits au pinceau (éventuellement de couleurs différentes) avec un pinceau sec trempé rapidement dans la peinture. Sur une autre feuille, recommencez, mais avec un pinceau mouillé, imprégné de peinture. Observez les textures obtenues.

**6** Lorsque vos expérimentations sont sèches, montrez à votre enfant comment les légender. Au dos, ou en dessous s'il les colle dans un cahier, il écrira par exemple : « Aquarelle », « Une couche d'acrylique », « Deux couches d'acrylique », etc.

## Autres idées pour votre catalogue

• **Colorez quelques cercles** à l'aide de crayons de couleur. Sur une autre feuille, faites de même avec des feutres et sur une troisième avec de l'aquarelle. Comparez les rendus : les crayons donnent une impression de flou, là où les feutres délimitent nettement les contours. L'aquarelle se diffuse dans la trame du papier, donnant un aspect aérien et translucide aux cercles de couleurs.

• **Avec un crayon :** tracez une ligne en appuyant à peine, puis, en dessous, tracez une ligne en appuyant fermement. Tracez des lignes le plus vite possible, tracez des lignes très lentement. Tracez des lignes avec un crayon mal taillé, puis avec un crayon bien taillé. Tracez avec des intentions : que serait une « ligne heureuse » ? Une « ligne furieuse » ?

• **Avec des crayons de couleur :** coloriez une surface à l'aide d'une succession de va-et-vient de la main, puis en croisant les traits, puis avec de petits mouvements circulaires...

• **Avec de l'acrylique :** réalisez un fond avec un pinceau large, en donnant une multitude de petits coups courts dans toutes les directions. Réalisez un autre fond homogène, que vous grattez ensuite avec une fourchette (essayez deux fois : une fois avec de longues rayures, une fois avec une multitude de petits coups). Recommencez avec un peigne, en effectuant des mouvement horizontaux, verticaux, ou courbes...
Sur un fond d'acrylique, utilisez l'extrémité du manche d'un petit pinceau pour creuser des motifs (points, spirales...) dans la matière. Ou appliquez la tranche d'un morceau de carton pour obtenir des lignes (croisées, parallèles...). Peignez des vagues de différentes couleurs...

Une fois ces expérimentations faites, proposez à votre enfant de combiner ses savoir-faire, toujours sur de petits formats, qui viendront s'ajouter à votre collection : crayon sur aquarelle sèche, formes fines à l'acrylique sur fond de gouache sèche, lignes au crayon et feutres variées entrecroisées...

# Coup d'oeil

JEU de lecture — de 5 à 8 ans



Si votre enfant éprouve des difficultés à apprendre à lire, cela peut venir de la manière dont il perçoit l'écrit – visuellement parlant. Les jeux comme les puzzles, les labyrinthes et les Memory sont très utiles pour aider les enfants qui rencontrent ce type de difficultés : ils leur permettent de muscler leur perception et d'exercer leur mémoire visuelle. Les jeux suivants peuvent être proposés aux lecteurs débutants, mais aussi aux plus aguerris, avec profit.

## Le jeu des différences

**Niveau 1 :** Prenez une pose théâtrale et demandez à votre enfant de vous imiter exactement. Commencez par des poses simples, puis complexifiez. Variez en vous positionnant debout, assis ou allongé. Soyez de plus en plus exigeant : si votre tête est inclinée de 30 degrés vers votre épaule, la tête de votre enfant doit être inclinée de 30 degrés, pas de 15 ! Échangez les rôles lorsque votre enfant le souhaite : c'est à vous de copier les statues produites.

**Niveau 2** : Prenez une pose et laissez votre enfant l'observer le temps qu'il le souhaite. Puis demandez-lui de fermer les yeux et changez quelque chose : dépliez un bras, déplacez une jambe, déboutonnez votre col. Reprenez votre statue à l'identique – à l'exception de ce détail ! – et demandez à votre enfant de rouvrir les yeux. Il doit à présent découvrir ce que vous avez modifié.

**Astuce**

Il se peut que les jeux de cette page aident particulièrement votre enfant si...

- Il éprouve des difficultés des difficultés à « photographier » les mots : par exemple s'il ne parvient pas à mémoriser le mot « maison » après l'avoir rencontré 10 fois dans une leçon...
- Il confond des lettres similaires, comme le « b » et le « d », ou des mots similaires, comme « désert » ou « dessert ».
- Il inverse ou omet fréquemment des sons (« trio » devient « trop » par exemple).

## Question d'image

**matériel :** *Images variées (photographies, livres illustrés, magazines...).*

**Prenez une image** et montrez-la à votre enfant. Laissez-lui le temps de l'observer une minute ou deux. Puis retournez-la et questionnez : « *De quelle couleur était le pantalon de Papi sur cette photo ? Combien y a-t-il de chaises autour de la table ? Quel type de chaussures porte Tata Simone ? Y a-t-il un, deux ou trois enfants sur cette photo ?* » Après quelques questions, retournez l'image et discutez ensemble des réponses qu'il vous a faites.

**Inversez les rôles :** votre enfant choisit une image que vous observez quelque instant, avant d'essayer de répondre à ses questions. Appliquez-vous à rendre l'exercice ludique, et à dédramatiser les réponses erronées !

## Retrouvez d'autres idées ludiques autour de la lecture

*P. 46, « Des pt'its mots partout » et p. 48, « Mes mots préférés ».*

Bille pédagogique

# HISTOIRES D'EGO

Parler mathématiques à la maison ? Vous trouvez cela peut-être un peu artificiel, tant il est vrai que cette discipline peut sembler abstraite et déconnectée de votre quotidien. Voici quelques astuces pour intégrer les activités de ce livre à votre vie de tous les jours, sans qu'elles ne sonnent comme une leçon aux oreilles de votre enfant. Le secret réside dans le sentiment de compétence qu'il construit à travers ces divers jeux : laissez-le se sentir fort, et il le deviendra à coup sûr !

## BEBEUH, HORRIBLE VANTARD (5-8 ANS)

Dans un monde idéal, nous ferions des mathématiques. Faire des mathématiques en famille est une affaire de collaboration ! Il ne s'agit en aucun cas de mettre votre enfant à l'épreuve. Vous et votre enfant êtes toujours dans le même camp. Si cela vous semble parfois difficile à instaurer, voici une recette infaillible : **inventez-vous un ennemi commun** !

Levez votre main dominante et repliez vos doigts de manière à figurer une bouche. Vous voilà doté d'une marionnette, et elle est prête à se mêler à la conversation. *« Bonjour, je m'appelle Bebeuh, dit votre main, et je suis un expert en calcul. Moi, je sais combien font 4 fois 9, et personne d'autre ne le sait à part moi ! Nanannananère ! »*

**Impossible de résister à cette provocation : votre enfant aura à cœur de montrer à Bebeuh qu'il sait, lui aussi, beaucoup des choses.** Bebeuh, horriblement vexé, devra bien admettre qu'il y a, dans la maison, un autre petit génie du calcul mental.

Si votre enfant peine à trouver la réponse et à remettre Bebeuh à sa place, offrez-lui un délai : *« Bon, dit Bebeuh, je dois y aller, mais quand je reviendrai, je suis sûr que tu n'auras pas trouvé la réponse ! »* Votre main disparaît sous la table, et vous pouvez, avec votre enfant, chercher la solution en attendant son retour.

**Conseil**
N'oubliez jamais : vous et votre enfant jouez toujours ensemble, il ne s'agit pas de le mettre en situation d'évaluation !

## PAPA ET MAMAN SE TROMPENT AUSSI ! (5-10 ANS)

Lorsque vous soumettez un calcul à votre enfant, le silence qui suit parfois peut être pesant. Vous pouvez être tenté alors de l'aider en lui suggérant des techniques de calcul, voire en résolvant le défi à sa place. Mais en agissant ainsi, vous entamez la confiance en soi de votre enfant, qui finit par vous considérer comme l'expert qui connaît toutes les réponses.

Pour contrecarrer cette image, vous pouvez essayer de **résoudre le calcul qui pose problème en commettant volontairement quelques erreurs**. Réfléchissez à haute voix : *« Voyons, 93 pour aller à 100… Cela fait 8… Est-ce que ça fait bien 8 ? Attends… Non, 93 + 8, cela fait, voyons… »* Nul doute que votre enfant volera à votre rescousse !

Laissez toujours votre enfant trouver la réponse avant vous. S'il se trompe, commencez par accepter sa solution : *« Ah, oui, 100 – 75, cela fait 26. C'est cela, 75 + 26 = 100… Attends une minute : est-ce bien cela ? »*

Retrouvez des conseils pour aménager un espace d'écriture mathématique

*P. 16, « Des maths en cuisine ».*

# Coulent ou flottent ? Les solides

Pourquoi certains objets flottent-ils, alors que d'autres coulent ? Un même objet peut-il parfois couler, parfois flotter, si on change certains paramètres ? Les expériences suivantes, si elles sont très simples à réaliser, sous-tendent des principes chimiques parfois complexes. N'hésitez pas à les proposer plusieurs fois, au fil des ans, en adaptant à chaque fois l'explication des phénomènes à ce que votre enfant peut en comprendre. Une chose est sûre : il ne s'en lassera pas !

## L'orange

matériel : *Une orange, un saladier transparent rempli d'eau.*

Proposez à votre enfant de placer **une orange dans un récipient d'eau**. Le fruit flotte-t-il ou coule-t-il ? À présent, aidez votre enfant à **peler l'orange** et remettez-la dans l'eau. Que se passe-t-il ? La peau de l'orange contient une multitude de petites poches d'air, qui permettent au fruit de flotter. Sans sa peau, l'orange coule !

Réitérez l'expérience avec d'autres fruits pour déterminer si leur peau contient, ou non, de l'air : pomme, pomme de terre, prune, grain de raisin frais...

## Les raisins secs

matériel : *Eau pétillante, raisins secs. Verre. Facultatif : colorants alimentaires.*

Versez de l'eau pétillante dans un verre, et teintez-la éventuellement de quelques gouttes de colorants alimentaires. Ajoutez-y ensuite quelques raisins secs. **Que se passe-t-il ?**

Les fruits commencent par couler. Mais l'eau pétillante contient **des bulles de gaz**, qui adhèrent aux raisins et les ramènent vers la surface. Lorsque le gaz s'échappe à la surface, les fruits n'ont plus de « bouées » et retombent au fond du verre.

## L'œuf

matériel : *Un œuf, sel fin. Saladier transparent rempli d'eau.*

Déposez **un œuf cru** dans un récipient rempli d'eau. Coule-t-il ou flotte-t-il ? Retirez l'œuf et versez dans l'eau une belle quantité de sel fin de cuisine. Replacez l'œuf dans le saladier. Que se passe-t-il ?

L'œuf est plus dense que l'eau : il pèse plus lourd que son équivalent volumique en eau. Il coule donc. Mais **l'eau salée devient plus dense que l'œuf**, ce qui explique pourquoi celui-ci flotte si on ajoute du sel dans le saladier.

## Les billes s'embarquent

matériel : *Pâte à modeler, quelques billes. Saladier transparent rempli d'eau.*

Avant de commencer, tracez un **repère au feutre** sur votre saladier pour marquer le niveau de l'eau initial.

**Plongez les billes dans l'eau :** votre enfant constatera qu'elles coulent immédiatement. Roulez la pâte à modeler en boule, et ajoutez-la dans le saladier : de même, elle coule au fond du récipient.

**Marquez à nouveau le niveau d'eau :** il est plus haut que précédemment, puisque les objets immergés ont pris la place du liquide.

Retirez tous les petits objets de l'eau. Modelez la boule de pâte de manière à lui donner **la forme d'un bateau**. Replacez-la dans l'eau : cette fois, elle flotte ! Déposez délicatement les quatre billes dans la barque de pâte à modeler. Le bateau s'enfonce légèrement, mais la poussé d'Archimède est suffisamment forte pour que l'ensemble flotte.

**Marquez à nouveau le niveau** d'eau à l'aide d'un feutre : il est plus élevé que précédemment, ce qui signifie qu'il y a plus d'eau déplacée.
La pâte à modeler façonnée en barque prend plus de place qu'une simple boule : elle déplace donc plus d'eau. Plus un objet déplace d'eau, plus il est poussé vers le haut.

### Retrouvez nos conseils pour bien « démarrer » !

*P. 60, « "Faire" des sciences ».*

# Lire en cuisine

Lire, ce n'est pas uniquement s'évader dans un univers romanesque : c'est aussi s'outiller pour vivre dans la vraie vie. Les recettes de cuisine, comme les notices de montage ou les règles de jeu, sont des écrits pratiques, régis par des codes bien à eux, qu'il s'agit de maîtriser. En prenant le temps de cuisiner avec votre enfant, non seulement vous partagez des moments de qualité, mais vous formez son goût culinaire… et ses talents de lecteur ! Lire une recette suppose en effet de la comprendre pour l'exécuter, le tout dans une situation concrète et plaisante.

**matériel :** *Livres de cuisine, ustensiles et ingrédients en fonction de la recette choisie. Facultatif : stylo et carnet, ou classeur avec pochettes transparentes.*

**1** **Choisissez une recette avec votre enfant**. Bien que les petits aiment réaliser des recettes sucrées, pensez aussi aux soupes, aux salades, aux gratins, aux pains !
Il existe des **livres de cuisine** à destination des enfants, mais ils ne sont pas indispensables. Les livres de cuisine classiques sont remplis de recettes réalisables par les plus jeunes.
La recette choisie peut être aussi **une recette transmise par un ami ou un parent**, ou encore une recette inventée par vous ou votre enfant ! Elle peut être simplissime (fromage blanc à la confiture) ou complexe (forêt noire).

**2** Prenez quelques minutes pour recopier la recette choisie dans un carnet. Cela évite d'avoir à manipuler votre livre pendant la réalisation de la recette : les manuels ont souvent tendance à se refermer tout seuls, et les petits doigts pleins de sauce pourraient y laisser des traces. Vous pouvez aussi compiler toutes les recettes de votre répertoire familial dans un classeur, en les glissant dans des pochettes transparentes.

**3** **Laissez votre enfant lire** autant de mots qu'il en est capable – prenez éventuellement en charge ceux qui ne sont pas à sa portée, s'il est lecteur débutant. Vous pouvez aussi décider de lire une ligne chacun.

**4** **Distribuez les tâches**. Toutes les recettes comportent des actions simples adaptées aux jeunes cuisiniers. Quel que soit son âge, votre enfant peut verser, mélanger, tamiser, et, avec un peu d'aide au début, peser. Apprenez-lui à se servir d'un couteau correctement pour éplucher, trancher et hacher en toute sécurité.

**5** Demandez à votre enfant de faire **des va-et-vient entre la manipulation et la recette** : *« Donc, nous ajoutons la farine, à présent, c'est bien ça ? Combien de farine faut-il peser, déjà ? »* Cela l'exerce à retrouver une information au sein d'un texte et à développer des stratégies de lecture rapide. Veillez à ce que cela se fasse le plus naturellement possible : l'enfant ne doit pas se sentir en situation d'exercice, il est simplement en train de cuisiner !

## Petits pains blancs

**Ingrédients pour 6 petits pains**
*250 g de farine*
*1 cuil. à café de sel*
*15 cl d'eau glacée*
*11 g de levure fraîche*
*Graines de sésame*

**1** Diluer la levure dans l'eau glacée.
**2** Verser la farine dans un plat avec le sel. Creuser un puits dans la farine et y ajouter la levure. Bien pétrir pour former une boule. Rajouter de la farine si la pâte est collante.
**3** Laisser reposer 40 minutes à température ambiante. Reprendre la pâte et pétrir 1 minute pour en chasser l'air. Laisser reposer à nouveau 10 minutes.
**4** Former 6 petites boules et laisser à nouveau reposer 40 minutes.
**5** Quand les boules ont doublé de volume, les badigeonner de lait et parsemer de graines de sésame.
**6** Préchauffer le four à 180 °C (th. 6) et cuire pendant 15 minutes.

## Allumettes au fromage

**Ingrédients pour 30 allumettes**
*1 pâte feuilletée*
*75 g de gruyère râpé (ou roquefort, bleu…)*
*1 cuil. à soupe de moutarde douce*

**1** Dérouler la pâte feuilletée. Y étaler la moutarde, puis y répandre le gruyère.
**2** Amalgamer à l'aide d'un rouleau à pâtisserie.
**3** Couper des rectangles de 2 sur 5 cm.
**4** Cuire 5 minutes à four très chaud.

## Mendiants

**Ingrédients pour 10 mendiants**
*200 g de chocolat noir*
*50 g de pistaches sans sel*
*75 g d'amandes grillées*
*50 g d'écorces d'orange confites coupées en dés*
*50 g de raisins secs*

**1** Casser le chocolat en morceaux et le faire fondre au bain-marie.
**2** Déposer des cuillères de chocolat sur du papier sulfurisé, en les espaçant bien.
**3** Déposer une amande, une pistache un morceau d'orange confite ou un raisin sec sur chaque cercle de chocolat.
**4** Laisser refroidir avant de consommer.

## Porridge

**Ingrédients pour 2 portions**
*5 cuil. à soupe de flocons d'avoine*
*25 cl de lait*
*2 cuil. à soupe de sucre*

**1** Porter à ébullition le lait mélangé au sucre.
**2** Verser dans une casserole les flocons d'avoine, laisser cuire à feu doux 10 minutes en remuant de temps en temps. Stopper la cuisson lorsque le mélange a la texture d'une bouillie crémeuse.
**3** Servir chaud ou tiède, éventuellement parsemé de fruits secs ou frais.

## Salades pour les quatre saisons

**Salade de printemps :** penser aux pousses d'épinards, aux petits oignons nouveaux, aux jeunes carottes, aux herbes du jardin… Agrémenter de fromage de chèvre et de graines de fenouil, et assaisonner d'huile d'olive et de vinaigre vieux.

**Salade d'été :** privilégier les délicieuses tomates ! Servir avec du parmesan et des poivrons marinés, ou des pommes de terre froides, de la mozzarella et du pesto. Ne pas hésiter à ajouter roquette et pignons de pin, et assaisonner d'huile d'olive et de vinaigre balsamique.

**Salade d'automne :** mélanger radis, mâche, trévise, batavia, échalote et oignon. Ajouter de la poire en cube, du gruyère, des olives noires. Parsemer de noix et de pignons. Assaisonner d'un mélange d'huile d'olive, de crème fraîche, de fromage blanc, de vinaigre de cidre et de moutarde.

**Salade d'hiver (pour 4 personnes) :** râper 2 carottes, 2 pommes et 2 betteraves rouges crues. Y ajouter 2 blancs de poireaux cuits à la vapeur et coupés en rondelles fines, 24 noisettes et une belle dose de persil. Assaisonner d'huile neutre et de vinaigre de framboise.

# Images mentales

Les enfants adorent que vous vous racontiez : vous, votre enfance, vos souvenirs. Raconter une histoire, surtout si elle est authentique, est un excellent moyen de renforcer vos liens familiaux, en ancrant votre enfant dans son histoire. Mais c'est aussi une manière de l'inciter à créer des images mentales : lorsque vous racontez un souvenir, vous n'avez pas d'illustrations à soumettre à votre enfant, il va donc les forger seul… et faire, sans le savoir, un peu de géographie !

**1** Avant de commencer, essayez de convoquer votre propre catalogue d'images mentales, et d'en sélectionner une dont vous vous souvenez particulièrement bien : il s'agit souvent d'un **paysage extérieur**, dont la contemplation s'est trouvée liée à une **émotion positive**.

**2** Décrivez à présent ce paysage à votre enfant, de manière à l'encourager à créer son propre album de paysages mentaux. Essayez de rendre le récit **le plus personnel possible** : *« Lorsque j'étais petit(e), je suis parti(e) en vacances avec mes parents, ton Papi et ta Mamie. Je me souviens que nous avions pris le train de nuit, car nous voulions arriver en Espagne au petit matin. Nous avions dormi sur des couchettes, c'était une grande aventure pour moi ! Je me suis réveillé(e) de bonne heure, peut-être à cause d'un arrêt dans une gare. Je me suis glissé(e) jusqu'à la fenêtre et j'ai vu des montagnes étranges, qui paraissaient plissées. La roche était très sombre, je distinguais mal le ciel de la terre – le jour se levait à peine. Je me souviens de la couleur rougeâtre de la terre, et de la voix de ton Papi, qui m'a dit : "Derrière ces rochers, il y a la mer…" »*

**3** Parler ainsi, c'est « parler géographie » : on prend une « photographie dans sa tête » dès que possible, et on s'exerce à la décrire aux autres. Prenez l'habitude de dépeindre à votre enfant les endroits que vous connaissez bien ou que vous avez visités, **avec autant de détails que possible**, en parlant de ce que vous avez vu, humé, entendu ou ressenti. Quelles émotions ce site vous évoque-t-il ? Qu'y faisiez-vous ? Qui vous accompagnait ? Si vous le pouvez, localisez avec votre enfant ce lieu sur une carte, ainsi que le trajet que vous avez parcouru pour l'atteindre. Vous constaterez vite la richesse de toutes ces images, qui peuvent être réactualisées à n'importe quel moment !

**4** Lorsque votre enfant est familiarisé avec vos descriptions, invitez-le à observer un paysage de son choix et à le prendre en photographie mentalement. Demandez-lui de fermer les yeux et de visualiser ce paysage dans son esprit. Si c'est difficile, l'enfant peut rouvrir les yeux pour prendre à nouveau des informations dans le site. Lorsqu'il pense avoir une image détaillée en tête, il tourne le dos à ce tableau, et s'amuse à le décrire avec le plus de détails possibles. C'est un excellent exercice pour travailler la **mémoire visuelle**, que vous pouvez réaliser une fois par semaine, lors d'une promenade hebdomadaire par exemple.

## Une bibliothèque géographique

Certains livres sont susceptibles, grâce aux voyages virtuels qu'ils proposent, de développer l'amour pour les autres cultures. Empruntez régulièrement dans votre bibliothèque de secteur des ouvrages de fiction mettant en scène d'autres peuples, et consacrez-leur un planisphère, sur lequel vous placerez un repère pour chaque lieu rencontré dans vos lectures. Chacune d'elles peut aussi être complétée par un dessin.

- *Contes des enfants du monde*, Patricia Geis, Mango, dès 5 ans.
- *Les voisins du dessous*, Isabelle Simon, dès 7 ans.
- *Le taxi-brousse de Papa Diop*, Christian Epanya, dès 7ans.
- *ABC des peuples*, Liuna Virardi, dès 7 ans.
- *Bonnes nouvelles du monde*, Alain Serres, dès 8 ans.

## Retrouvez quelques conseils pour approfondir

*P. 30, « Géographie concrète ».*

Bille pédagogique

# GÉOGRAPHIE CONCRÈTE

Si la géographie est une science de l'image, ne croyez surtout pas qu'elle soit purement « livresque ». Nous le voyons lors de l'activité « Images mentales » *(p. 28)* : une image peut être dans notre tête ! Et elle peut désigner, encore plus simplement, ce que nous avons sous les yeux. Car étudier un paysage, c'est d'abord l'observer... La géographie pour les enfants est une géographie de l'action, et elle tient en deux mots : voir et faire.
Peut-être la géographie est-elle liée pour vous à de mauvais souvenirs scolaires, et vous sentez-vous incompétent en la matière ? Rassurez-vous : quiconque possède des sens, qui fournissent des informations sur l'environnement, est un géographe en puissance. Rien ne vous empêche de (ré)apprendre en même temps que votre enfant : en aucun cas vous n'avez à endosser la lourde tâche d'incarner celui qui détient le savoir ! Avouez vos lacunes, développez votre curiosité, et votre enfant s'engagera, à vos côtés, dans une démarche d'apprentissage.

## VOIR

Le moyen le plus efficace d'apprendre sa leçon de géographie et de mémoriser les définitions des termes barbares qu'elle contient **est... de sortir se promener** ! Emmenez votre enfant visiter un aéroport, observer l'échancrure du littoral creusé par une baie, explorer un port industriel, suivre une voie ferrée, ou découvrir un parc naturel... Ces lieux sont l'objet même de ses leçons !

Quel est le lexique que votre enfant doit mémoriser en cours de géographie ? « Océan », « montagne », « industrie »... Autant de notions abstraites et rébarbatives sur le papier qui se révèlent passionnantes quand on les a sous les yeux, lorsqu'on peut les sentir et les toucher ! **Essayez, pendant quelque temps, de programmer les sorties de votre famille en fonction de ce vocabulaire.** Votre enfant étudie les falaises, les fleuves, les déserts, les collines ? Renseignez-vous : vous avez certainement ce type de paysage dans votre secteur, nos régions sont si variées ! Cette méthode vous semblera sans doute manquer de spontanéité ; mais « programmer » vos vagabondages, au moins de temps en temps, est un excellent moyen de découvrir de nouveaux espaces près de chez vous... et d'engager toute votre famille dans une démarche d'authentiques géographes ! Le seul risque à courir est de découvrir une multitude de nouveaux endroits qui deviendront des lieux de balade favoris.

**Conseil**
Écumez les Emmaüs et les bourses aux livres : vous y trouverez quantité de vieux manuels de géographie, niveau collège, qui vous permettront de reprendre les bases... et seront, pour vous et votre famille, une formidable réserve de photographies et d'analyses !

Bien sûr, votre désert local n'aura rien du Sahara : il sera peut-être situé sur la « diagonale du vide », peu industrialisée, peu peuplée, mais verdoyante. Ou dans le massif du Luberon, qui, malgré ses allures de Far West, recèle une grande variété d'écosystèmes. Mais c'est en observant votre désert local, et en analysant ce qui le sépare d'un désert polaire ou subtropical, que votre enfant **construira le concept de « désert », sur une base concrète**. Il pourra convoquer dans son esprit ces images familières, liées à de bons souvenirs en famille, à chaque fois qu'il rencontrera un paysage similaire dans ses livres ou ses voyages.

## FAIRE

Lorsque votre enfant est familiarisé avec quelques caractères géographiques, encouragez-le à **les réinvestir dans ses jeux**. Il joue dans un bac à sable ? Demandez-lui s'il se souvient des dunes littorales que vous aviez observées au bord de la Manche lors de vos dernières vacances : pourrait-il modeler des dunes semblables dans le sable, pour servir de décor à ses Playmobil® ? Comment rendre ces dunes les plus réalistes possible, et qu'est-ce qui les distingue des dunes des désert ?

**Variez les situations et les matériaux –** les possibilités sont quasiment infinies. Ainsi vous pouvez proposer de dessiner des paysages (montagnes, plateaux…) dans une flaque de boue à l'aide d'un bâton, dans un plateau de sable ou sur un tableau noir. Vous pouvez sculpter des formes littorales (détroit, isthme, péninsule, golfe…) dans du sable humide, du sable cinétique, de la pâte à modeler ou de la pâte à sel. Vous pouvez construire diverses structures urbaines (lotissement, mégalopoles, station touristique…) ou agricoles (bocage, openfield…) en cubes, en Lego®… ou avec les coussins du salon !

Ces réinvestissements doivent rester **ludiques** : le mieux est de jouer ensuite (avec des figurines, ou en se déguisant…) dans les décors réalisés. Tendez l'oreille à ce que dit votre enfant en jouant : son discours vous apprendra bien des choses sur son état de savoir !

# Le jeune naturaliste

Si votre enfant se sent une vocation de zoologiste, voici quelques astuces simples pour attirer les animaux dans votre environnement et étudier la manière dont ils se comportent. Essayez d'identifier les espèces observées à l'aide d'un guide, et proposez à votre enfant de les photographier ou de les dessiner… sur le vif ! Il peut aussi tenir « un journal naturaliste » dans lequel il notera ses observations : jour, lieu, hypothèses…

## Observer les oiseaux

**Il est facile d'attirer les oiseaux en leur proposant de la nourriture à votre fenêtre. Attention cependant : mieux vaut réserver ces jolis buffets à la période froide. Si vous décidez d'offrir de la nourriture aux oiseaux toute l'année, il ne faudra jamais y manquer : l'impact sur votre environnement serait catastrophique !**

### Une pomme de pin farcie

matériel : *Pomme de pin, ficelle. Purée d'oléagineux (cacahuètes, amandes…), graines pour oiseaux.*

Attachez une ficelle au sommet d'une belle pomme de pin. Tartinez-la ensuite de purée d'oléagineux (purée de cacahuètes, purée d'amandes…) et roulez-la dans les graines. Suspendez la pomme de pin à un arbre.

### Une pomme surprise

matériel : *Pomme, huile de coco, graines pour oiseaux. Emporte-pièce, casserole, cuillère en bois. Vis, ficelle.*

Coupez une pomme en deux, puis ôtez le cœur en utilisant un emporte-pièce, de manière à la creuser d'une jolie forme. Faites fondre de l'huile de coco dans une casserole sans la faire brûler et mélangez-y une bonne dose de graines. Versez ce mélange dans le creux de votre pomme. Plantez une vis dans le fruit, et attachez une ficelle à la tête de vis : il ne vous reste plus qu'à la suspendre à une branche.

### Des guirlandes gourmandes

matériel : *Ficelle. Oléagineux, fruits frais et secs, petits morceaux de pain dur, céréales…*

Découpez une bonne longueur de ficelle (50 cm environ) et nouez l'une des extrémités. Enfilez-y des friandises à l'aide d'une grosse aiguille : noix, pain dur, fruits frais ou secs… Accrochez votre guirlande à une branche, en la laissant pendre à la verticale.

**Astuce**
Les mélanges pour « oiseaux du ciel » vendus dans le commerce contiennent de gros éléments (maïs et blé concassés…) qui ne plaisent pas aux passereaux de nos jardins. Optez plutôt pour un sachet de graines pour perruches.

## Observer les insectes

matériel : *Bouteille en plastique vide, couteau ou cutter. Lampe de poche. Terre. Facultatif : pot en verre ou morceau de carton ondulé.*

Ôtez le bouchon de la bouteille. Coupez-la en deux et retournez la partir haute en l'encastrant dans la partie basse. Remplissez de terre l'entonnoir ainsi créé et invitez votre enfant à l'observer. Y aperçoit-il des insectes ? Demandez-lui ensuite de braquer sur la terre une lampe de poche allumée. Que se passe-t-il ?

Bien des petites bêtes (scolopendres, cloportes) vivent discrètement dans notre sol. **Ils n'aiment pas les rayons de la lumière, et s'éloigneront donc de celle-ci**, tombant alors au fond de la bouteille. Observez-les quelques instants, puis relâchez-les à l'endroit où vous avez prélevé la terre.

Vous pouvez aussi placer un pot en verre retourné contre le sol de votre jardin, ou encore poser un morceau de carton ondulé à plat sur la terre. Quelques jours plus tard, vous soulèverez délicatement votre « piège » et observerez les animaux qui sont venus s'y réfugier.

## Observer les papillons

matériel : *Sucre, eau. Deux éponges naturelles, de la ficelle.*

Mélangez 200 g de sucre avec 440 ml d'eau. Coupez deux éponges naturelles en morceaux, que vous imbiberez de ce mélange. Fixez les éponges aux branches d'un arbuste à l'aide de ficelle.

Au bout de quelques jours, les papillons auront repéré ces friandises et viendront s'y nourrir. **Observez-les sans les toucher : attirez l'attention de votre enfant sur la longue trompe qu'ils déroulent à la manière d'une paille.**
Les papillons se nourrissent habituellement du nectar des fleur, liquide très sucré dont votre préparation est un ersatz.

# Cadavres exquis

JEU d'écriture — de 7 à 12 ans

Ce jeu inventé par les surréalistes consiste à faire composer une phrase ou un dessin par plusieurs personnes, sans qu'aucune d'elles ne puisse tenir compte de ce qui a été écrit précédemment. Cet exercice délicieux permet de manipuler la construction grammaticale de la phrase orale et écrite… en toute légèreté et avec beaucoup de plaisir !

**matériel :** *Feuilles blanches, stylo, double-décimètre, un jeu de dés (facultatif), grille de jeu (voir ci-dessous), feutres ou crayons de couleur, agrafeuse.*

**1** Présentez ainsi votre grille si votre enfant n'a aucune notion de grammaire :

| Quand | Qui ou quoi | Fait quoi/ Fit quoi | Où | . |
|---|---|---|---|---|
| | | | | |

**2** Au fur et à mesure que votre enfant rencontre le nom des grandes fonctions grammaticales, **les intitulés des colonnes se transforment** :

| Complément circonstanciel de temps | Sujet | Verbe | Complément circonstanciel de lieu | Ponctuation |
|---|---|---|---|---|
| | | | | |

Bien entendu, les intitulés de votre tableau peuvent varier selon les jours : les compléments circonstanciels se déplacent, des adjectifs peuvent être exigés avant ou après le nom… Réinvestissez les acquis en grammaire de votre enfant à l'école : ajoutez une colonne « adverbes » s'il s'agit de la leçon de la semaine, cela permettra un réinvestissement ludique !

**3** **Le premier joueur** écrit dans la première colonne. Ce doit être un sujet. Il peut donc écrire : « un loup », « papa », « la lune »… ou tout ce qui lui passera par la tête. Le papier est ensuite replié, de manière à ce que le second joueur ne voie pas le contenu de la première colonne. À lui d'inscrire un mot ou un groupe de mots en respectant la contrainte grammaticale : « jonglait », « déguste », « s'enfonça », etc.

**4** Le jeu est encore plus amusant s'il y a beaucoup de joueurs. Mais **voici une variante intéressante si vous n'êtes pas nombreux**. Il s'agit de pré-remplir les grilles sur six lignes numérotées, avec six phrases censées. Par exemple : *Au crépuscule/un renard/mangeait/une poule. Tous les soirs/mon frère/danse/dans sa chambre*. On tire ensuite au dé pour assembler les différents groupes : le sujet de la troisième ligne se trouve ainsi marié avec le verbe de la sixième, puis les compléments circonstanciels de la quatrième, etc.

**5** Les phrases obtenues sont absurdes, bien sûr, et le plaisir est au rendez-vous ! Sélectionnez vos phrases favorites parmi celles que vous produirez ainsi en une séance. Recopiez-les chacune sur une petite feuille blanche (format A5) et demandez à votre enfant de l'illustrer par un dessin, en dessous. **Reliez ensuite ces feuillets** en les agrafant – n'oubliez pas de fabriquer une belle couverture ornée d'un titre évocateur. Pourquoi pas « Les phrases étranges de la famille Martin » ?

# Le Yut Nori

JEU mathématique

de 7 à 8 ans



Le Yut Nori est un jeu traditionnel coréen qui peut, légèrement simplifié, être pratiqué par les plus jeunes avec bonheur et bénéfices. Si vous aimez jouer en famille, vous apprécierez le Yut Nori, c'est certain ! D'autant qu'il est facile à fabriquer soi-même et que les règles, simplissimes, sont comprises par tous dès la première partie. Vous vous apercevrez rapidement à quel point ce jeu demande de la réflexion, et développe la pensée stratégique.

**matériel :** *Morceau de carton. Feutres. Dé. Pions de jeu plats (type pions de dames ou jetons de poker) : 2 x 4, de deux couleurs distinctes.*

**1** Fabriquez votre plateau de jeu, en reproduisant sur un morceau de carton le circuit ci-dessous :

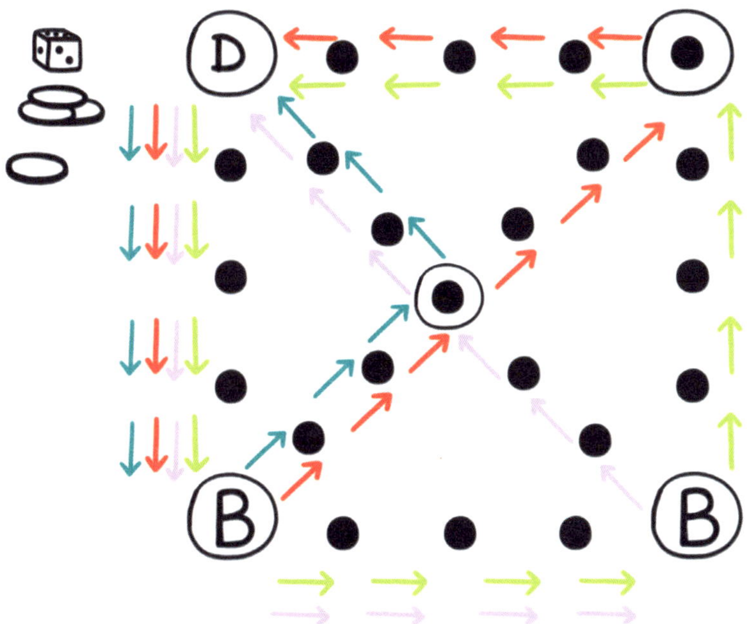


**2** Chacun des deux joueurs a besoin de quatre jetons à sa couleur ; à défaut, fabriquez-les vous-même en les découpant dans du carton épais, que vous peindrez ensuite.

**3** Au début du jeu, votre enfant place ses quatre pions sur une des cases **« Base »**, vous placez les vôtres sur l'autre case du même nom. Chacun à votre tour, vous allez placer un de vos jetons sur la case **« Départ »** et le faire courir autour du plateau, jusqu'à ce qu'il rejoigne à nouveau la case « Départ ». Alors, le pion ira se ranger dans la case **« Maison »**. Le premier joueur qui a placé ses quatre jetons dans la « Maison » a gagné.

**4** La course se déroule ainsi : chaque joueur, à tour de rôle, lance le dé, et avance son pion d'autant de cases que de points obtenus. Les pions avancent dans **le sens inverse des aiguilles d'une montre** (parcours vert).
Mais si l'un des pions tombe exactement sur une case « Base », il peut prendre **le chemin de la diagonale** (parcours rouge ou violet).
Et s'il tombe exactement sur la « Base » du centre, il peut prendre **le raccourci** (parcours bleu).

**5** À chaque fois qu'un joueur lance le dé, il peut avancer son pion engagé dans la course ou choisir d'engager un nouveau pion, en le plaçant sur la case « Départ ». Il fait alors **avancer ce nouveau pion du nombre de points obtenus**.
Si un joueur tombe sur une case déjà occupée par un jeton de l'adversaire, ce dernier retourne à sa « Base ».
Si un joueur tombe sur une case déjà occupée par un de ses propres jetons (ou par plusieurs d'entre eux), il fait **« Yut » : tous ses pions empilés avancent comme s'il s'agissait d'un seul pion**. Le Yut augmente la chance de mener tous ses pions à bon port, mais aussi le danger de se faire croquer…

**6** De temps en temps, après que votre enfant a lancé le dé, demandez-lui de réfléchir à haute voix sur les options qui s'ouvrent à lui. Désignez ses pions, un par un et demandez : *« Où vas-tu tomber si tu déplaces ce pion ? Et si tu bouges celui-ci ? »* Aidez votre enfant à visualiser tous les déplacements possibles avant de le laisser faire ses propres choix tactiques.

Bille pédagogique

# MATÉRIEL D'ART : LES INDISPENSABLES

Ne vous laissez pas décourager par le fait que la pratique artistique requiert un matériel spécifique. Donnez-vous du temps – par exemple, une année, pour acquérir votre matériel. Consacrez-y un modeste budget mensuel, déterminé à l'avance. Faites vos emplettes dans un magasin spécialisé et sollicitez les conseils des vendeurs. Vous aurez rapidement de quoi nourrir les expérimentations de votre famille – il ne restera plus qu'à entretenir votre stock, mais sachez que ce type de fournitures dure longtemps !

## LE PAPIER

- Papier type Canson® pour l'encre et les pastels.
- Papier machine pour tous les dessins aux feutres ou aux crayons de couleur.
- Papier à aquarelle : il est très épais (au moins 190g/m²) pour ne pas se détremper. Choisissez un grain fin, ni trop satiné, ni trop rugueux.
- Papier pour pastels (ou papier Ingres®).
- Autres : papier de soie, papier kraft, papiers colorés, pages de magazines, emballages, papiers cadeaux, carton ondulé (en le dédoublant, vous obtiendrez une surface bosselée !)… Regardez autour de vous et recyclez ce qui vous semble intéressant en termes de motifs, de textures, de couleurs, d'épaisseurs…

### Astuce

Avant de travailler, protégez la surface de travail d'une couche de papier journal. Investissez dans une blouse couvrante ou sacrifiez l'un de vos vieux T-shirt pour protéger les vêtements de votre enfant… et les vôtres !

## LA PEINTURE

- **Acrylique :** privilégiez les petits tubes pour commencer.
- **Aquarelle :** c'est en palette, sous forme de pastilles solides, qu'elle est la plus économique.
- **Gouache :** conditionnée en gros bidons (on trouve même des flacons-pompes très pratiques !).

La gouache et l'acrylique sont très couvrantes, mais vous pouvez les diluer dans un peu d'eau pour plus de transparence. Dans tous les cas, ne versez que quelques gouttes de peinture sur votre palette : il vaut mieux avoir à en rajouter que d'en jeter, et généralement, très peu de produit est nécessaire à un travail.

### Conseil

Vous n'avez besoin d'acheter que sept couleurs pour pouvoir, par mélange, obtenir toutes les nuances possibles.

- Rouge vermillon + jaune = orange
- Rouge vermillon + bleu = marron
- Rouge cramoisi + bleu = violets
- Bleu marine + rouge = violets
- Bleu cobalt ou bleu de Prusse + jaune = verts
- Jaune citron + bleu = verts
- Ombre brûlée + bleu = noir
- Le blanc se mélange à toutes les couleurs pour obtenir les teintes pastel.
- Le doré et l'argenté sont toujours très prisés des enfants… mais complètement facultatifs !

## LES ENCRES

Elles sont conditionnées en pots. Utilisez-les avec un pinceau ou une plume pour peindre ou dessiner. Si vous n'avez pas d'encre en bouteille, sachez que l'encre pour stylo-plume existe en une multitude de couleurs : on peut ouvrir les cartouches avec précaution pour verser l'encre qu'elles contiennent dans de petits flacons.

## LES PASTELS

Les grandes marques proposent des sets de pastels secs et de pastels à l'huile à des prix tout à fait corrects. Vous pouvez les compléter par des crayons achetés à l'unité si vous en éprouvez le besoin. Attention, le pastel sec, très poudreux, est très salissant. Prévoyez un petit flacon de laque dans votre nécessaire artistique afin de fixer la matière sur la feuille, une fois le travail achevé.
À défaut de pastels, une boîte de crayons de cire est généralement très appréciée des enfants et permet de jolis rendus.

## LES FEUTRES, LES STYLOS ET LES CRAYONS DE COULEUR

Pensez aux plumes à tremper dans l'encre, au stylo-plume ou au pinceau de calligraphie chinoise. Investissez dans un bon stylo-feutre à dessin noir, à mine douce et à encre permanente : ce type de feutre ne bave pas, et permet de dessiner sur toutes les surfaces, y compris sur un fond d'acrylique.

## LES CISEAUX ET LE CUTTER

Le cutter est très pratique pour découper finement des formes dans le papier et devient vite indispensable. Montrez à votre enfant comment l'utiliser en toute sécurité. Veillez à placer toujours une pile de prospectus ou deux morceaux de carton de récupération sous le papier que vous découpez.

## LES PINCEAUX

Les pinceaux souples sont parfaits pour l'encre et l'aquarelle. Ceux aux poils plus durs servent à l'acrylique. Les pinceaux-brosses plats servent aux aplats.
Procurez-vous :

- **5 pinceaux ronds à poils souples** pour l'encre et l'aquarelle. Les nombres gravés sur les manches des pinceaux indiquent leur épaisseur : choisissez un pinceau n° 4, parfait pour peindre des détails, un n° 6, 8, 10 et un n° 12 pour colorer de larges zones.
- **5 pinceaux ronds à poils durs** pour l'acrylique (mêmes tailles que précédemment).
- **3 pinceaux-brosses plats** pour les aplats (tailles n° 4, 8 et 12).
- **1 pinceau de bricolage** pour réaliser de vastes fonds rapidement.
- **D'autres outils pour peindre :** une éponge naturelle, des Coton-Tige, des plumes…

### Le saviez-vous ?

Ne laissez jamais vos pinceaux tremper dans l'eau, cela écrase les poils. Lavez-les en les agitant dans l'eau tiède savonneuse. Attention, l'eau trop chaude décolle les poils ! Rincez abondamment puis remodelez la pointe avec vos doigts avant de laisser sécher. Rangez vos pinceaux dans une boîte, ou placez-les debout dans un pot.

## DIVERS

- **Éléments décoratifs :** sequins, rubans bolduc, attaches parisiennes, boutons-pressions, rondelles de bricolage….
- **Palettes :** pour mélanger les peintures, on peut utiliser une vieille assiette ou un couvercle recyclé.
- **Autre :** papier essuie-tout, vieux journaux, éponge de cuisine, vieux chiffon pour essuyer les pinceaux, pots de yaourt et large bocal en verre pour l'eau.

# Potions bouillonnantes

Le bicarbonate de soude (ou bicarbonate de sodium, de formule $NHCO_3$) permet de faire découvrir quelques principes de chimie aux enfants tout en s'amusant... On le trouve facilement en grande surface, au rayon ménager, conditionné en paquet de 500 g. Expérimentez la manière dont le bicarbonate de soude réagit au contact de différents liquides et jouez à l'apprenti sorcier en concoctant des potions colorées et pailletées !

## À la découverte du bicarbonate de soude

matériel : *Bicarbonate de soude, vinaigre ou jus de citron, eau chaude, eau froide. Bols, cuillères. Facultatif : bac en plastique, bac à glaçons, vaporisateur, pipette. Papier sulfurisé. Colorants alimentaires.*

Proposez à votre enfant de **tester la réaction du bicarbonate de soude dans divers liquides** :

Mélangez une cuillère à soupe de bicarbonate à 125 ml d'**eau chaude**. Renouvelez l'expérience avec de l'**eau froide**. Que constate-t-il ? Si rien ne se passe dans l'eau froide, le bicarbonate de soude pétille doucement au contact de l'eau chaude parce que la chaleur provoque une réaction qui libère du dioxyde de carbone. C'est la raison pour laquelle on utilise le bicarbonate en pâtisserie : à la chaleur du four il génère des bulles de gaz qui, libérées dans la pâte à gâteau, le font lever !

Renouvelez l'expérience en mélangeant le bicarbonate dans **un acide** (vinaigre blanc ou jus de citron) : ça pétille ! Les enfants aiment jouer avec cette réaction, et il est facile de concocter de petites mises en scène qui leur permettront de manipuler pendant de longues demi-heures :

- Versez une couche de bicarbonate de soude dans une bassine large et remplissez un vaporisateur de vinaigre blanc : laissez votre enfant **vaporiser ce « produit magique »** sur la poudre dans le bac. C'est amusant et ça muscle les doigts !

- Remplissez les compartiments d'un bac à glaçons de vinaigre blanc, puis versez dans chaque alvéole quelques gouttes de colorants alimentaires, de manière à proposer de **petites quantités de vinaigre de toutes les couleurs**. Recouvrez une plaque de four de papier sulfurisé, puis versez-y une couche de bicarbonate de soude. À l'aide d'une pipette, votre enfant asperge de vinaigre la poudre qui se colorera de dégradés subtils... et pétillants !

**Prolongement**

Gonfler un ballon sans souffler met en évidence la génération de gaz produit par la réaction ! Voici comment faire : à l'aide d'un entonnoir, remplissez un ballon de baudruche de bicarbonate de sodium. Enfilez-le ensuite sur le goulot d'une bouteille au fond de laquelle vous aurez versé, au préalable, un verre de vinaigre blanc. Le bicarbonate tombe alors dans la bouteille, le vinaigre pétille et le ballon gonfle !

## Des potions moussantes

**matériel :** *Bocal propre ou bouteille à l'embouchure large, cuillère en métal. Bassine ou plateau en plastique. Vinaigre blanc ou jus de citron, liquide vaisselle. Bicarbonate de soude, colorants alimentaires. Paillettes.*

Guidez votre enfant lors des étapes de réalisation suivantes : versez du vinaigre blanc dans un bocal jusqu'à le remplir à moitié. Ajoutez plusieurs gouttes de colorants alimentaires, puis saupoudrez de **paillettes**.

Ajoutez une bonne pression de **liquide vaisselle** dans votre bocal, puis mélangez doucement à l'aide d'une cuillère en métal.

Posez le bocal dans un large plateau profond ou une bassine en plastique. Demandez à votre enfant de verser une cuillère à soupe de bicarbonate de soude dans la mixture : **théâtralisez ce moment**, et profitez-en pour inventer des histoires de sorciers !

L'excitation retombée, expliquez à votre enfant qu'il vient d'assister à une réaction chimique : le vinaigre et le citron sont acides. Lorsqu'on les mélange au bicarbonate de soude, ils génèrent une multitude de minuscules bulles de dioxyde de carbone. Le produit à vaisselle emprisonne ces bulles, ce qui produit une mousse abondante.

**La sécurité d'abord !**
Les jeux d'imitation ont leurs limites : ces potions ne sauraient en aucun cas être bues !

### Retrouvez une expérience avec le bicarbonate de soude

*P. 188, « Mini-volcans ».*

# Jeux de globe

La simple manipulation d'un globe terrestre engendre un vrai plaisir et encourage l'enfant à en apprendre davantage sur notre monde, les pays qui le composent et leurs situations. Si vous n'avez pas de globe et songez à en acquérir un, pensez aux globes gonflables en plastique souple. Ils sont peu onéreux, se rangent facilement une fois dégonflés et sont particulièrement ludiques : la preuve ci-dessous !

**matériel :** *Globe terrestre précis mentionnant les noms des pays et de quelques villes. Chronomètre.*

**1** Présentez le globe terrestre à votre enfant en lui expliquant qu'il s'agit d'une représentation de notre planète. Insistez sur le fait que les frontières des pays et leurs couleurs, ainsi que les méridiens et les parallèles, **sont des repères imaginaires, utilisés par les hommes, mais qui ne correspondent à rien dans la nature**. Laissez votre enfant explorer librement la mappemonde, et n'hésitez pas à vous en servir, dans votre vie quotidienne, pour localiser avec lui des évènements historiques ou des manifestations d'actualité.

**2** Engagez-le à mener plus avant ses observations en lui posant de petits défis : *« Peux-tu nommer un pays asiatique dont le nom commence par la lettre Y ? Peux-tu localiser un tout petit pays européen ? Identifier les mers et les océans qui bordent la Russie ? Et citer une chaîne de montagne dans chacun des continents ? »* Très vite, votre enfant **aura plaisir à inventer lui-même des questions de ce type** et à vous mettre à l'épreuve à son tour.

**3** Avec un globe gonflable, engagez une partie de ballon d'un nouveau genre : lancez le globe à votre enfant. Dès qu'il l'attrape, il doit scruter les indications qu'il comporte **pour trouver un pays dont le nom commence par la lettre A**. Ceci fait, il lance la mappemonde au joueur suivant, qui doit trouver un pays commençant par la lettre B, et ainsi de suite, jusqu'à avoir déroulé tout l'alphabet. Si vous n'avez pas de globe gonflable, utilisez un globe classique : l'enfant le fait pivoter sur son axe, puis l'arrête en posant son index au hasard sur la surface. Il doit alors trouver un pays commençant par la lettre voulue, qui soit le plus proche possible de l'emplacement indiqué par son doigt.

### Variantes

- Lorsque le joueur a trouvé un nom de pays commençant par la lettre demandée, il doit préciser dans quel continent il se trouve (ou nommer sa capitale).
- Le jeu peut être restreint à un seul continent (en acceptant que toutes les initiales ne soient pas forcément représentées !). Ainsi, en Afrique, on trouvera Algérie, Botswana, Côte d'Ivoire, Djibouti, etc.
- Pratiquez le même jeu avec les noms des villes, ou ceux des mers !
- Les jeunes enfants peuvent se joindre au jeu, à conditions que vous adaptiez les règles : ils pourront se contenter de dire si leur main, lorsqu'ils attrapent le globe, touche la terre ou l'eau, par exemple.

**4** Mettez votre enfant au défi de localiser un pays (ou une capitale) sur le globe **en moins de 30 secondes**. L'un des joueurs est « le maître du temps » et est responsable du chronomètre pendant la recherche. C'est ensuite à votre tour de chercher, mais les adultes, eux, ne disposent que de 15 secondes !

Retrouvez un autre globe…

P. 42, « Un globe en papier mâché ».

# Un globe en papier mâché

Créer son propre globe en papier mâché est une manière amusante et créative d'enseigner à votre enfant le nom des continents et leur position dans le monde. Ce projet développe aussi les habiletés technologiques puisqu'il s'agit de fabriquer un objet en volume. Il est extrêmement simple, mais prévoyez une bonne semaine pour le mener à bien. Le temps de séchage entre chaque étape est assez important !

**matériel :** *Nappe. Ballon de baudruche en forme de sphère (en vente dans les magasins d'articles festifs). Papier journal, film alimentaire. Farine blanche, sucre. Bol, cuvette, essuie-main. Peinture acrylique bleue. Pinceaux. Crayon à papier. Ficelle. Colle blanche. Imprimante. Papier machine (coloré ou non). Marqueur noir (mine moyenne). Facultatif : crayons de couleur.*

**1** **Fabriquez la colle spécial « papier mâché »** avec votre enfant : dans une casserole, mélangez 50 g de farine blanche et 450 ml d'eau froide. Ajoutez-y 450 ml d'eau bouillante, et portez le mélange à ébullition. Retirez du feu et incorporez 50 g de sucre. Le mélange va épaissir en refroidissant.

**2** Couvrez bien la surface de travail à l'aide d'une nappe, de papier journal ou d'une vieille serviette éponge. Rassemblez le matériel (papier journal et colle maison) et disposez une cuvette remplie d'eau et un torchon sec à portée de main pour pouvoir laver vos doigts lorsque vous en ressentirez le besoin. Gonflez le ballon de baudruche et posez-le sur un bol pour le stabiliser. Prenez soin, au préalable, **de recouvrir le bol d'une feuille de film alimentaire, afin que le papier mâché n'adhère pas aux parois du récipient**.

**3** Montrez à votre enfant comment déchirer des bandes de papier journal de 2,5 cm de largeur environ, pour une longueur d'une douzaine de centimètres. Trempez vos doigts dans la colle, essuyez l'excès, puis appliquez la pâte sur les bandes de papier déchirés. Ôtez le surplus en les faisant glisser entre votre index et votre majeur tendus. Le trop-plein de colle retombe dans le bol qui contient votre recette et votre bande est prête à être appliquée sur le ballon. **Ayez la main légère : les bandes trop imprégnées de colle se fragilisent et se déchirent**.

**4** Recouvrez ainsi toute la surface du ballon, **en veillant à superposer et à entrecroiser les bandes**. Appliquez deux couches et laissez sécher complètement le travail pendant 24 heures. Procédez ensuite à une troisième et quatrième couche de la même manière. Vous aurez peut-être besoin de ne travailler que sur un « hémisphère » de votre mappemonde à la fois, et d'attendre que le travail ait séché avant de la retourner. Prenez votre temps, la solidité de l'œuvre en dépend !

**Astuce**
La colle maison se conserve trois jours au réfrigérateur, dans un récipient fermé.

**5** Lorsque le papier mâché est sec, crevez le ballon à l'intérieur de votre travail à l'aide d'une épingle : il se rétractera dans le globe et vous l'y laisserez. Invitez votre enfant **à peindre sa mappemonde en bleu**. Deux ou trois couches seront nécessaires, en laissant sécher une heure au moins entre chaque application. Laissez à nouveau sécher 24 heures avant d'ajouter les continents.

**6** On trouve facilement **des continents à imprimer** sur Internet. Reproduisez-les sur du papier couleur, une couleur par continent, au choix de votre enfant. Vous pouvez aussi les imprimer sur du papier blanc et demander à votre enfant de colorier chacun d'eux comme il le souhaite. Aidez-le à les coller en les positionnant au mieux sur la sphère. Tout au cours de cette étape, appliquez-vous à nommer les continents et à raconter toutes les anecdotes (souvenirs de voyage, coutumes, art...) qui vous viennent à l'esprit les concernant.

**7** Matérialisez **l'équateur et le premier méridien** : tendez une ficelle autour de la circonférence du globe, et demandez à votre enfant de tracez un trait léger, au crayon à papier, le long de ce repère. Aidez-le ensuite à retracer ces lignes à l'aide d'un marqueur noir. **Fabriquez des étiquettes** (au traitement de texte ou à la main) et demandez à votre enfant de les découper et de les coller au bon endroit.

**8** Encouragez votre enfant à ajouter tous les détails qu'il souhaite : rose des vents (collée ou dessinée), noms de pays ou de villes qui lui tiennent à cœur, petits dessins de poissons, de bateaux ou de monuments... **Il peut marquer d'un X l'endroit où il habite !**

**Variantes**

– Si vous n'avez pas d'imprimante, vous pouvez recycler un planisphère, ou en photocopier un.

– Il est également possible de décalquer les continents dans un Atlas, avant de les reporter sur le globe. Aidez votre enfant dans cette étape délicate, puis invitez-le à colorier ses continents à l'aide de gros marqueur peinture (type Posca®).

Bille pédagogique

# HISTOIRE DE L'ART

Donner à son enfant quelques repères en histoire de l'art, c'est lui permettre de dépasser ses inhibitions, de développer sa confiance en lui, et d'assimiler un langage universel. C'est choisir d'éduquer son enfant à la sensibilité dans un monde qui a tendance à privilégier la rationalité. C'est, enfin, ancrer chacun dans son passé personnel et historique.

## COMMENT S'Y PRENDRE ?

Une œuvre d'art ne se livre pas d'elle-même, et la tâche peut sembler ardue si vous n'êtes pas vous-même spécialiste. Le mieux est d'adopter, face à une œuvre, une **attitude d'humilité**. L'objectif n'est pas de comprendre, ni d'émettre des jugements de valeur. Évitez à tout prix les lieux communs du type : *« Un enfant de 5 ans pourrait le faire ! »* ou *« Je ne mettrais pas ça dans mon salon »* : par ces sentences, vous priveriez votre enfant du droit de « sentir ».

Rassurez-vous sur vos compétences. L'art est tout simplement une **porte sur nos émotions**, et vous avez, comme quiconque, la capacité de ressentir. Élaborez votre propre parcours, en partant de votre culture familiale, des goûts de votre enfant et des vôtres. Il y a tant de chemins possibles à travers les œuvres, et aucun n'est mauvais ! Si vous ne savez pas par quoi commencer, appuyez-vous sur les grandes expositions temporaires de votre musée local. Amusez-vous, savourez, et votre enfant fera de même !

Voici quelques pistes à explorer pour étoffer votre promenade à travers les cinq grandes périodes décrites par les historiens. Bien sûr, les références ci-après ne sont que des propositions : plutôt que de suivre une progression prédéterminée, appuyez-vous sur les occasions que vous avez de rencontrer tel ou tel artiste au cours des manifestations culturelles de votre région. À chaque fois que vous rencontrerez l'œuvre d'un homme, vous et votre enfant découvrirez des faits, qui se transformeront en connaissances au fur et à mesure que vous pourrez les mettre en lien avec d'autres travaux. N'oubliez jamais que face à une œuvre d'art, la clef pour y entrer est un questionnement simple : **Qu'observons-nous/Qu'entendons-nous ? Quel est mon ressenti propre à cet instant ?**

## LA PRÉHISTOIRE ET L'ANTIQUITÉ GALLO-ROMAINE

Architecture préhistorique (ensemble mégalithique, comme Stonehenge au Royaume-Uni) et antique (monument gallo-romain, comme le Pont du Gard), mosaïque gallo-romaine (celle de Saint-Romain-en-Gal), peintures de Lascaux, sculpture grecque antique (Le Discobole).

## LE MOYEN ÂGE

Architecture religieuse (visitez les égalises et cathédrales de votre région, et n'oubliez pas d'admirer les vitraux !), extraits de roman de chevalerie (*Tristan et Iseult*), tapisserie (de Bayeux), musiques (chants grégoriens et chansons de troubadours), fresque (*Miracle de saint Magne* en Italie), fête médiévale (la plupart des grandes villes en organisent aujourd'hui)...

## LES TEMPS MODERNES

Architecture royale (Versailles, châteaux de la Loire), poésie (Ronsard, du Bellay...), pièces de mobilier ou de costume, musiques instrumentales et vocales du répertoire baroque et classique, pièces de théâtre (Molière, Racine), peintures et sculptures (par exemple *La Joconde* ou *Renaud et Armide* au Louvre, *Le Prophète Élisée* à Florence...).

## LE XIXE SIÈCLE

Architecture industrielle (gare Saint-Lazare), récits (Maupassant, Verne, Zola), éléments de mobilier et de décoration et d'arts de la table (Sèvres, Limoges), extraits musicaux de l'époque romantique (Beethoven, Gounod...), extraits de pièce de théâtre (Hugo, Musset, Vigny...), œuvres illustrant les principaux mouvements picturaux (Goya, Gerôme, Ingres, Courbet, Waterhouse, Moore, Monet, Cézanne, Seurat, Redon, Gauguin, Rousseau, Mucha, Klimt, etc. !).

## L'ÉPOQUE CONTEMPORAINE

Architecture (Zaha Hadid...), littérature (Prévert...), design graphique (Savignac...), musique (jazz, musiques de film, chansons...), spectacle (mime, cirque, danse...), œuvres illustrant les principaux mouvements picturaux (Buffet, Dubuffet, Leduc, Pollock, Giacometti, Lemaître, Bazaine...), sculpture (Canova, Boucher...), cinéma (et cinéma muet !), photographie (Becher, Wall...).

# Des p'tits mots partout...

Les activités suivantes utilisent des étiquettes, fabriquées par vos soins, à apposer aux objets de votre environnement. Elles sont extrêmement satisfaisantes pour les plus jeunes, à qui elles donnent un vrai pouvoir sur le monde qui est le leur. Votre enfant associe alors lecture et plaisir. Et dans la foulée, il nomme, décrit, enrichit son vocabulaire, encode, lit et relit, et mémorise peut-être même l'orthographe des mots usuels !

**matériel :** *Papier, stylos ou feutres, adhésif. Facultatif : images ou photographies (pages de magazines, de calendriers, reproductions d'œuvres d'art ou photographies personnelles…).*

## Sur le corps

Confectionnez **une série d'étiquettes** relatives aux parties du corps : *nez, main, visage, doigt, œil, bouche…* Découpez-les, et, avec l'aide de votre enfant, fixez un morceau d'adhésif sur chacune de façon à ce qu'elles soient prêtes à l'emploi. Invitez votre enfant à les déchiffrer et à les fixer sur la partie de son corps qui correspond. Amusez-vous ! Si votre enfant ne parvient pas à lire un mot, aidez-le avec des indices adaptés à son âge et à ses compétences : *« O, U, cela fait [u] ».*

N'hésitez-pas à recommencer l'activité **plusieurs fois de suite**, en ôtant et replaçant les étiquettes tant que votre enfant ne se lasse pas. Décrivez l'expérience et les sensations procurées : fixer une étiquette dans son propre dos suppose de se contorsionner, l'adhésif sur une paupière oblige à la fermer et tire la peau lorsqu'on le retire, etc.

Les premières fois, proposez entre **cinq et dix mots**, et augmentez peu à peu le stock d'étiquettes au cours des parties : *main, sourcil, front, menton, hanche…* Adaptez la difficulté à l'âge de votre enfant : rotule, omoplate, aine…

## Dans la maison

**Étiqueter un maximum d'objets dans votre maison !** Asseyez-vous avec votre enfant dans une pièce et nommez tout ce que vous voyez autour de vous. Écrivez ces noms sur de petits cartons, puis demandez à votre enfant d'aller les fixer sur les objets correspondants.

Les cartons peuvent rester en place quelque temps, et votre enfant en profitera pour **s'imprégner de l'orthographe** de ces mots usuels. Si vous sentez que votre enfant, par habitude, ne considère plus ces étiquettes, demandez-lui de vous épeler quelques-uns des mots qu'elles supportent – en remplissant le lave-vaisselle ou en plaçant le couvert, par exemple.

Pensez-aussi à user d'étiquettes **de manière permanente** dans votre environnement. Par exemple, dans la chambre de votre enfant, vous pouvez étiqueter les caisses de jouets, les étagères de livres et de vêtements. Ce sera de surcroît une aide précieuse à l'heure du rangement !

## Sur une image

Ce jeu peut aussi être mené à partir d'une image, par exemple une photographie issue d'un magazine. Décrivez-la avec votre enfant : demandez-lui d'en nommer tous les détails : *« Comment cela s'appelle ? De quelle couleur est-ce ? »*

Introduisez un lexique riche en usant de mots précis, même s'ils vous paraissent compliqués. Listez tous les mots évoqués sur de petites bandes de papier (parties du corps ou du visage, vêtements ou éléments d'un paysage…) en aidant votre enfant à transcrire les mots s'il veut se charger de cette étape. L'étape suivante consiste à les relire et à les fixer sur la photographie… jusqu'à ce qu'elle soit entièrement recouverte !

# Mes mots préférés

Y a-t-il des mots que votre enfant affectionne particulièrement ? Ce peut être le point de départ d'une conversation intéressante : que ce soit le nom d'une discipline sportive qu'il pratique, ou d'un instrument de musique qui le fait rêver, celui d'un animal de compagnie, d'une fleur, d'un plat, d'un personnage de fiction… ou tout simplement un mot dont la sonorité lui est agréable ! Amusez-vous à échanger autour de ces mots favoris, confiez à votre enfant quels sont les vôtres afin qu'il vous confie les siens. Recueillez-les précieusement…

## Des mots-cadeaux

**matériel :** *Papier pour cartes de visite, feutres fins, papier d'emballage.*

Choisissez un de ces mots qui a une signification particulière pour votre enfant (« licorne », « cochon d'Inde », ou « puzzle »…). Hors de sa vue, **préparez-lui un petit cadeau** : écrivez ce mot sur un papier cartonné, de la taille d'une carte de visite, et décorez-le de motifs simples et colorés, de façon à ce qu'il soit unique.

**Enveloppez** ensuite cette carte d'un joli papier (papier cadeaux, papier origami, papier de soie…) et enjolivez ce paquet d'autocollants, de rubans ou de bolduc.

Choisissez le moment opportun pour **offrir ce petit présent à votre enfant** : il peut le trouver dans son assiette au moment de passer à table, sur sa table de chevet lorsqu'il s'éveille, ou sur son siège de voiture après l'école… Si votre enfant n'est pas en mesure de lire le mot que vous lui offrez, lisez-le pour lui. À présent, ce mot est le sien. Ce type de cadeau transporte de joie certains enfants, si c'est le cas du vôtre, n'hésitez pas à renouveler souvent ces petites attentions, et qui sait ? Peut-être un jour, à votre tour, vous verrez-vous offrir **un mot en cadeau…**

## Les mots s'affichent

**matériel :** *Grande feuille de papier (format « raisin »), feutres, crayons de couleur, gouache, aquarelle… gommettes (étoiles, pierres précieuses autocollantes…).*

Peut-être votre enfant a-t-il, dans sa chambre, des posters de stars qu'il affectionne ? Pourquoi ne pas lui proposer de créer lui-même **son propre poster**, autour d'un mot « star », un mot qu'il aime particulièrement ?

Aidez-le si besoin à écrire ce mot en gros sur une grande feuille de papier. Écrivez les lettres de manière à pouvoir les remplir de fins graphismes.

Regroupez votre matériel d'art plastique (feutres, crayons, peinture, autocollants) et amusez-vous à décorer votre affiche avant de l'accrocher à la place d'honneur dans la chambre de votre enfant. Et si l'idée lui plaît, pourquoi ne pas recouvrir un mur entier de ce type de posters… ?

## Pour aller plus loin

Écrivez un même mot dans toutes sortes de graphies, et dans tous les sens, de manière à couvrir toute la feuille.

Vous pouvez aussi proposer à votre enfant d'écrire un mot au crayon à papier, en cursive, de manière à ce qu'il traverse la feuille d'un bord à l'autre. Proposez-lui ensuite de peindre chaque section du tracé à l'encre, puis de repasser sur le tracé avec un gros feutre noir.

Fabriquez un mobile-mot : découpez de petits carrés de carton léger (type paquet de céréales), d'environ 15 cm sur 15 cm. Prévoyez autant de carrés que le mot imaginé par votre enfant contient de lettres. Sur chacun de ces morceaux, votre enfant trace une lettre du mot de manière à ce qu'elle occupe un maximum d'espace. Il les décore ensuite de graphismes variés, les colorie, les découpe. Aidez-le à fabriquer un mobile, en fixant ces lettres à une baguette à l'aide de fil de coton, et en les lestant éventuellement de petites perles.

**Astuce**
Saupoudrez de paillettes les bords de la feuille pour créer un cadre.

PELUCHE

# Une fresque préhistorique

La Préhistoire désigne traditionnellement la période comprise entre l'apparition de l'humanité (-2,8 millions d'années) et celle des premiers documents écrits (-3 500 avant notre ère). Elle se découpe en deux parties : le Paléolithique (âge de la pierre taillée) et le Néolithique (âge de la pierre polie). En réalisant votre fresque avec votre enfant, explorez l'art pariétal et recréez un décor digne des grottes de Lascaux dans votre maison !

**matériel :** *Reproductions de peintures rupestres. Papier d'emballage brun de récupération. Pastels secs et gouache aux couleurs terreuses : noir, brun, ocre. Pinceaux. Lampe de poche.*

**1** L'idéal est d'articuler cette activité à une visite de terrain préalable. Les grottes préhistoriques de France sont recensées sur le site www.memo.fr, il y en a certainement près de chez vous ou ce peut être l'occasion d'une visite aux prochaines vacances !

**2** Observez des reproductions de peintures rupestres avec votre enfant, et décrivez-les : quels étaient les sujets de prédilection de nos ancêtres ? Remarquez que la végétation et les décors sont absents de ces compositions, qui mettent les animaux, souvent représentés de profil, à l'honneur.

**3** Fournissez à votre enfant une belle longueur de papier brun. Il peut travailler à plat, ou pour plus de réalisme, fixer le papier sous une table : il dessinera alors à plat ventre, couché au sol, les bras levés ! Nos ancêtres choisissaient souvent des endroits assez inaccessibles pour leurs réalisations et devaient souvent peindre dans des postures très inconfortables…

**4** Encouragez votre enfant à réaliser, à sa manière, les motifs chers aux hommes préhistoriques : **mammouths, cerfs, chevaux…** Une fois les dessins réalisés, il est possible de les peindre à la gouache (bien à plat, cette fois !).

**5** Faites signer le jeune artiste d'une empreinte de sa main : positive ou négative, à lui de voir ! Pour une main négative, remplissez un flacon de gouache marron bien diluée et montrez à votre enfant comment vaporiser abondamment la matière autour de sa main posée, bien ouverte, sur le papier. La main positive se réalise quant à elle très simplement en peignant sa paume et en l'appliquant ensuite sur la feuille.

**6** Accrochez l'œuvre monumentale dans votre salon pour une exposition temporaire. Fermez les volets, éteignez les lumières, et invitez solennellement les autres membres de la famille à venir admirer votre grotte… à la lueur d'une lampe torche !

### À lire, à voir et à vivre

**Documentaires :**

- *La Préhistoire*, Émilie Beaumont, Fleurus, 2006, dès 6 ans.
- *Premier homme : les dernières découvertes scientifiques expliquées aux enfants*, Pascal Picq, Flammarion Jeunesse, 2017, dès 11 ans.
- *La Préhistoire des Hommes*, Jean-Baptiste de Panafieu, éditions Milan, 2010, dès 7 ans.
- *C'est pas sorcier !*, coffret Préhistoire (DVD), Jean-Marie Sigot, France Télévision Éditions, 2013, dès 6 ans.

**Fictions :**

- *Arthéo l'artiste*, Éric Battut, Vilo, 2008, dès 6 ans.
- *La promesse de Mirto : ou comment un premier humain refusa de tuer l'animal*, Jennifer Dalrymple, Oskar Jeunesse, 2016, dès 7 ans.

### Astuce

Amusez-vous à concocter des « peintures » en écrasant les baies de votre jardin dans un peu d'eau. Elles ne tiendront peut-être pas toutes dans le temps, mais permettent souvent d'obtenir des couleurs intéressantes et authentiques !

### Prolongements

– Lancez ce défi à votre enfant : saura-t-il réaliser des outils (hache, lance, etc.) en utilisant exclusivement du carton et de la ficelle ? Colle et adhésif interdits !

– Réalisez des pétroglyphes, images gravées dans la roche. Choisissez une grosse pierre calcaire friable, que l'enfant grave avec la pointe d'un trombone déplié. Il applique ensuite une couche de pastel sec pour faire ressorti le motif.

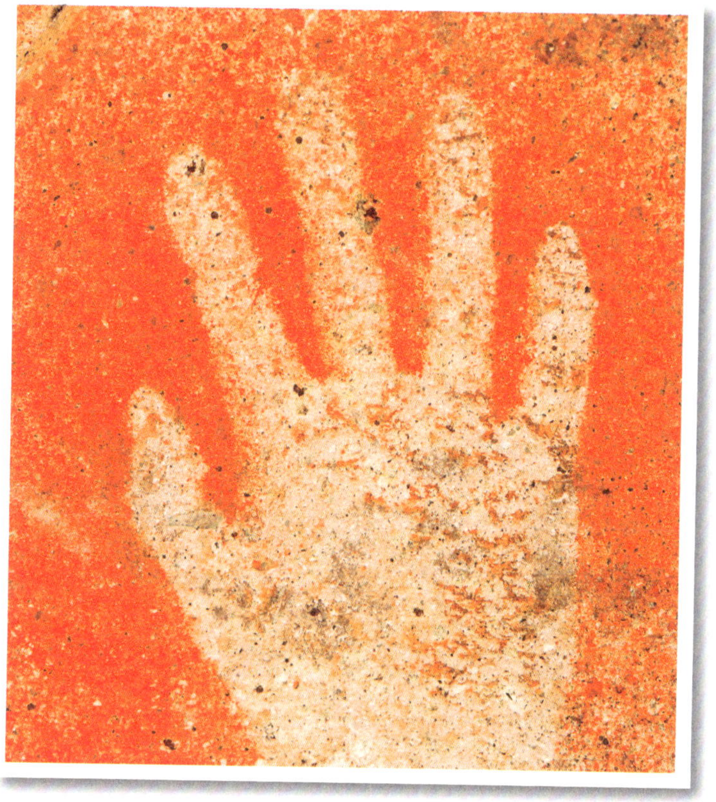

Bille pédagogique

# CHRONOLOGIE

Parmi d'autres (nombreuses) qualités, l'historien doit développer son habileté à situer les phénomènes par rapport à ceux qui les ont précédés et suivis. Mettre les éléments du passé en relation les uns avec les autres suppose certes de connaître notre système de datation, mais aussi de maîtriser des notions temporelles, telles que succession, synchronisme, antériorité ou postériorité. La construction d'une frise historique par l'enfant est un excellent exercice pour construire ces concepts complexes.
En réalisant les activités de ce livre, votre enfant va découvrir les personnages et des évènements de notre histoire : pourquoi ne pas lui proposer de les consigner sur une frise en les ordonnant ? Celle-ci lui permettra d'échafauder de précieuses compétences !

## PREMIÈRES CHRONOLOGIES (6-9 ANS)

matériel : *Papier à dessin (type Canson®). Aquarelle, pinceaux, feutre noir. Colle. Diverses images de monuments, personnages, œuvres d'art...que connaît votre enfant.*

L'histoire de l'humanité est découpée traditionnellement par les historiens en **cinq grandes périodes :** la Préhistoire, l'Antiquité, le Moyen Âge, les Temps modernes, et l'époque contemporaine. Consacrez une feuille à dessin à chacune de ces périodes. Demandez à votre enfant de choisir une couleur pour chacune – vous pouvez aussi reprendre un code couleurs existant dans un livre d'histoire auquel vous vous référez souvent. À l'aquarelle, il peint ensuite chaque feuille d'une couleur distincte, pour créer un fond léger (par exemple, la Préhistoire en bleu, l'Antiquité en rouge, etc.). À défaut d'aquarelle, vous pouvez utiliser directement des feuilles de papier pastel.

**Chaque feuille est étiquetée :** écrivez le nom de la période sur une bande de papier que votre enfant colle en bas de sa feuille. Si vous avez une imprimante, essayez de trouver sur Internet une petite icône qui symbolise chaque période. Par exemple, une pierre taillée pour la Préhistoire, une colonne grecque pour l'Antiquité, une tour fortifiée pour le Moyen Âge, une caravelle pour les Temps modernes, un microscope pour l'époque contemporaine. Privilégiez les dessins en noir et blanc (des coloriages imprimés en petit, par exemple), afin de ne pas surcharger votre page.

Sur chacune de ces feuilles, votre enfant colle les images de son choix, selon les objets ou les personnages rencontrés à l'école, lors de ses lectures... ou des activités du présent livre ! Vous pouvez y ajouter de brèves légendes.

Ne vous préoccupez pas de l'ordre chronologique au sein de chaque période. Chaque image est collée librement sur la feuille, sans ordre déterminé, au fur et à mesure des découvertes de votre enfant. Il s'agit ici de construire **la succession des périodes de l'histoire**, leur nom et leurs caractéristiques.

## LA NOTION DE DURÉE (9-12 ANS)

La principale difficulté, lorsqu'on veut construire une frise chronologique proportionnelle, est de représenter la Préhistoire. Ainsi, si un siècle est représenté par 1,4 cm sur votre bande, il vous faudra 420 m de papier pour visualiser concrètement la longueur du Paléolithique… et plusieurs kilomètres pour remonter jusqu'aux dinosaures !

**Pour amener votre enfant à se représenter les choses concrètement, réalisez une frise chronologique… sur votre trottoir !** Choisissez un jour de beau soleil et emmenez vos trottinettes : vous risquez de parcourir quelques kilomètres tout au long de l'exercice !

Commencez par mesurer votre rue avec votre enfant, et placez-y des repères à la craie : voilà une excellente activité mathématique ! Divisez cette distance en 2 800 000 années (vie de l'humanité depuis son origine) : si votre rue mesure 1 000 m, par exemple, 10 000 ans seront représentés par 3,5 m. Positionnez les repères suivants : apparition des hominidés (à l'entrée de la rue), début du Néolithique (-6 000), début de l'âge des métaux (-2 000), de l'Antiquité (-1 000), du Moyen Âge (476), des Temps modernes (1492) et de l'époque contemporaine (1789).

Amusez-vous à parcourir le fil de l'histoire, en courant, en roulant, en reculant… Que dire de la longueur des périodes représentées ?

**Prolongements**

Après cette activité, votre enfant est prêt à réaliser une frise historique classique. L'idéal est en fait de réaliser plusieurs chronologies : une frise globale, de 20 cm de largeur, qui représente un siècle à chaque 1,4 cm. On la complète par des frises « gros plans » de 60 cm de largeur, qui zooment sur une période : par exemple, elles peuvent représenter un siècle par segments de 40 cm. L'enfant y colle les faits et les personnages représentatifs de la période, en respectant scrupuleusement la datation. Essayez de varier les domaines représentés : images de la vie quotidienne, de personnages historiques, mais aussi d'artistes, d'inventeurs…

# Les explorateurs

La géographie, ce n'est pas une science abstraite que l'on mène penché sur des cartes, dans des livres. C'est avant tout une expérience concrète des milieux environnants. Généralement, les enfants adorent jouer aux explorateurs et découvrir de nouveaux lieux : en vous appuyant sur leur curiosité naturelle, il vous sera facile de les faire « entrer en géographie » et, du coup, de développer leur sens de l'observation, ainsi que leurs compétences langagières.

**1** Lors de votre prochaine promenade, encouragez votre enfant à jouer aux explorateurs : « *Et si on jouait aux explorateurs en cherchant tout ce que l'on peut trouver dans ce parc ?* » Il s'agit de faire le point sur tout ce qu'on peut observer sur un site donné. Seule consigne : on ne prélève rien ! Tout doit rester en place autour de vous. **On chasse avec ses yeux, on garde dans sa mémoire et on vient au rapport pour décrire ses découvertes... avec sa langue !**

**2** Circonscrivez avec clarté la zone à observer : « *On explore la rivière et sa rive, depuis ce grand sapin jusqu'au rocher qu'on voit là-bas.* » Choisissez si possible un endroit dégagé dans lequel chacun restera à portée de vue de tous les autres. Chacun s'éparpille et part à la recherche d'éléments notables.

**3** Au bout de cinq minutes, lancez le signal de rassemblement. Amusez-vous : hululez comme une chouette ou hurlez comme un loup – n'oubliez pas que vous êtes des explorateurs, tout de même ! En entendant **le cri de ralliement**, tout le monde se regroupe, et s'assied pour faire part aux autres de ses observations.

**4** **Chacun décrit ce qu'il a recueilli :** « *J'ai vu des rochers au fond de l'eau. J'ai remarqué que le courant faisait un dessin bizarre au moment où il passait au-dessus* » – « *Moi, j'ai vu de gros insectes noirs sur une pierre plate. J'ai jeté un bâton au milieu d'eux, et les insectes se sont sauvés.* » Les adultes du groupe jouent le jeu, et font part, eux aussi, de leurs observations.

**Conseil**

Ne vous inquiétez pas si ce genre de restitution est difficile pour votre enfant au début. Son discours se modélisera avec le temps, au fil des parties.

**5** Invitez votre enfant à **approfondir sa vision des choses** si ses observations vous semblent trop superficielles : « *J'ai vu qu'il y avait de l'herbe, par terre.* » – « *Tiens, tiens, comment était cette herbe ? Peux-tu nous la décrire ?* » – « *Euh, c'était juste de l'herbe, quoi !* » – « *Je crois que nous tenons là un indice de la plus haute importance... Peux-tu retourner à cet endroit, s'il te plaît ? Et observer cette herbe avec attention... Je voudrais savoir s'il s'agit de la même herbe que notre gazon, par exemple ? Est-ce une herbe que l'on connaît ?* » – « *Je suis retourné voir : c'est une herbe assez foncée, plus foncée que celle de notre jardin, je crois, et elle fait des graines en grappes par endroits !* »

**Prolongement**

Improvisez de petites chasses aux trésors lors de vos promenades, qui permettront de mettre en évidence les caractéristiques du paysage autour de vous et d'affiner le regard de votre enfant. Par exemple, sur la plage : « *Trouve deux poignées de sable de tailles et d'aspects différents* », « *Trouve cinq coquillages différents* », « *Trouve trois limbes d'algues différents* », « *Trouve cinq petits galets de tailles et d'aspects différents* », etc.

Retrouvez un jeu pour développer sa conscience géographique

P. 134, « J'habite… ».

# Jeux de multiplication

Les deux petits jeux suivants enseignent les concepts qui sous-tendent la multiplication – et donc la division. Même s'ils sont exempts des signes x et %, votre enfant, grâce au jeu, va réaliser les opérations cognitives traduites par ces signes, tout en se forgeant une image mentale forte des équations en question.

## Compter les étoiles

**matériel :** *Papier, crayon. Un dé.*

Le joueur le plus jeune commence et lance le dé. Il dessine alors autant de cercles sur une feuille que de points obtenus. Par exemple, s'il obtient un 4, Il dessine quatre cercles, de bonne taille.
Le même joueur relance une seconde fois le dé, et dessine cette fois autant de triangles dans chaque cercle que de points obtenus. Par exemple, s'il obtient un 6, il dessine six triangles dans chacun de ses quatre cercles, soit 24 triangles en tout.
Il compte ensuite tous les triangles, selon la stratégie de son choix : dénombrement, comptage de 2 en 2, de 5 en 5 ou de 10 en 10…
Il reporte le score sur sa feuille, et c'est au tour du joueur suivant de jouer. Les scores sont comparés, celui qui obtient le plus élevé gagne la manche et remporte un point.
Le premier à atteindre 10 points a gagné.

**Conseils**

– On trouve dans le commerce des dés de jeux de rôle numérotés de 0 à 10… Ils sont parfaits pour réaliser ce jeu !

– Selon leur âge et leur aisance à manipuler les nombres, les enfants n'auront pas tous la même méthode pour comptabiliser leur score. Certains auront besoin de dénombrer les éléments un par un, d'autres réaliseront des groupements (comptage de 2 en 2, de 5 en 5 ou de 10 en 10…), et d'autres enfin réinvestiront leur mémorisation des tables de multiplication. Ne brusquez rien, à force de jouer, les procédures évolueront !

## À carreaux

**matériel :** *Papier à petits carreaux, crayon. Un dé.*

Le but du jeu est de dessiner un rectangle plus grand que celui de l'adversaire. Chaque joueur lance le dé deux fois. Le premier lancer détermine la longueur du rectangle. Si le joueur 1 obtient un 4, par exemple, il dessinera un segment de 4 carreaux.
Le second lancer détermine la hauteur du rectangle. Si le joueur 1 obtient un 6, il dessine alors un second segment de 6 carreaux, perpendiculaire au premier.
Il peut alors achever le dessin de son rectangle, lequel se compose alors de 24 petits carreaux. De même que dans le jeu précédent, chaque joueur calcule l'aire de son rectangle selon la stratégie de son choix (dénombrement, groupements…). Ce score est inscrit sous le rectangle, et c'est au joueur 2 de lancer le dé.
Les scores obtenus sont comparés, celui qui obtient le plus élevé gagne la manche et remporte un point. Le premier à atteindre 10 points a gagné.

## Jeu de l'oie

**matériel :** *Papier, crayon, feutres. Un dé. Pions.*

Si votre enfant doit réviser ses tables de multiplication en devoir du soir, dessinez-lui un petit jeu de l'oie pour réviser en s'amusant. Le premier joueur lance le dé, et avance son pion d'autant de cases indiquées par le dé. Il tombe alors sur un produit, dont il doit annoncer le résultat. S'il se trompe, il retourne sur la case d'où il vient. Si la réponse est exacte, il reste sur cette case, et c'est au joueur suivant de jouer. Le premier qui parvient à la case « Arrivée » a gagné la partie.

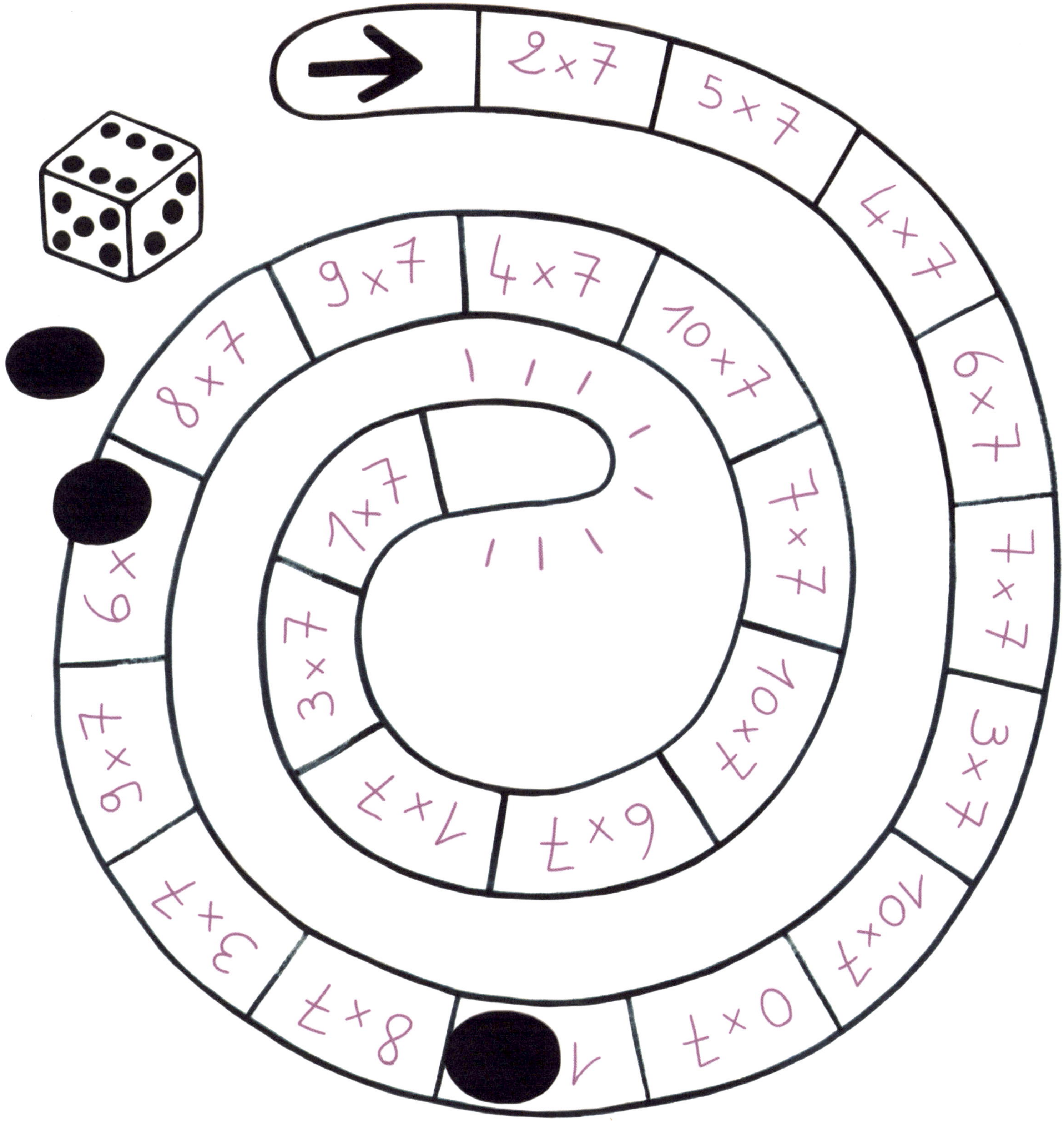


Retrouvez un jeu pour réviser ses tables

P. 156, « Les maths, ça bouge ! ».

# Du globe au planisphère

Un planisphère est une représentation plane du globe terrestre. Ce type de carte a un intérêt pratique évident, mais modéliser une sphère sous forme plane n'est pas sans poser de nombreux problèmes mathématiques. Aidez votre enfant à passer d'une représentation à l'autre grâce à l'activité ci-dessous. En abordant simplement la technique cartographique de la projection, elle développe l'esprit critique et la conscience géopolitique.

**matériel :** *Quelques oranges. Globe terrestre. Plastique transparent (du type de celui qu'on utilise pour couvrir les livres, par exemple). Feutre. Planisphères variés.*

**1** Installez-vous avec votre enfant devant un panier d'oranges : *« Tu le sais, notre planète est une boule, qui flotte dans l'espace.* ***Elle a un peu la forme de cette orange****, regarde ! »* Invitez votre enfant à manipuler un fruit, à sentir sa sphéricité sous ses doigts et à le faire tourner dans l'espace comme s'il s'agissait de la planète Terre.

**2** *« Mais pour plus de facilité, les hommes ont décidé de représenter la surface de la planète à plat. C'est exactement comme si on enlevait la peau de cette orange et qu'on la posait à plat sur la table. On essaie ? »* Aidez votre enfant à « déshabiller » un fruit en ôtant la peau en un seul morceau, puis essayez de la poser bien à plat. Plusieurs essais seront certainement nécessaires, et pour cause : c'est très difficile ! Vous devriez arriver à la conclusion que pour poser votre écorce ainsi sur la table, il est nécessaire de réaliser de larges entailles sur les bords. La forme obtenue est alors assez biscornue : nous sommes loin des planisphères en forme de rectangles ! Aidez votre enfant à formuler la conclusion suivante : **passer de la sphère au plan rectangulaire** est impossible, il va falloir tricher.

**3** Proposez à votre enfant de **réaliser son propre planisphère** en décalquant un globe terrestre. Pour ce faire, enveloppez le globe d'une feuille plastique transparente, et laissez votre enfant tracer le contour des continents en transparence. Bien sûr, des plis se forment sur le plastique, et le tracé est nécessairement déformé. Insistez auprès de votre enfant sur le fait que représenter les terres et les mers à plat suppose nécessairement une distorsion. Les planisphères sont à prendre avec recul, ils ne représentent pas vraiment la réalité !

**Conseils**

- Essayez toujours, lorsque vous proposez des planisphères à votre enfant, de varier les projections et les cadrages, de manière à enrichir sa vision des choses.
- Avec les plus grands, poussez plus loin la réflexion. Les hommes du XVIe siècle (et ceux d'aujourd'hui !) avaient-ils des raisons idéologiques de « minimiser » le continent africain ?

**4** *« À chaque fois qu'une personne décide de faire un planisphère, elle doit déformer, et elle fait des choix : c'est ce qu'on appelle une projection ».* Faites une recherche Internet pour visualiser différents types de projections. Certaines sont peu familières, et ne manqueront pas de susciter l'étonnement de votre enfant ! Comparez-les, et essayez de dégager ensemble les partis pris qu'elles sous-tendent :

• **La projection de Mercator**, réalisée au XVI^e siècle, est la plus familière. Mais plus on s'approche des pôles, plus les terres s'étirent. À l'inverse, les pays proches de l'équateur apparaissent tassés. Comparez sur cette projection les aires du Groenland et de l'Afrique : elles semblent être de même taille. Qu'en est-il sur votre globe ? L'Afrique est 14 fois plus grande que le Groenland en réalité !

• **La projection de Peters** prend le contre-pied de celle de Mercator et s'applique à respecter exactement les aires des continents et des océans. Mais la conséquence de ce « réalisme » saute aux yeux : les angles ne sont plus respectés, notre planète semble être passée sous un rouleau à pâtisserie !

• **La projection de Fuller** est la plus aboutie. D'ailleurs, sa forme doit rappeler celle de votre peau d'orange, si vous avez réussi à la déplier ! Seul bémol, on a ici quelques difficultés à se représenter le positionnement des océans et des continents les uns par rapport aux autres… C'est comme un puzzle qu'il faudrait faire dans sa tête !

**Prolongement**
Représenter l'Europe au centre du planisphère est un choix… européen ! Cherchez avec votre enfant d'autres représentations sur Internet : planisphère centré sur le Japon et planisphère centré sur l'Amérique. En réalité, personne n'est au centre du monde !

# « FAIRE » DES SCIENCES

« Faire » des sciences à la maison, c'est comprendre que les sciences sont bien plus qu'une simple mémorisation de termes et de formules. Quand on y réfléchit, tout savoir scientifique est l'aboutissement :

– D'une observation. Être scientifique, c'est prendre le temps d'examiner les phénomènes en détails.

– D'un questionnement. Être scientifique, c'est s'interroger sur ce que l'on observe : d'où cela vient-il ? Qu'est-ce qui se passe ? Comment ça marche ? Que va-t-il se passer ensuite ?...

– D'un raisonnement logique. Être scientifique, c'est inférer des réponses à ses questions et les accorder les unes aux autres dans un réseau de connaissances. C'est penser dans le respect de principes de la logique humaine (cause à effet, non-contradiction...) sans invoquer la magie à la rescousse !

## L'APPROCHE DE CE LIVRE

« Faire » des sciences avec son enfant consiste donc à développer chez lui l'aptitude à observer, à s'interroger et à raisonner. Ce qui suppose d'accepter que ses compétences se développent à travers l'action et la manipulation et non simplement par lectures et exercices d'application.

L'approche développée dans ce livre est une approche holistique : **les champs de savoirs s'interpénètrent en permanence**. Ainsi, les sciences englobent également **la géographie et l'histoire de l'environnement**, et utilisent des médias d'exploration et d'expression variés comme **le dessin, la sculpture ou la mise en scène théâtrale**. On est ici à l'antithèse des « fiches » qui sont souvent proposées en classe dans ces domaines !

## PAR QUOI COMMENCER ?

Si vous ne vous sentez pas l'âme d'un scientifique et craignez d'avoir des difficultés pour transmettre l'amour de cette discipline à votre enfant, recentrez-vous sur l'essentiel. **L'étude de la nature**, par exemple, est science. Ce qui signifie que tout le temps que vous passez à l'extérieur, vous et votre enfant, contribue directement à votre formation scientifique à tous les deux !

La plupart des **sujets scientifiques** (botanique, sciences animales, sciences de la Terre, astronomie, sciences physiques, chimie) peuvent être facilement étudiés dans ce grand laboratoire scientifique qu'est la nature.

Ce qui prime, **c'est l'expérience que l'enfant fait du monde** : c'est l'exercice de tous ses sens au cours d'expériences régulières. Dès ses 6 ou 7 ans, l'enfant développe la conscience, encore balbutiante, que la nature est vivante, organique, et que tout, sur notre planète, vit en interconnexion. L'adulte s'applique à développer le respect et la curiosité à l'égard des phénomènes naturels : c'est possible même (et surtout !) en ville, où la moindre manifestation de vie végétale ou animale doit être préservée.

**Astuce**

Dans le présent ouvrage, la terminologie savante est reléguée au second plan. Elle est certes utile dans une certaine mesure, mais elle n'est généralement pas nécessaire à la conceptualisation d'un phénomène. Néanmoins, ne vous privez pas du vocabulaire technique s'il vous est utile : les enfants s'approprient facilement les mots barbares s'ils sont présentés dans un contexte concret. S'ils les mémorisent, tant mieux ! Ce sera toujours cela d'acquis. Mais ne faites pas de l'acquisition du vocabulaire l'objectif de votre séance.

## SUR LE TERRAIN

Si vous étudiez les arbres caducs, vous pouvez organiser très facilement une sortie pour observer les arbres de votre environnement, pour les dessiner, les identifier, nommer leurs parties, les mesurer, les comparer. Ce qui ne vous empêchera pas, bien sûr, de passer aussi du temps à l'intérieur, à lire des livres, faire des recherches, monter des expériences et poursuivre divers projets !

Les sciences dites naturelles ouvrent d'elles-mêmes les portes **aux autres domaines scientifiques**, par exemple la technologie. À partir de 8 ou 9 ans, l'enfant développe une conscience de lui-même, en tant qu'individu, séparé de la nature. C'est le moment de multiplier les sorties dans des fermes pédagogiques, et d'apprendre à construire des cabanes ! On peut, à la maison, décider d'adopter un animal domestique dont l'enfant prendra soin, et lui offrir son propre carré de potager.

Et si la nature n'est pas votre tasse de thé, réfléchissez à la porte d'entrée qui correspond le mieux à votre famille : ce sera peut-être les expériences chimiques en cuisine, ou les expéditions aux musées de votre secteur... Peu importe la porte d'entrée : elle vous ouvre de toute manière l'accès à un véritable vestibule, un passage pour accéder à tous les autres domaines de la science !

# Le Memory des mots

Les mots invariables sont ceux qui ne varient pas dans leurs terminaisons ; ce sont des adverbes, des prépositions, des conjonctions ou des interjections, qui, ne modifiant jamais le substantif ou le pronom, ne sauraient emprunter les propriétés du genre et du nombre. En bref, ils ne s'accordent jamais, ce qui est bien pratique… à condition de les connaître sur le bout des doigts ! Voici un petit jeu pour s'exercer à les « photographier » et les mémoriser.

**matériel :** *Papier épais (180g/m²), imprimante (ou une jolie écriture manuscrite très régulière !). Ciseaux.*

**1** Choisissez **5 ou 10 mots invariables** que votre enfant a rencontrés en classe ou dans ses lectures. Tapez ces mots en police Arial, en gros caractères. Imprimez-les chacun en deux exemplaires, sur un papier un peu épais, nettement séparés les uns des autres, de manière à pouvoir découper des étiquettes. Votre enfant peut vous assister dans cette étape, en tapant lui-même les mots choisis, par exemple.

**2** Mélangez les cartes obtenues et placez-les face contre la table. Chacun à votre tour, **retournez deux cartes**, et lisez ensemble les mots inscrits dessus à haute voix. Si les deux cartes présentent les mots identiques, le joueur les gagne, et rejoue. Si les deux cartes présentent des mots différents, elles sont retournées à nouveau face contre la table, et c'est au joueur suivant de tenter sa chance. Le jeu se poursuit jusqu'à ce que toutes les paires aient été trouvées. Le joueur qui a remporté le plus de paires gagne la partie.

**3** Si votre enfant peine à reconnaître un mot, aidez-le en verbalisant le mot à sa place, sans exiger de lui qu'il le répète. L'objectif de ce jeu est de construire un **automatisme de reconnaissance visuelle immédiate** des mots dans leur ensemble.

**4** Vous pouvez **influer sur la difficulté du jeu** par le choix et le nombre des mots proposés. Plus il y a de paires en jeu, plus l'exercice est difficile, mais veillez à ne pas submerger votre enfant par la difficulté.

## Exemples de mots invariables

**En CP :** avec, bien, chez, dans, jamais, mais, non, oui, qui, pour…
**En CE1 :** alors, beaucoup, comme, déjà, encore, hier, longtemps, maintenant, parce que, quand…
**En CE2 :** après, bientôt, comment, dehors, jadis, lorsque, personne, sauf, tôt, voilà…
**En CM1 :** afin, cependant, depuis, envers, fois, hélas, ici, longtemps, malgré, parfois…
**En CM2 :** ailleurs, certes, désormais, envers, exprès, guère, hors, naguère, tant mieux, volontiers…

**Variantes**
– Plutôt que de rechercher les mots identiques, vous pouvez décider de faire travailler votre enfant sur la recherche des rimes (chat/koala…) ou des sons initiaux identiques (avion/ananas…).

– Ce jeu peut être détourné pour travailler la correspondance lettre/son : collez ou dessinez des figures simples sur la moitié des cartes. Sur l'autre moitié, imprimez l'initiale des mots représentés par les images. Par exemple, dessinez un singe sur carte et écrivez la lettre « S » sur sa carte « jumelle ».

– Avec des lecteurs experts, le jeu peut être adapté pour travailler les synonymes (succulent/délicieux…), les homonymes (sot/sceau…) ou les contraires (innocent/coupable…).

# LECTURES OFFERTES

La meilleure manière de susciter le plaisir de lire (et d'écrire !), c'est d'offrir à nos enfants des lectures « expertes » à haute voix. Et ce, quel que soit leur âge : un enfant n'a pas à être privé de ce plaisir sous prétexte qu'il est lecteur ! En écoutant, l'enfant apprend à savourer le rythme d'un récit, l'humour et l'implicite. Il développe son imagination, aiguise son goût littéraire et son sens critique. Enfin, la lecture à haute voix développe une culture partagée entre les membres de la famille, et constitue une réserve de bons souvenirs !

N'hésitez pas à exprimer votre ressenti sur un livre, lors d'une pause à la fin d'un chapitre, par exemple : *« Oh, j'ai beaucoup aimé ce moment où le Petit Prince rencontre le renard ! Je crois que c'est mon chapitre préféré. Et toi ? »* **Les romans sont des supports idéaux aux discussions familiales**, puisqu'on les lit sur plusieurs jours, en ménageant des pauses. Profitez-en pour donner votre avis, pendant le dîner, sur les projets d'Harry Potter et de ses camarades !

**Invitez-votre enfant à s'impliquer dans le cours du récit**, par exemple en faisant des prédictions sur la suite du récit : *« Le chat assassin va-t-il réussir à refréner ses instincts de prédateur ? À ton avis, comment ? »* Lorsqu'un enfant essaie d'imaginer la suite d'un récit, il compose une histoire, lui aussi. En s'appuyant sur sa connaissance des personnages, et de la chronologie des évènements, il va penser exactement comme un auteur le fait. Bien sûr, les extravagances sont les bienvenues, et le plaisir doit primer !

**Instaurez un petit rituel :** réservez une soirée sans écran par semaine, au cours de laquelle chacun se prépare une boisson chaude et s'installe confortablement sur son siège préféré pour écouter une histoire lue à haute voix. Plus l'auditoire sera nombreux, plus la séance sera agréable. Le plaisir partagé est décuplé !

## CLASSIQUES D'HIER ET D'AUJOURD'HUI

- *Les Aventures d'Alice aux pays des merveilles*, Lewis Caroll, 1865, dès 9 ans.
- *Un bon petit diable*, Comtesse de Ségur, 1865, dès 7 ans.
- *Les quatre filles du Docteur March*, Louisa May Alcott, 1868, dès 10 ans.
- *Le Tour du monde en 80 jours*, Jules Verne, 1872, dès 8 ans.
- *Les Aventures de Tom Sawyer*, Mark Twain, 1876, dès 10 ans.
- *L'Île au trésor*, Robert Louis Stevenson, 1883, dès 11 ans.
- *Le magicien d'Oz*, Lyman Frank Baum, 1900, dès 7 ans.
- *Histoires comme ça*, Rudyard Kipling, 1902, dès 7 ans.
- *Le Merveilleux voyage de Nils Holgersson*, Selma Lagerlöf, 1906, dès 9 ans.
- *Croc-Blanc*, Jack London, 1906, dès 11 ans.
- *Les Clients du bon chien jaune*, Pierre Mac Orlan, 1926, dès 10 ans.
- *Mary Poppins*, Pamela Lyndon Travers, 1934, dès 6 ans.
- *Les Contes du chat perché*, Marcel Aymé, 1934, dès 6 ans.
- *Le Petit Prince*, Antoine de Saint-Exupéry, 1943, dès 8 ans.
- *Fifi Brindacier*, Astrid Lindgren, 1945, dès 6 ans.
- *Peter Pan*, J. M. Barrie, 1911, dès 8 ans.
- *Le Petit Nicolas*, René Goscinny, Jean-Jacques Sempé, 1956, dès 7 ans.
- *Tistou les Pouces Verts*, Maurice Druon, 1957, dès 7 ans.
- *Les Contes de la rue Broca*, Pierre Gripari, 1967, dès 6 ans.
- *Matilda*, Roald Dahl, 1988, Gallimard Jeunesse, dès 8 ans.
- *Kamo, l'idée du siècle*, Daniel Pennac, Gallimard Jeunesse, 1993, dès 8 ans.
- *Harry Potter à l'école des sorciers*, J. K. Rowling, Folio Junior, 1998, dès 8 ans.
- *Journal d'un chat assassin*, Anne Fine, Véronique Deiss, École des Loisirs, 1997, dès 8 ans.
- *Le Royaume de Kensuké*, Michael Morpurgo, Gallimard Jeunesse, 2000, dès 10 ans.
- *La Rivière à l'envers*, Jean-Claude Mourlevat, Pocket Jeunesse, 2000, dès 11 ans.
- *Les Voyages de Théodore*, Jon Buller, Susan Schade, Sidonie Van den Dries, Bayard Jeunesse, 2009, dès 7 ans.
- *Miss Peregrine et les Enfants particuliers*, Ransom Riggs, Sidonie Van den Dries, Bayard Jeunesse, 2012, dès 11 ans.

## CONTES DE FÉES ET MYTHOLOGIE

- *Le Feuilleton d'Hermès : la mythologie grecque en cent épisodes*, Murielle Szac, Jean-Manuel Duvivier, Bayard Jeunesse, 2006, dès 6 ans.
- *Contes et légendes : les chevaliers de la Table ronde*, Jacqueline Mirande, Odile Alliet, François Roca, Nathan, 2010, dès 8 ans.
- *Thésée contre le minotaure*, Hélène Montardre, Nicolas Duffaut, Nathan, 2011, dès 7 ans.
- *Contes de Grimm illustrés*, Ruth Brocklehurst, Gillian Doherty, Rafaella Ligi, Claire Lefebvre, Usborne, 2011, dès 7 ans.
- *Les Mille et une nuit – ou le conte de Shéhérazade et de Shahryar*, Jacques Cassabois, Livre de poche jeunesse, 2016, dès 10 ans.
- *Fleurs de princesses : 7 légendes animées*, Elmodie, Seng Soun Ratanavanh, Christelle Huet-Gomez, De La Martinière Jeunesse, 2016, dès 6 ans.

## FASCINANTS DOCUMENTAIRES

- *L'Histoire du monde en 1 000 objets*, Flammarion, 2015, dès 5 ans.
- *Nacéo, Francesco Pittau et Bernadette Gervais*, Les Grandes Personnes, 2012, dès 5 ans.
- *Cartes – Voyage parmi mille curiosités et merveilles*, Aleksandra et Daniel Mizielinska, Lydia Waleryszak, Rue du Monde, 2012, dès 6 ans.
- *Atlas des animaux*, Virginie Aladjidi, Emmanuelle Tchoukriel, Albin Michel Jeunesse, 2013, dès 5 ans.
- *Copains des sciences : le guide des scientifiques en herbe*, Robert Pince, Milan, 2013, dès 6 ans.
- *Pistes : pour découvrir la Nature avec les enfants*, Louis Espinassous, Titwane, Frédéric Lisak, Plume de Carotte, 2013, dès 6 ans.
- *Professeur Astrocat : aux frontières de l'espace*, Dominic Walliman, Ben Newman, Anne-Flore Durand, Gallimard Jeunesse, 2014, dès 6 ans.
- *Le Pop-up du corps humain*, Jennie Maizels, William Petty, Palfrey, Casterman, 2011, dès 5 ans.
- *Animalium*, Katie Scott, Jenny Broom, Emmanuel Gros, Casterman, 2015, dès 5 ans.
- *Anatomie*, Hélène Druvert, De La Martinière Jeunesse, 2016, dès 7 ans.
- *Pop-up Merveilles*, Olivier Charbonnel, Marie Caillou, De La Martinière Jeunesse, 2016, dès 5 ans.

## POÉSIE POUR TOUS LES JOURS

- *Balades*, Jacques Prévert, Jacqueline Duhême, Gallimard Jeunesse, 2007, dès 6 ans.
- *Chantefables et chantefleurs*, Robert Desnos, Laura Guéry, Julie Wendling, Gründ, 2010, dès 5 ans.
- *Les poèmes ont des oreilles : 60 poèmes à dire comme ci ou comme ça*, Anne-Lise Boutin, Alain Serres, Jean-Marie Henry, Rue du Monde, 2013, dès 7 ans.
- *Liberté*, Paul Éluard, Anouck Boisrobert, Louis Rigaud, Flammarion, 2012, dès 10 ans.
- *La poésie est un jeu d'enfant*, Maurice Carême, Bruno Gibert, Seuil Jeunesse, 2015, dès 5 ans.
- *Chanson d'automne et autres poèmes*, Paul Verlaine, Charlotte des Ligneris, Gallimard Jeunesse, 2016, dès 10 ans.

## MERVEILLEUSES BANDES DESSINÉES

- *Popotka le petit Sioux*, David Chauvel, Fred Simon, Delcourt, 2004, dès 5 ans.
- *Le vent dans les saules*, Michel Plessix, Kenneth Grahame, Delcourt, 2002, dès 10 ans.
- *Chi, Une vie de chat*, Konami Kanata, Glénat, 2010, dès 5 ans.
- *Le Grand Méchant Renard*, Benjamin Renner, Delcourt, 2015, dès 6 ans.
- *Ariol*, Emmanuel Guibert, Marc Boutavant, BD Kids, 2011, dès 6 ans.

### Retrouvez d'autres conseils

P. 80, « Un rituel de lecture quotidien ».

*Bille pédagogique*

# JEUX D'IMAGES

Toute image raconte une histoire. Les images invitent au voyage et permettent à l'enfant de mettre en correspondance ses connaissances et le monde réel. Néanmoins, lire une image s'apprend, et l'enfant a besoin d'être guidé pour mener à bien son interprétation. Par exemple, il est souvent difficile pour les plus jeunes d'avoir une vue globale : ils ont tendance à se focaliser sur les détails, et accèdent difficilement au message véhiculé par la photographie dans son ensemble. Voici quelques idées d'exploitations d'images qui permettront au petit géographe d'aiguiser son regard et son esprit critique !

- **Collectionner les photographies du monde** (cartes postales, illustrations de magazines…) permet indubitablement de développer une bonne culture générale géographique. Vous pouvez rendre ces collections plus personnelles en créant un répertoire d'images locales, sélectionnées sur Internet ou issues de vos propres albums photos, liées à votre expérience familiale : souvenirs de visites, promenades… Invitez votre enfant à choisir lui-même ces photographies, à les légender, et à les conserver dans une boîte à cet usage.

Les photographies aériennes et les promenades virtuelles de **Google Earth** permettent à votre enfant de porter un autre regard sur un lieu familier ou pas. Votre enfant saura-t-il reconnaître les espaces que vous lui montrerez ?

**Conseil**

Les documentaires vidéo permettent de rendre certains lieux « vivants ». Il serait dommage de s'en priver, mais sélectionnez-les avec soin, en fonction des goûts et de la sensibilité de votre enfant. N'hésitez pas à les visionner avec lui en plusieurs fois, afin de ménager des phases de digestion des informations, de questionnement sur les phénomènes rencontrés, voire de recherche d'explications.

Internet est un vaste répertoire d'informations visuelles, mais gardez toujours un œil critique sur les ressources qu'il vous offre !

- Lorsque vous montrez une image à caractère géographique à votre enfant (paysages, scènes de la vie quotidienne…), **guidez sa lecture**. Attirez son attention sur le premier plan, puis l'arrière-plan et décrivez-les ensemble rapidement. Quelle est l'intention du photographe qui capture cette image ? Que souhaite-t-il nous montrer, que veut-il dire ? Peut-on imaginer le hors-champ, ce qui se passe hors du cadre, qu'on ne voit pas mais qui existe au moment dans la scène vue ? Par exemple : que voient les hommes et les femmes représentés, de l'endroit où ils sont ?

- Découpez une petite silhouette de personnage dans du papier – ce peut être une représentation de votre enfant lui-même, ou un personnage fictif qu'il affectionne particulièrement. Jouez ensemble à **promener cette silhouette sur vos photographies**. Encouragez votre enfant, à travers cette situation ludique, à verbaliser le ressenti de votre petit protagoniste : que voit-il, que peut-il ressentir ? Qu'est-ce que cela fait d'être ici ?

- Si la photographie observée met en scène des personnes, utilisez des **bulles de bandes dessinées vierges autocollantes** : votre enfant peut les placer de manière à faire parler les acteurs, et y transcrire les conversations qu'il imagine.

- Proposez à votre enfant de mettre en scène une photographie que vous avez observée ensemble, avec des figurines, des objets de récupération, des cubes, des éléments naturels… Ce genre d'exercice amène à **observer finement** : comment faire pour représenter une montagne, une route, un immeuble ou des personnes vivant dans des endroits lointains ? Photographiez la scénette ainsi créée, et collez-la au dos de l'original. Il sera amusant de les comparer !

• Invitez votre enfant à imaginer **à quoi ressemblera un paysage dans le futur**. Utiliser du papier calque peut aider l'enfant à prélever certains éléments dans une photographie tout en le laissant libre d'en modifier d'autres, et transformer tout ce qui pourrait évoluer.

• Imprimez une dizaine de photographies de monuments connus de votre enfant (tour Eiffel, tour de Pise, Parthénon...) en format A5. Fabriquez un jeu de cinq caches rectangulaires en carton, de différentes tailles. Demandez à votre enfant de fermer les yeux, et placez le plus grand cache sur l'image, de manière à ce qu'il ne révèle qu'une petite portion de la photographie. **Votre enfant parvient-il à deviner de quel lieu il s'agit ?** Dans le cas contraire, il ferme les yeux à nouveau pendant que vous changez le cache contre un autre, plus petit, qui dévoile un peu plus... Déplacez les rectangles de carton sur l'image de manière à occulter parfois des éléments que le cache précédent dévoilait, et ainsi faire travailler la mémoire visuelle : placez-les parfois en haut, en bas, à droite, à gauche... Combien d'essais seront-ils nécessaires à votre enfant pour trouver le monument représenté ?

# Premières cartes

Une carte est un concept abstrait, une représentation plane, conventionnelle, d'une zone de notre planète. Passer de la dimension 3 (réalité) à la dimension 2 (plan) peut être difficile à appréhender pour un jeune enfant. Veillez à ce que les premières expositions aux plans et aux cartes soient dotées de sens pour votre enfant, en les liant au mieux avec la connaissance intime qu'il a de certains espaces.

## Premiers plans

**matériel :** *Un site de promenade favori, un bâton, un sol de terre.*

Asseyez-vous près de votre enfant, **en extérieur**, lors d'un moment calme – au cours d'une promenade, par exemple.

Avec un bâton, amusez-vous à tracer des lignes devant vous dans la terre. Ce geste ne manquera pas d'interpeller votre enfant. Expliquez-lui que vous dessinez le plan d'un lieu qu'il affectionne – un parc qu'il connaît bien, par exemple, et peut-être même celui dans lequel vous êtes en ce moment.

Invitez-le à une visite virtuelle à travers les différents lieux emblématiques : parterres, étang, jeux pour enfants, enclos des animaux…

**Astuces**

– Si votre enfant possède un « tapis de route », un de ces tapis pour petites voitures qui représente le plan d'une ville, saisissez l'opportunité d'introduire le vocabulaire spatial : « en face de, à côté, au-dessus, dedans, à l'extérieur, à droite, derrière, loin de, etc. ». Jouez avec votre enfant, et utilisez ces mots pour décrire ce que la voiture que vous avez en main est en train de faire.

– Si vous pratiquez la lecture offerte *(p. 64)*, amusez-vous à localiser, sur un planisphère consacré, les endroits où se déroulent les histoires que vous lisez ensemble.

## Carte au trésor

**matériel :** *Feuille de papier blanc épais (type Canson®). Feutre noir. Marc de café frais (un peu humide). Règle graduée, équerre, compas.*

Conviez votre enfant à **une chasse au trésor** : le jour où vous voudrez lui offrir une petite surprise, plutôt que de la lui donner directement, cachez-la chez vous. Dessinez une carte représentant votre jardin ou votre appartement, selon le lieu où vous avez caché le « trésor ».

Amusez-vous à donner à votre plan l'allure d'**une authentique carte de pirates** : déchirez les bords de la feuille pour lui donner un air d'authenticité, et frottez la surface avec le marc de café pour la vieillir. Ne cherchez pas un rendu égal, cela n'en sera que plus réaliste.

À l'aide d'un gros feutre noir, dessinez **le plan** de votre jardin ou de la pièce où vous avez cherché l'objet – voire un étage complet de votre maison ou de l'appartement tout entier, selon l'âge et les compétences de votre enfant. Travaillez au brouillon au préalable : restez simple dans la figuration, mais distillez les indices spatiaux en les légendant si besoin. Placez-y une croix pour marquer l'emplacement du trésor, mais aussi, de façon symbolique, tous les autres éléments signifiants pour votre enfant : arbres, meubles, cloisons, etc. Tracez ou collez une rose des vents dans un angle, puis pliez ou froissez votre carte afin de lui conférer un air d'authenticité.

Pour faire durer le plaisir, vous pouvez découper cette carte en six morceaux, que votre enfant devra découvrir en suivant une série d'indices… Ce n'est qu'après avoir touvé tous les morceaux qu'il pourra reconstituer la carte et la déchiffrer !

## En promenade

Votre enfant peut s'exercer à la lecture de cartes **en situation concrète** lorsque vous visitez des musées et des parcs à thèmes. Les plans distribués à l'accueil sont particulièrement attractifs, et représentent les principaux points d'intérêt du site de manière attrayante. Prenez le temps d'étudier ces cartes avec votre enfant : où souhaite-t-il aller en premier ? Quels sont les différents chemins possibles pour parvenir à ce but ? Choisissez-en un, puis pointez avec lui les différents repères rencontrés sur le chemin afin qu'il mette en relation son vécu dans l'espace et votre progression sur le papier.

De même, commentez vos promenades en ville, en employant le vocabulaire « nord, sud, est, ouest », et en **localisant les endroits-repères** que votre enfant connaît : *« À partir d'ici, pour nous rendre à notre restaurant préféré, il faut tourner deux fois à droite, puis une fois à gauche ».*

Laissez votre enfant **choisir l'itinéraire lors de votre promenade** (*« Souhaites-tu tourner à gauche ou à droite ? »*) et lancez-lui de petits défis : *« En partant d'ici, saurais-tu nous guider jusqu'à la fontaine de la place ? Jusqu'à la boulangerie ? »*

**Conseil**
Prenez soin d'utiliser les termes « droite » et « gauche » dès le plus jeune âge, même lorsque votre enfant ne sait pas encore distinguer l'une de l'autre.

Retrouvez d'autres courses au trésor

*P. 78, « Chasse aux trésors ».*

# Jeu de plateau

Concevoir un jeu de plateau qui serait une sorte d'hybride entre le Monopoly® et le jeu de l'oie, c'est garantir des heures d'amusement en famille. Mais c'est aussi une manière indirecte de s'investir dans un vrai travail d'écriture : imaginer un univers, le mettre en mots et rédiger les indications… Suivez le mode d'emploi !

**matériel :** *Des lettres en bois ou en plastique (pièces de puzzle, aimants…), un petit sac en tissu. Facultatif : un masque de sommeil ou un foulard.*

**1** Dessinez votre piste de jeu en la divisant en seize cases faisant le tour du plateau.

**2** Déterminez ensemble un univers qui correspond aux centres d'intérêt de votre enfant. Donnez un nom à votre jeu : « Le royaume des licornes », « Le grand voyage du Titanic », « Visite à Londres »… Tout est possible ! Décorez le centre du plateau en fonction du thème choisi.

**3** Imaginez une petite phrase à inscrire sur chaque case. Il y aura celles qui vous feront gagner de l'argent (*« Tu trouves une baguette magique : gagne 50 € »*) et celles qui vous en feront perdre (*« Tu t'enlises dans un marais enchanté : perds 70 € et passe ton tour »*). Essayez d'équilibrer les cases gagnantes et les cases perdantes. Procédez au crayon à papier : il se peut qu'après avoir testé le jeu, vous ayez besoin d'apporter des corrections ! Si vous constatez par exemple que l'on gagne trop rapidement, il faudra convertir certaines cases gagnantes en cases perdantes, ou réduire les gains affichés.

**4** Illustrez chaque case de petits dessins et soignez la présentation !

### Astuce

Ce type de jeu d'argent est aussi une excellente manière de travailler notre système monétaire avec votre enfant ! N'hésitez pas, selon son âge et ses capacités, à faire gagner ou perdre des sommes qui ne sont pas rondes : *« Empoche 25 € et 20 cents »*, *« Remets dix fois 93 cents dans la banque »*, etc.

**5 Jouez :** chaque joueur se voit attribué une somme de départ (1 000 € par exemple), puis lance le dé et avance d'autant de cases qu'indiquées. Il empoche ladite somme, ou, en cas de perte, remet de l'argent dans la banque. Celui qui possède la plus grosse somme au bout d'une demi-heure de jeu a gagné.

### Variantes

Votre enfant peut laisser libre cours à son imagination, car ce type de jeu est réalisable autour de n'importe quelle thématique : le roman qu'il lit actuellement ou son jeu vidéo favori, une sortie dans un concert ou un festival… La thématique peut être fantastique (sorcières, fées, lutins…) ou réaliste (scientifiques travaillant dans un laboratoire, conservateur gérant une collection dans un musée…) !

– Par exemple, sur le thème des pirates, on peut trouver des indications comme : *« Tu guéris le perroquet du capitaine du mal de mer : gagne 40 € »*, *« Le Capitaine Crochet t'égratigne la joue : perds 35 € »*, *« Tu fais fuir un terrible requin : gagne 30 € »…* Pensez aussi aux sorcières et aux fées, aux lutins… ou à d'autres thématiques très réalistes.

– Vous venez de visiter un pays étranger ou une grande ville de France ? Imaginez un parcours qui reprend les lieux que vous avez visités : *« Tu arrives à la tour Eiffel avant qu'il n'y ait la queue : gagne 50 € et rejoue »*, *« Un ami t'offre un chocolat chaud à la Tour d'argent : gagne 18 € »*, *« Tu perds ta poupée dans le métro : remets 50 € dans la banque »…*

Retrouvez un autre jeu de plateau

*P. 196, « Jeu de l'Oie de l'histoire de France ».*

Bille pédagogique

# VOTRE ENFANT ÉCRIT... QUE FAIRE ?

Les premières traces que laisse le bambin sur du papier font toujours une impression profonde à ses parents... à juste titre : il s'agit de la toute première compétence de lecteur scripteur ! Ses gribouillis se muent en formes, lignes et dessins. Très vite, il entre dans la « conscience phonologique » (capacité à entendre les sons de la langue), puis s'intéresse aux lettres et aux mots, avant de les utiliser pour composer ses propres histoires ! Découvrez comment l'accompagner au mieux tout au long de cet apprentissage passionnant.

## VOTRE ENFANT GRIBOUILLE

Autorisez sans réserve ces premières traces (sauf, bien évidemment, si elles ont lieu sur les meubles et les murs du salon. On écrit sur le papier !). N'hésitez pas à vous agenouiller à hauteur d'enfant et à gribouiller, vous aussi, sur votre propre feuille : appliquez-vous à n'avoir d'autre objectif que le geste aléatoire de votre main, savourez les couleurs et les matières.

Attention à ne pas verser dans le figuratif : si vous dessinez une maison ou une fleur, votre enfant, frustré de ne pas pouvoir faire de même, risque de stopper toute activité, et de vous demander de faire à sa place.

Variez les médiums – et acceptez le désordre : proposez à votre enfant de tracer dans le sable, dans la mousse à raser (bio et sans parfum), laissez-le peindre avec ses mains, avec de la craie ou des crayons de bain. Variez les surfaces et leur orientation : déroulez une grande feuille sur le sol, ou accrochez-la sur un chevalet...

N'essayez surtout pas d'introduire l'écriture des lettres à ce stade. Pour l'instant, votre enfant muscle sa main et découvre le pouvoir de celle-ci de laisser des traces variées. Ce qui ne vous empêche pas de lire des abécédaires, et de manipuler des lettres en bois et des puzzles-alphabet !

## VOTRE ENFANT S'INTÉRESSE AUX LETTRES

À ce stade, l'enfant travaille dur pour mémoriser, manipuler et tracer les lettres de son environnement. Offrez votre expertise lorsque votre enfant vous la demande : vous êtes son consultant. « Comment fait-on un A ? Comment écrit-on GIRAFE ? », voilà le type de questions dont vous serez bombardé pendant quelques années... Prenez patience, souriez, ce n'est que du bonheur !

Insistez surtout sur les sons que produisent les lettres, et non sur leur nom conventionnel, qui est de peu d'aide pour votre enfant à ce stade. Rebaptisez le « B » : bbb', le « C » : kkk', etc. Si votre enfant vous demande d'épeler un mot qui comprend des bizarreries phonologiques (c'est presque toujours le cas en français !), faites-le en vérité, sans essayer de simplifier, en pointant très brièvement les difficultés (lettres muettes, redondantes, qui ne « sonnent » pas comme à l'accoutumée...).

À l'inverse, si votre enfant produit des mots en écriture « phonétique » (« FAM » pour « femme », par exemple), ne relevez pas ses erreurs, et témoignez du fait que son message, codé ainsi, a été compris : quelle victoire !

## VOTRE ENFANT ÉLABORE DES RÉCITS

Tout récit a besoin d'un lecteur. Vous voilà prêt à endosser votre nouveau rôle : vous êtes public. Un public transi d'enthousiasme, bien sûr.
À cette période, votre enfant s'exerce à transmettre ses idées par écrit. Il a besoin de vous, parent, pour réceptionner ses messages, mais ne critiquez surtout pas ses productions ! Riez aux traits d'humour, pleurez aux rebondissements pathétiques, et sursautez aux moments de suspense.
Prenez plaisir, et souvenez-nous de l'émotion avec laquelle vous réagissiez aux premiers pas de votre enfant... C'est bien de cela qu'il s'agit ici !

## VOTRE ENFANT EST UN EXPERT

À présent, votre enfant lit couramment, et s'il aime cela (vous trouverez dans ce livre nombre de conseils pour que ce soit le cas !), il voudrait que ses écrits ressemblent aux lectures qu'il affectionne. Il travaille dur pour apprendre les règles du jeu.

Vous voilà donc promu coach. Aidez : en épelant un mot compliqué, en fournissant un dictionnaire, en offrant un équipement digne d'un grand auteur – beau stylo, plumier précieux… Aidez-le à construire un plan avant qu'il se lance dans la rédaction d'un récit (introduction, développement, conclusion). Sachez calmer le jeu si l'écriture devient source de frustration : faites une pause autour d'un chocolat chaud, et parlez – écoutez surtout ! Donnez des billes en toute humilité, replongez ensemble dans les récits favoris pour retrouver l'inspiration. N'hésitez pas à proposer d'autres outils que l'écriture à la main : la plupart des auteurs écrivent sur traitement de texte aujourd'hui, c'est motivant et efficace !

# L'équilibre des mobiles

Aidez votre enfant à créer divers mobiles, à l'aide de bois, de papier ou de tissu : ces silhouettes en apesanteur décoreront le plafond de sa chambre, et lui apprendront que l'équilibre d'un mobile dépend de la masse des objets et du point de fixation de l'axe. Si deux objets sont identiques, il faudra donc les placer à égale distance de l'axe pour trouver l'équilibre. Mais ce n'est, malheureusement, que peu souvent le cas dans la vraie vie…

**Quel que soit le mobile que votre enfant décide de fabriquer, en s'appuyant sur les idées ci-dessous, le principe reste le même. L'adulte tient le mobile par son « axe de rotation » ou fixe celui-ci sur un support (table, embrasure de porte…) à l'aide d'un morceau d'adhésif. L'enfant, quant à lui, équilibre les parties en les déplaçant sur l'axe. Seule la manipulation lui permettra de construire le schéma de solution : pour que le mobile soit équilibré, l'axe de rotation doit être plus près du plus gros objet suspendu.**

## Avec une règle graduée

matériel : *Règle graduée, pâte à modeler, ficelle.*

Demandez à votre enfant de fabriquer deux boules en pâte à modeler. Attachez autour de chacune une longueur de fil et fixez-les à chaque extrémité d'une règle graduée.
**Est-il possible d'équilibrer le mobile** en bougeant simplement la plus grosse boule ?

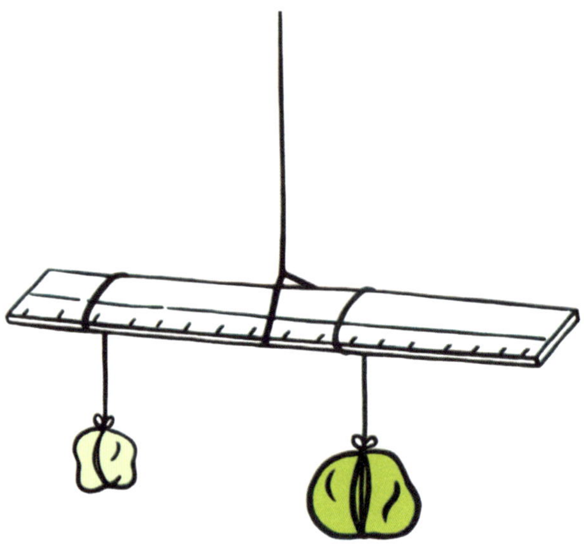

## Avec des cure-pipes

matériel : *Cure-pipes, adhésif, ficelle. Petits pompons (en vente en magasin de loisirs créatifs), grosse aiguille à coudre.*

**Pliez deux cure-pipes en deux** et marquez nettement le milieu ; attachez-y une ficelle.
Redressez complètement les cure-pipes, et entortillez-les ensemble, pour obtenir **une spirale bicolore** solide. Fixez la barre obtenue à une table (ou tout autre meuble offrant une surface). Sur cette base, votre enfant va pouvoir s'exercer à équilibrer des matériaux.
Montrez à votre enfant comment **enfiler un pompon sur une aiguillée de fil** en le transperçant. Aidez-le à fixer un pompon à une extrémité du fléau, puis un second à l'autre extrémité. Le fléau est-il toujours horizontal ? Comment faire pour l'équilibrer ? Et si on enfile deux pompons sur un fil que l'on suspend à une extrémité ? Expérimentez librement en suspendant des guirlandes de pompons à différents emplacements du fléau.
**Le fléau agit comme une bascule** et le fil en son milieu est le pivot – l'axe autour duquel tourne le système. Si on fixe un pompon à l'une de ses extrémités, le fléau s'incline largement ; mais plus on rapproche le pompon de l'axe de rotation, plus le fléau se redresse. Les objets placés loin du pivot exercent donc une force plus importante sur la barre que des objets placés à côté du pivot. Si on suspend deux pompons, la force de l'objet est décuplée et la barre s'incline deux fois plus que lorsqu'on y accroche un seul pompon.

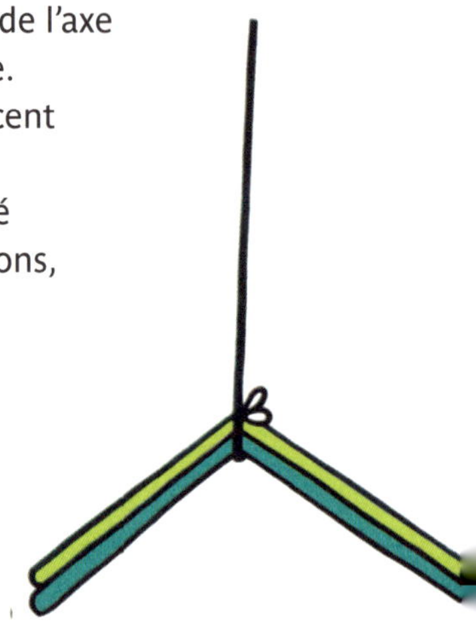

## En forme de croix

matériel : *Deux bâtons fins et bien droits. Pâte à fixe, ficelle. Petits pliages en origami.*

Disposez deux bâtons en croix et fixez-les au centre à l'aide d'une boule de pâte à fixe. Attachez une ficelle sur la boule, puis fixez de petits objets sur chaque branche : de petits pliages en origami (grues, avions...), légers et esthétiques, sont parfaits.

## Avec des trombones

matériel : *Formes en carton léger. Trombones, pailles à boire.*

Avec votre enfant, découpez quelques formes géométriques dans du carton de récupération (emballage de paquet de céréales par exemple). Trouez chacune de ces formes au sommet, en y plantant la pointe d'un stylo. Fixez chacune de ces formes à une chaîne de trombones, et fixez ces trombones à des pailles. De même, fixez les pailles entre elles avec des chaînes de trombones. Combien de niveau pouvez-vous faire ainsi **sans compromettre l'équilibre général** ?

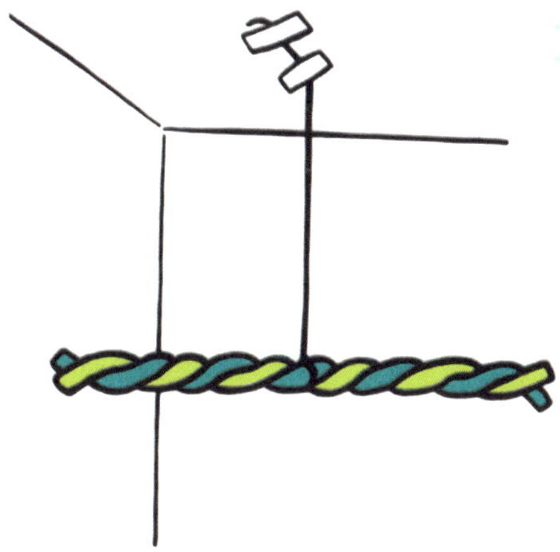

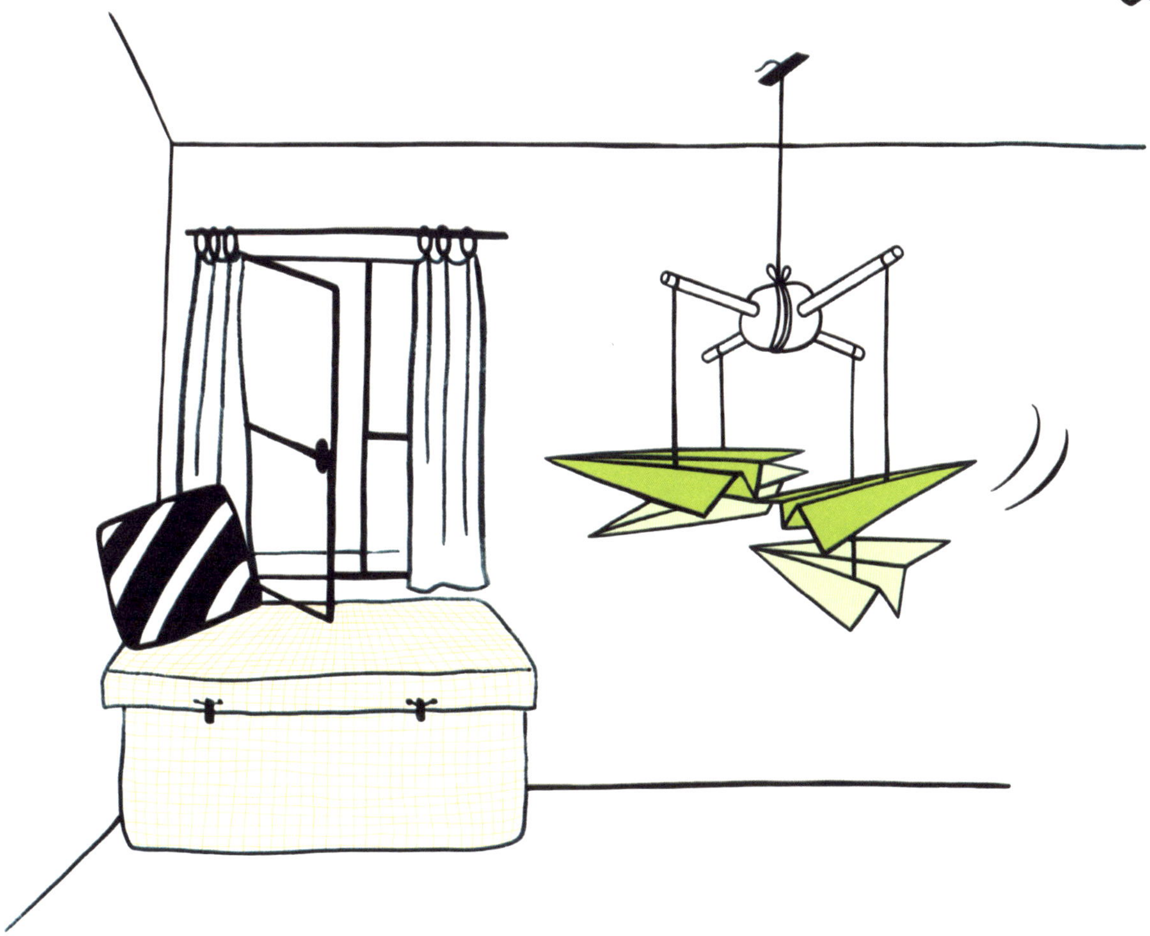

# Cartes aux trésors

Un planisphère n'a rien à envier à la plus passionnante des cartes aux trésors… Votre enfant en doute-t-il ? Proposez-lui de petites chasses aux indices géographiques ! Grâce à la fréquentation régulière (et ludique !) des cartes que ce type de jeu permet, votre enfant construit petit à petit ses compétences de cartographe : présenter, décrire et analyser ce type de document sera bientôt… un jeu d'enfant !

**matériel :** *Cartes grand format, de bonne qualité. Atlas. Facultatif : une connexion Internet.*

**1** Choisissez l'échelle à laquelle vous souhaitez travailler : celle du monde, ou celle d'un continent, d'un pays ? Appuyez-vous sur les centres d'intérêt de votre enfant, ou sur ce qu'il est en train d'apprendre en classe. Accrochez une grande carte de la zone à explorer sur le mur de sa chambre. Complétez votre invitation avec quelques atlas (empruntés à votre bibliothèque de secteur) disposés de manière attractive à proximité, sur le dessus d'un meuble, par exemple.

**2** Élaborez votre questionnaire. Dans un premier temps, vous pouvez photocopier les coupons ci-contre, qui proposent chacun une liste d'indices à rechercher sur une carte. Votre enfant peut écrire la réponse à la question directement sur le coupon, sous chaque question. Il vous sera facile, par la suite, d'élaborer vous-même des questionnaires de ce type, qui s'adaptent au mieux à l'âge de votre enfant et à ses centres d'intérêt.

**3** Pour chaque indice trouvé, marquez la carte d'un repère : placez une petite gommette sur la zone concernée, entourez un nom à la craie…

### Conseils

– Effectuer une recherche sur Internet pourra être nécessaire pour que votre enfant puisse répondre à certaines questions. Apprenez-lui cependant à n'utiliser le Web qu'en dernier recours, lorsqu'aucun des documents qu'il a sous la main ne lui permet de trouver le renseignement qu'il cherche. La raison en est simple : Internet fournit les réponses trop rapidement pour que son cerveau ait le temps de traiter l'information et de la mémoriser… Car pour apprendre, il a besoin de chercher !

– Soyez toujours présent lorsque votre enfant effectue une recherche : d'abord pour le préserver de contenus douteux, ensuite pour éveiller son esprit critique. Enseignez-lui à croiser les sources d'informations afin de vérifier la fiabilité des faits qu'il récolte !

## Une chasse au trésor en Europe

**Cherche et trouve :**

(Attention, parfois, plusieurs réponses sont acceptables !)

1. Le pays où les Alpes culminent.
2. Le pays où les Carpates culminent.
3. Un pays qui borde la mer du Nord.
4. Un pays qui borde la Manche.
5. Un pays d'Europe entièrement entouré de terres.
6. Une île.
7. Le pays dont la capitale est Berlin.
8. Un pays transcontinental (à cheval sur deux continents).
9. La terre d'Europe la plus proche de l'Afrique.
10. Un désert.
11. Une plaine.
12. Un pays entouré d'eau de tous côtés sauf un seul.
13. Trois pays dont le nom commence par la lettre P.

**Là où je vis :**

1. Comment s'appelle le pays où je vis ?
2. Quel est le nom de la capitale de mon pays ?
3. Quelle est la superficie de mon pays ?
4. Est-ce que j'habite au nord, au sud, à l'est ou à l'ouest de mon pays ?
5. Combien d'habitants y a-t-il dans mon pays ?
6. Je nomme un mont, un lac, un fleuve et une forêt de mon pays.
7. Quel est le parc national le plus proche de mon lieu de vie ?
8. Quels sont les mers et les océans qui bordent mon pays ?
9. Quel est le pays étranger le plus proche ?
10. J'observe le drapeau de mon pays. Je le décris ou je le dessine !

**J'explore un pays étranger :**

1. Comment s'appelle ce pays ?
2. Quelle est sa capitale ?
3. Quelle est sa superficie ?
4. Combien y a-t-il d'habitants ?
5. Quelle(s) langue(s) parle-t-on dans ce pays ?
6. Je nomme un mont, un lac, un fleuve et une forêt de ce pays.
7. Je nomme un parc national ou un site célèbre.
8. Quelles sont les mers et les océans qui bordent ce pays ?
9. Quels sont les pays frontaliers ?
10. J'observe son drapeau. Je le décris ou je le dessine !

## *Une chasse au trésor dans le monde !*

1. La mer d'Aral se partage entre deux pays. Lesquels ?
2. Trouve la capitale de : la Norvège ? l'Érythrée ? Le Bangladesh ? La Canada ? Le Ghana ?
3. Quelles sont les couleurs du drapeau du Honduras ?
4. Quelle est la ville africaine la plus grande et la plus peuplée ?
5. À combien d'habitants s'élève la population du Brésil ? De l'Indonésie ? De l'Inde ? De la Chine ? Des États-Unis ? Classe ces pays du plus peuplé au moins peuplé.
6. Quelle est la plus grande île des Caraïbes ?
7. Trouve un archipel, nomme-le.
8. Quel pays a le plus de fuseaux horaires ?
9. Quels sont les pays frontaliers du Pakistan ?
10. Quelle est la latitude de la ville de Madrid, en Espagne ? Sa longitude ?

# Chasse aux trésors

Dans l'*Émile*, Jean-Jacques Rousseau raconte l'histoire d'un petit garçon qui ne s'intéressait pas à la lecture. Un jour, cependant, il reçoit une invitation et brûle de savoir le message qu'elle recèle. Puisqu'il ne sait pas lire, la fête se déroulera sans lui… Mais le petit Émile est désormais très motivé, et bien déterminé à apprendre à déchiffrer ! Les enfants qui n'aiment pas lire, préfèrent, à la manière d'Émile, des situations ancrées dans leur quotidien pour exercer leurs compétences. La chasse aux trésors en est un parfait exemple !

**matériel :** *Papier, stylo, ciseaux. Une petite surprise : une nouvelle paire de chaussures pour le printemps, des cartes à collectionner, une boîte de feutres…*

**1** Rédigez une série **d'une dizaine d'indices**, par exemple :

- Chasse au trésor : suis les indices et tu trouveras une petite surprise. Le prochain indice est caché sous le canapé.
- Félicitations, tu as trouvé le deuxième indice ! Maintenant, tu dois chercher dans tes bottes de pluie.
- Le prochain indice est caché dans le plus grand des livres de ta bibliothèque.
- Va fouiller dans les tiroirs de la cuisine !
- L'indice suivant dort sous ton oreiller…
- Regarde à côté du téléphone !
- Tu trouveras ton petit cadeau sous le bureau de maman.

**Astuce**

L'idée n'est pas de submerger votre enfant de cadeaux sous prétexte de le faire lire ! Mais pensez à offrir de cette manière les petits objets de la vie de tous les jours : une nouvelle boîte à goûter pour remplacer celle qui est cassée, des paires de chaussettes, des accessoires pour ses cheveux…

**2** N'hésitez pas à **adapter vos textes** aux compétences de votre enfant, en choisissant des mots aisément déchiffrables. Vous pouvez aussi décider de faire figurer les sons complexes (*« ou »*, *« ch »*, *« oin »*…) d'une autre couleur pour faciliter le décodage. L'objectif n'est pas de piéger l'enfant mais de générer du plaisir et d'associer le fait de lire à un moment de challenge en famille.

**3** Découpez chacun de ces indices et organisez votre piste **en partant de la fin**. Selon notre exemple, commencez par placer le cadeau sous le bureau, puis allez cacher le dernier indice (*« tu trouveras ton petit cadeau sous le bureau de maman »*) selon l'indication de l'avant-dernier (à côté du téléphone). Procédez ainsi jusqu'à ce qu'il ne vous reste plus que le premier indice dans les mains, que vous placerez en évidence sur la table de la cuisine.

**4** Accompagnez votre enfant dans son parcours, de façon à faire de ce moment de lecture **un moment de plaisir**. Si votre enfant peine à déchiffrer certains mots, aidez-le. Et n'hésitez pas à proposer très souvent ce genre de petites chasses aux trésors, car il y a peu de chance que votre enfant s'en lasse !

**Variante**

Avec chaque indice, votre enfant peut trouver une lettre. À la fin du jeu, en assemblant ces lettres dans le bon ordre, il découvre l'emplacement où se cache la surprise : F - O - U - R.

Bille pédagogique

# UN RITUEL DE LECTURE QUOTIDIEN

Trouvez le temps, chaque jour, de vous asseoir avec votre enfant autour d'un livre ; c'est encore le moyen le plus efficace de développer ses compétences de lecteur. Suivez le guide pour aménager simplement ce petit moment de reconnexion, dont vous ne pourrez bientôt plus vous passer !

**1.** Interrogez-vous : chez vous, quel est le moment le plus propice à la lecture ? Dans la plupart des familles, le temps du livre se situe le soir, juste après le dîner, ou avant le coucher, mais ce n'est peut-être pas le cas en ce qui vous concerne ! Réfléchissez à quel moment vous pouvez vous consacrer entièrement au partage d'un bon livre avec votre enfant : est-ce pendant le petit déjeuner ou le goûter ? Le trajet quotidien dans les transports en commun ? Juste avant les devoirs du soir ? Pendant le bain ? **Une fois ce moment identifié, tenez-vous-y tous les jours.**

**2. Aménagez un « coin lecture »** : douillet, confortable et suffisamment vaste pour que toute la famille puisse s'y installer.

**3.** Mettez les sens de toute votre famille au service de votre routine, grâce aux signaux auditifs ou visuels :

- **Faites sonner un triangle, une cloche ou retournez un bâton de pluie** pour marquer le début de la séance. Si vous n'avez pas d'instrument chez vous, frappez une casserole avec une cuillère en bois – ou un verre plein d'eau avec une petite cuillère… Votre enfant voudra certainement se charger de « battre le rappel », et sera le premier à guetter l'heure de l'histoire !
- Les séances de contes s'ouvrent et se ferment souvent sur une formule rituelle dont vous pouvez vous inspirer. **Inventez une petite phrase pour ouvrir la lecture** (« Détends-toi, ne bouge plus et écoute, écoute attentivement l'histoire de… »), ou faites-la précéder d'une petite comptine.
- Avec des enfants de 8 ans et plus, **jouez à fond la carte de l'humour**. Évidez un carton de manière à fabriquer une sorte de télévision – que vous décorerez comme telle – et placez-vous dedans pour lire le chapitre du jour !
- **Allumez une bougie au début de la lecture**, que votre enfant soufflera à la fin.

**4.** Pendant la lecture, enrôlez votre enfant, en lui demandant de **tourner lui-même les pages** (quand vous lui pressez la main, par exemple), **ou d'incarner la voix d'un personnage** dans un dialogue.

**5.** Après la lecture, prenez toujours quelques minutes **pour revenir sur ce que vous avez partagé**. Mais la discussion qui suit la lecture se doit d'être légère, ce n'est pas un test de compréhension !

**6.** Et les jours où vous avez le temps d'**aller plus loin**…
- Racontez à votre enfant **une histoire « vraie »** (par exemple, une anecdote de votre enfance) en lien avec l'histoire lue.
- **Dessinez ensemble** (ou chacun de votre côté) l'histoire que vous venez de découvrir : comment la voyez-vous, la sentez-vous ?
- **Inventez ensemble votre propre fin.** Imaginez-la aussi folle que possible. Vous pouvez aussi décider de la dessiner.
- **Cuisinez un plat** dont il est question dans le livre – c'est encore mieux s'il s'agit d'un plat étrange, comme de la confiture de fées ou un soufflé à la bave de crapaud !
- **Composez une mélodie ou écrivez une chanson** qui s'accorde avec l'histoire que vous êtes en train de lire.
- Lire, c'est partir, dit-on. Convenez qu'une page lue correspond à un kilomètre parcouru (ou 10 km !) : combien de pages lirez-vous pour aller jusqu'à la lune, pour traverser la ville, ou encore le pays ? Fabriquez une carte ou un tableau renseignant **les kilomètres parcourus** et notez-y vos avancées !

**Astuce**

Si vous vous sentez un peu désorienté devant les rayonnages de votre bibliothèque de secteur, vous pouvez décider d'explorer un thème par mois (les mammifères, les contes russes, les sorcières…). Certaines familles apprécient ce type d'organisation, qui permet de creuser un sujet, et de faire de belles découvertes.

Cependant, si vous trouvez cela trop scolaire, trop artificiel, passez votre chemin : ce n'est pas pour vous ! Et rassurez-vous : on peut aussi cheminer sans cadre précis, en suivant son instinct et le fil de ses découvertes.

## Retrouvez d'autres idées pour donner envie de lire

*P. 132, « Au secours ! Il n'aime pas lire ! »*

# Peindre la pluie

Représenter le ciel, pour un artiste, a une dimension thérapeutique : le ciel, qu'il soit clément ou d'orage, est un reflet de notre état intérieur. L'activité ci-dessous vous propose d'explorer avec votre enfant les différentes manières de peindre la pluie : si l'aquarelle est parfaite pour réaliser des ciels et des nuages, la gouache translucide peut aussi être utilisée ici… avec beaucoup d'eau, bien sûr !

**matériel :** *Papier à aquarelle. Aquarelle ou gouache. Pinceaux variés. Pipette ou compte-gouttes. Pots pour l'eau et les couleurs, chiffon, tablier de protection. Facultatif : peinture acrylique blanche. Vieille brosse à dents, boules de coton, Coton-Tige… Chevalet, toile de peintre.*

**1** Collectez quelques reproductions d'œuvres d'art célébrant la pluie, issues de livres ou d'une recherche Internet. Observez-les attentivement avec votre enfant et **décrivez ensemble les techniques utilisées** : comment la pluie est-elle représentée ? Par des gouttes, des éclaboussures, des traînées ? Quelles couleurs l'artiste utilise-t-il ?

**2** Proposez à votre enfant de commencer par **explorer les techniques possibles** : vos travaux viendront enrichir votre collection d'échantillons graphiques *(p. 20)*. Disposez le matériel de manière attractive et ordonnée sur votre table et laissez votre enfant tester différents procédés. S'il manque d'inspiration, voici quelques pistes à expérimenter :

- Testez différents médias : aquarelle liquide ou solide, gouache pure, gouache diluée…
- Déposez une grosse touche de gouache en haut de la feuille, puis versez-y de l'eau à l'aide d'une pipette ou d'un compte-gouttes. Inclinez éventuellement la feuille pour obtenir des coulures. Vous pouvez aussi proposer à votre enfant de travailler à la verticale, sur chevalet.
- Frottez les poils du pinceau avec le gras du pouce de manière à projeter de fines gouttelettes serrées sur la feuille. On peut aussi utiliser une vieille brosse à dents pour cette technique.
- Secouez doucement un pinceau imprégné de peinture au-dessus du papier pour « faire pleuvoir » la couleur.
- Après avoir réalisé un fond à l'aquarelle, reprenez ces techniques avec un pinceau propre, simplement mouillé : cette fois, c'est l'eau qui peint !
- Expérimentez divers gestes : racler la peinture avec la tranche d'un morceau de carton pour obtenir des stries, exécuter de grands gestes circulaires pour figurer une tempête, peindre un aplat de gris épais et gratter la matière avec un manche de pinceau pour figurer la pluie…

### Conseil

La pluie a-t-elle une couleur ? Bien des artistes pensent que oui, à en juger par leurs travaux. Pour un effet réaliste, privilégiez une palette de bleu de Prusse et de bruns, qui, mélangés selon diverses proportions, donneront différentes nuances de gris.

Mais les enfants travailleront avec bonheur à partir de rouges, de violets, voire de verts s'ils le souhaitent !

**3** La phase d'exploration passée, proposez à votre enfant de se lancer dans la **réalisation d'une œuvre**, sur du beau papier ou une toile. Demandez-lui de sélectionner trois des techniques qu'il a préférées dans la phase d'exploration et de les combiner. Cela peut être fait un autre jour, si vous sentez que votre enfant est fatigué.

### Astuce

Une fois le travail terminé et sec, vous pouvez proposer à votre enfant de l'enrichir en l'aspergeant de peinture acrylique blanche légèrement diluée. Cette technique donne une unité aux couleurs choisies, illumine l'ensemble et ajoute une profondeur au tableau.

**4** Prenez le temps d'**observer et de décrire ensemble** l'œuvre achevée, ainsi que les explorations qui ont précédé sa réalisation.

### À voir et à vivre

**Quelques œuvres de pluie à retrouver dans les musées ou sur Internet :**

- *Pluie, vapeur et vitesse*, de J. M. W. Turner, 1844.
- *Regen (Pluie)*, Hans Baluschek, 1917.
- *La grande avenue de New-York sous la pluie*, Childe Hassam, 1917.
- *Sous la pluie*, Franz Marc, 1912.

### Prolongement

Proposez le dessin d'observation : sortez avec votre enfant pour observer une flaque d'eau et là, à l'extérieur, installez-vous pour essayer de la peindre.

## Retrouvez plus d'idées pour peindre la pluie

*P. 102, « Peinture murale ».*

Bille pédagogique

# À PROPOS DES COULEURS

Qu'est-ce qu'une couleur ? Posez-vous la question avant d'interroger votre enfant... C'est une question difficile, n'est-ce pas ? D'un point de vue scientifique, la couleur est une longueur d'onde à laquelle notre rétine est sensible... Mais comment définir une vibration avec des mots, surtout quand elle est porteuse de tant d'affects et d'émotions ?

Quelles sont les couleurs qui « vont bien ensemble » ? Que veut-on dire par là ? Lorsqu'on observe un tableau, certaines couleurs nous sautent aux yeux alors que d'autres se fondent dans le décor... Pourquoi ? Bien qu'il soit difficile de répondre à ces questions, il est évident pour tout le monde que certaines associations de couleurs altèrent l'apparence de nos dessins.

**Voici quelques points de repère – à explorer concrètement, sur la palette, avec votre enfant !**

**Les couleurs primaires** sont les trois couleurs qui ne peuvent être créées par mélange. Il s'agit du rouge, du jaune et du bleu.

**Les couleurs binaires (ou « secondaires »)** sont celles qui s'obtiennent par mélange des couleurs primaires entre elles. Il s'agit :

- de l'orange (rouge + jaune),
- du vert (jaune + bleu),
- du violet (bleu + rouge).

N'hésitez pas à proposer uniquement à votre enfant de travailler avec les couleurs primaires lors de ses activités de peinture, avec, éventuellement, un peu de noir et de blanc. À partir de ces teintes votre enfant peut obtenir une multitude de nuances. Et ce n'est qu'à travers des situations de manipulation concrètes répétées qu'ils intégrera la « recette » des couleurs secondaires. Soyez patient, cela prend du temps !

**Les couleurs tertiaires (ou intermédiaires)** s'obtiennent en mélangeant les couleurs primaires et les couleurs secondaires.

Elles sont au nombre de six :
- rouge + violet = pourpre,
- rouge + orange = vermillon,
- bleu + vert = turquoise,
- bleu + violet = indigo,
- jaune + orange = ocre,
- jaune + vert = vert pomme.

De la même façon que précédemment, proposez à votre enfant de nombreuses situations libres de « fabrique de couleurs » afin qu'il puisse assimiler le secret de leur fabrication. Donnez-lui un compte-gouttes pour plus de scientificité : dans quelle proportion faut-il mélanger deux couleurs pour obtenir telle teinte ? Variez les médias selon les explorations artistiques : peintures, encres, colorants alimentaires, pâte à modeler miscible… Encore une fois, il faudra de longs mois d'exploration régulière pour intégrer la magie de la fabrication de chaque nuance. Une fois que votre enfant est familiarisé avec le processus, vous pouvez lui proposer de fabriquer son propre cercle chromatique.

**Les couleurs complémentaires** sont opposées sur le cercle chromatique. Elles proposent un contraste optimal si elles sont utilisées côte à côte. Pour neutraliser une couleur lors d'un travail, mélangez-la à sa complémentaire : elle s'adoucira et tirera vers le gris.

**Les couleurs neutres (marron et gris)** s'obtiennent en mélangeant une couleur primaire et une couleur secondaire opposée sur le cercle chromatique (rouge et vert, ou bleu et orange, par exemple).

Les couleurs peuvent être dites **chaudes ou froides** : les couleurs chaudes sont plus vibrantes et ressortent dans une composition. Elles comportent de l'orange dans leur composition, et vont du jaune au rouge violacé sur le cercle chromatique : ce sont le jaune, le jaune-orangé, l'orange, le rouge-orangé, le rouge et le rouge-violet. Les couleurs froides vont du bleu violacé au jaune-vert sur le cercle chromatique : ce sont le bleu-violet, le bleu-vert, le vert et le jaune-vert.

## Prolongements

Proposez à votre enfant de réaliser un dessin (portrait, paysage…) qu'il ne coloriera qu'à l'aide de deux couleurs complémentaires : jaune et violet, bleu et orange, vert et rose violacé… Que se dégage-t-il de ce choix ?

Demandez-lui de lister des objets qu'il associe à la chaleur, et d'autres à la fraîcheur. Prenez des notes, puis invitez-le à regrouper les objets d'une famille (soleil, feu…) dans un dessin en utilisant exclusivement des couleurs chaudes ou froides selon le champ lexical retenu. Observez ensemble la production et aidez votre enfant à percevoir qu'au-delà des objets représentés, les couleurs connotent une impression : les couleurs froides renvoient à la solitude, à l'éloignement, et les couleurs chaudes, au plaisir, à la vie.

Retrouvez une activité pour mettre cela en pratique !
*P. 177, « Pointilleux pointillisme ».*

# Architecture grecque

L'architecture grecque a fortement influencé l'art occidental jusqu'à nos jours, et c'est la porte d'entrée que l'activité suivante choisit pour aborder la richesse de cette civilisation qu'est la Grèce antique. Bien sûr, la séance d'aujourd'hui ne suffit pas pour pénétrer l'esprit grec ! La religion, avec l'écoute des grands récits mythologiques, et les sciences, avec la rencontre de grands Hommes tels que Pythagore, Archimède, Aristote ou Hippocrate, ne sauraient être passées sous silence !

**matériel :** *Une vingtaine de gobelets en carton, deux ou trois plateaux en métal ou plaques de four. Photographies de monuments religieux de la Grèce antique. Quelques livres assez lourds. Appareil photo. Balance de cuisine.*

**1** Observez avec votre enfant une photographie du **Parthénon d'Athènes** et/ou d'autres temples religieux. Attirez l'attention de votre enfant sur le plan généralement rectangulaire, et sur la délimitation toujours marquée entre le dedans et le dehors du territoire sacré. Une série de marches en fait le tour et donne accès à une colonnade appelée péristyle. Décrivez les entablements qui surmontent les colonnes et supportent deux frontons triangulaires et la toiture.

**2** Constatez que les colonnes grecques **sont plus épaisses à la base qu'au sommet,** donnant ainsi l'impression d'être taillées d'un bloc – il n'en est rien, les morceaux sont reliés entre eux par des rivets internes invisibles. C'est cette forme particulière, légèrement conique, qui donne une silhouette élancée à l'édifice. Mais la raison de ce choix n'est pas seulement esthétique : les efforts s'exerçant sur les éléments de structure sont énormes au vu des masses de pierre utilisées. Comment, d'ailleurs, ces graciles colonnes peuvent-elles soutenir des linteaux aussi épais, sur lesquels s'appuyaient de surcroît, à l'origine, une charpente de bois et quelques tonnes de tuiles ?

**3** Donnez à votre enfant une série de gobelets en carton : leur forme évasée ne rappelle-t-elle pas celle des colonnes grecques ? Posez sur la table quelques plateaux en métal et lancez un défi à votre enfant : **peut-il construire son propre bâtiment** à deux étages en utilisant ces matériaux et en s'inspirant du principe des colonnes et des linteaux ? Peut-il le construire de manière à ce qu'il supporte le plus de poids possible ?

### A lire, à voir et à vivre

**Documentaires :**
- *Grèce antique*, Louise Park, 2013, dès 9 ans.
- *Ulysse, enfant de la Grèce antique*, Piccolia, 2013, dès 6 ans.

**Fictions :**
- *Cheval de roi*, Anne-Sophie Silvestre, 2012, dès 7 ans.
- *Le messager d'Athènes*, Odile Weulersse, 2014, dès 11 ans.

**Mythologie :**
- *Le feuilleton d'Hermès*, Muriel Szac, 2006, dès 6 ans.
- *Mythes grecs pour les petits*, Heather Amery, 2012, dès 6 ans.
- *Les Grands mythes* (DVD), Sylvain Bergère, 2016, dès 9 ans.

**4** Le jeu consiste donc à faire tenir un plateau sur un ensemble de gobelet retournés. Comment disposer les gobelets pour assurer l'équilibre ? **Quel poids** l'édifice construit est-il capable de supporter ? Proposez à votre enfant de tester la force de son bâtiment en empilant des livres dessus. Ça tient ? Et si votre enfant grimpe dessus ? Ça tient toujours ? Combien d'enfants pourront-ils ainsi monter sur le plateau sans écraser l'édifice ? Est-il possible de construire un édifice de même solidité avec moins de gobelets en les disposant autrement ?

**5** Une fois l'excitation de la construction retombée, demandez à votre enfant de réfléchir à la force insoupçonnée détenue par ces petits gobelets ... Quel poids **un gobelet seul** peut-il supporter ? Que se passe-t-il si on monte dessus ? Testez divers objets autour de vous, et pesez ceux que le gobelet supporte sans s'abîmer. Quel est le poids maximal supporté ?

**6** Combien de gobelets comportaient l'édifice de votre enfant ? Si votre enfant a utilisé 15 gobelets, multipliez le poids maximal supporté par un gobelet par 15. Par exemple, si un gobelet supporte 200 g, 15 gobelets devraient supporter 200 g x 15, c'est-à-dire 3 kg. Or, votre enfant a fait la preuve qu'ils en ont supporté 10 fois plus ! Aidez-le à **formuler la conclusion** : lorsqu'on appuie un linteau sur plusieurs colonnes, il peut supporter plus de poids que n'importe laquelle des colonnes qui le soutiennent prises individuellement... ou même prises toutes ensemble !

**Variante**

Ce genre de défi gagne à être mené en équipe. Enrôler toute la famille pour construire ensemble ! Et si vous êtes vraiment très nombreux, formez deux équipes qui travaillent au coude à coude, chacune sur son projet.

# Les continents du monde

La géographie est une construction culturelle : l'histoire a fait que les hommes ont découpé les terres existantes en domaines : continents, pays, régions. Cet emboîtement est difficile à appréhender, et il en résulte souvent un amalgame dans l'esprit des enfants. Faites le test : *« Cite-moi un continent ! »* Il y a de fortes chances pour qu'il vous soit répondu : « La Chine » ou « Paris » ! Pour cette raison, il vaut mieux aborder les notions par ordre, patiemment, en commençant par focaliser l'attention de l'enfant sur le nom et la situation des continents. Dans un second temps seulement, on « zoome » pour appréhender les pays qui le composent…

**matériel :** *Un planisphère grand format. Craies de couleur, feutres. Papier, post-it®. Ciseaux. Punaises.*

**1** Montrez un planisphère à votre enfant et expliquez-lui que vous allez partir **à « la chasse aux continents »**. « Continent » signifie « ce qui tient ensemble » : ce sont d'immenses étendues de sol. Saura-t-il les trouver tous les sept en s'aidant des inscriptions de la carte ?

**Astuce**

Le nombre de continents a varié au cours de l'histoire. Aujourd'hui encore, tous les géographes ne sont pas d'accord : certains considèrent que l'Europe et l'Asie ne font qu'un (l'Eurasie), ou englobent les deux Amériques dans un seul continent. Nous considérons ici que les continents sont au nombre de sept : Asie, Afrique, Amérique du Nord, Amérique du Sud, Antarctique, Europe et Océanie. Libre à vous de faire varier ce nombre : adaptez alors la séance en fonction.

**2** Au fur et à mesure que votre enfant identifie les continents, faites-lui repasser leur contour avec son index, puis à l'aide d'une craie colorée. Si possible, changez de couleur pour chaque continent, afin de les rendre nettement visibles. Proposez ensuite à votre enfant de **décalquer** chacun des continents mis en évidence. Aidez-le à reporter les silhouettes sur un papier d'une couleur différente. Par exemple : l'Afrique en rouge, l'Europe en jaune, etc. Découpez-les.

**Variante**

Lorsque l'exercice est bien maîtrisé, demandez à votre enfant de construire le puzzle en plaçant l'Asie « au centre », puis les Amériques, histoire de se décentrer !

**3** Mettez votre enfant au défi de **reproduire le puzzle**, en positionnant les continents les uns par rapport aux autres. Bien sûr, il peut s'aider du planisphère ou d'un atlas en cas de doute ! Invitez-le à étiquetez les terres (puis les océans !) à l'aide de post-it.

**4** Lorsque l'exercice ne pose plus problème, proposez ce **petit réinvestissement ludique** : connaissez-vous ce jeu qui consiste à épingler une queue sur un dessin d'âne, tout en ayant les yeux bandés ? En voici la version géographique : affichez un planisphère sur un mur de votre maison, et dessinez avec votre enfant une série de petits avions, qui seront coloriés et découpés. Demandez à votre enfant d'écrire chacun des noms des sept continents sur un morceau de papier. Ces billets sont pliés et placés dans un bol. Votre enfant en tire un au hasard, le lit, puis place un bandeau sur ses yeux. Faites-le tourner sur lui-même quelques secondes, positionnez-le face au planisphère et demandez-lui d'aller accrocher un avion, fixé à une punaise sur le continent qu'il vient de piocher. Fous rires garantis !

**5** Lorsque la notion de continent est acquise, choisissez l'un d'entre eux (en commençant par celui dans lequel vous habitez !) et reprenez la séance… avec les pays ! Décalquez les pays pour créer un puzzle à étiqueter, puis jouez au jeu de l'âne !

## Retrouvez d'autres activités pour se « décentrer »

*P. 58, « Du globe au planisphère ».*

# Détective scientifique

Quand la science se fait détective… Pour résoudre certaines enquêtes, la police et la justice font parfois appel aux scientifiques, véritables Sherlock Homes modernes. Dans leurs laboratoires, médecins légistes, chimistes et biologistes analysent les indices laissés par les malfaiteurs sur les lieux de leurs crimes ! Pour jouer à la police scientifique et expérimenter quelques réactions chimiques simples, les ingrédients de votre cuisine suffisent !

## La carte mystérieuse

**matériel :** *Une feuille de papier blanc, bicarbonate de soude, eau. Pinceau fin ou Coton-Tige. Four.*

Montrez à votre enfant comment fabriquer **une carte « mystère »** – par exemple, pour donner rendez-vous à un ami. Ce genre de carte au trésor peut aussi faire figure d'invitation, si vous organisez une fête par exemple.
Demandez-lui de **dessiner** la rue où vous vivez, puis l'endroit du rendez-vous, ainsi que le chemin pour aller d'un point à l'autre. C'est un excellent exercice pour modéliser la connaissance que votre enfant a de son environnement ! Encouragez-le à ajouter des détails : maisons et magasins, arbres, herbes, voitures, bus, passants… Ajoutez des ombres pour donner du relief au dessin.

Si vous souhaitez **envoyer votre carte à plusieurs personnes**, scannez-la ou photocopiez-la.

Mélangez une cuillère à café de bicarbonate de soude avec deux cuillères à soupe d'eau dans un verre. Tracez sur votre plan **l'itinéraire à effectuer** pour parvenir chez vous (ou l'emplacement du trésor à découvrir, par une croix, par exemple !) à l'aide d'un pinceau fin ou d'un Coton-Tige trempé dans ce mélange.

Confiez votre carte à son destinataire – n'oubliez pas de lui préciser le moyen de révéler le chemin mystérieux ! Pour le découvrir, il lui faudra placer votre carte **au four à 140 °C** et la chauffer 10 minutes : le tracé invisible apparaîtra !

Les encres sympathiques sont utilisées depuis des siècles ! La recette ci-dessus est basée sur **une réaction chimique** entre le bicarbonate de soude et le papier, qui brunit, à la chaleur, les emplacements recouverts de bicarbonate.

### D'autres recettes d'encre invisible :

– Le bicarbonate peut être remplacé par du jus de citron, qui en séchant, semble disparaître. Chauffé au four, le jus réagit avec l'oxygène de l'air et vire au brun, laissant apparaître l'écriture. À défaut de four, on peut réchauffer le message avec d'autres outils : un fer à repasser, un sèche-cheveux, une lampe, un radiateur, voire un briquet ou une bougie… Mais gare alors à ne pas brûler la feuille !
– Râpez un oignon très finement et utilisez le jus obtenu pour rédiger un message au pinceau, sur papier blanc. Laissez sécher puis réchauffez comme précédemment.
– Le lait de vache peut être utilisé comme le jus d'oignon ou le jus de citron : il brunit également à la chaleur.

## Empreintes digitales

**matériel :** *Craies, adhésif transparent. Miroir ou vitre. Ciseaux, assiette. Pinceau fin.*

Montrez à votre enfant comment obtenir de **la poudre de craie**, en grattant un bâton de craie avec les lames (fermées !) d'une paire de ciseaux. Recueillez la poudre obtenue dans une assiette.
Demandez à votre enfant d'**appuyer son doigt** sur un miroir propre, ou toute autre surface vitrée.
Plongez un pinceau fin dans la poudre de craie et **recouvrez délicatement l'empreinte** du doigt avec une bonne couche de poudre. Soufflez ensuite l'excédent de craie : l'empreinte apparaît ! Il s'agit de la fine pellicule de graisse de la peau qui a été en contact avec la surface du miroir. **Pour prélever l'empreinte**, recouvrez-la avec précaution d'un morceau d'adhésif. Appuyez bien fort sur toute la surface, puis décollez le ruban adhésif : l'empreinte digitale s'est transférée dessus !
Pourquoi ne pas **partir en chasse** à travers la maison et collecter des empreintes diverses sur d'autres surfaces lisses… À qui pourraient-elles bien appartenir ?

# COACH SCIENTIFIQUE

Les enfants sont des scientifiques par nature : ils naissent avec une capacité à interroger le monde et une soif d'apprendre sans limite. Il faut dire que leur survie en dépend : c'est en comprenant le monde autour de lui que l'enfant peut y ancrer son autonomie, et donc grandir. En tant que parent, vous avez un rôle à tenir pour nourrir cet appétit de savoir et de découverte. Vos encouragements et votre soutien garderont vivante sa curiosité de petit scientifique… peut-être pour toute la vie !

Nous l'avons déjà dit précédemment (*p. 60, « "Faire" des sciences »*) : vous n'avez pas besoin d'être un expert pour accompagner votre enfant dans son parcours scientifique. Ce dont vous avez besoin, en revanche, c'est de connaître votre enfant – ce dont il est curieux, ce qu'il aime faire, ce qui retient son intérêt, comment il apprend le mieux. C'est en vous appuyant sur ce que vous savez de lui, que vous trouverez le moyen de **construire des situations scientifiques qui correspondront à ses intérêts.**

Vous représentez également, aux yeux de votre enfant, une « personne-ressources ». Ce qui ne signifie pas, une fois de plus, que vous avez à connaître toutes les réponses à ses questions ! À dire le vrai, il est même peut-être souhaitable que vous ne les connaissiez pas. Lorsque votre enfant vous interroge, renoncez à la tentation de lui livrer immédiatement ce qu'il est censé savoir. Demandez-lui plutôt son avis sur la question, et laissez-le verbaliser ses propres théories. **Si celles-ci sont erronées, ne les condamnez pas,** mais réfléchissez au moyen de construire une expérience qui mettra en évidence la réponse exacte. **Laissez votre enfant prendre des décisions pendant l'exploration, même s'il vous apparaît qu'elles ne mèneront à rien.**

Vous avez également un rôle de modèle incontestable. Votre curiosité quotidienne nourrira celle de votre enfant. Prenez exemple sur lui pour qu'il puisse prendre exemple sur vous : nourrissez-vous de son appétit d'exploration, de ses questionnements incessants. L'excitation de la découverte est contagieuse : soyez positif et enthousiaste !

## COMMENT ACCOMPAGNER L'ENFANT DANS SA DÉMARCHE SCIENTIFIQUE ?

**1.** Le point de départ est une **question générale formulée par l'enfant**. Par exemple : *« Pourquoi les feuilles des arbres tombent-elles en automne ? »*

**2.** Quand votre enfant vous pose une question, plutôt que d'y répondre de but en blanc, encouragez-le à formuler **ses propres hypothèses**, autour desquelles les expériences seront ensuite conçues : *« Je pense que c'est à cause du vent, qui devient violent en automne et arrache les feuilles des branches. »*

**3.** Aidez-le alors à concevoir **une expérience** qui testera son hypothèse : *« Si je branche un ventilateur devant ma plante verte, ses feuilles devraient tomber. »* Observez et enregistrez ensemble les résultats de la recherche. Comment les feuilles tombent, et en combien de temps ? Aidez ensuite votre enfant à analyser les données récoltées : *« Certaines feuilles tombent sous l'effet du vent violent, mais la plupart d'entre elles sont bien accrochées et ne tombent pas. »*

**4.** Résistez à la tentation de dégainer votre téléphone à tout bout de champ pour chercher des réponses immédiates sur Internet. En sciences, **le questionnement a plus de valeur que la formulation de réponses toutes faites**. Prenez soin des questions de votre enfant, et aidez-le à construire ses réponses sans précipitation. Proposez-lui de faire **une « recherche »** : utilisez ce mot, il est important ! Essayez de privilégier les enquêtes dans des livres documentaires, que vous compléterez dans un second temps par d'éventuelles recherches sur Internet. Pour tout sujet abordé, évoquez le travail des scientifiques spécialisés, leur métier, leurs outils. Allez à la rencontre des experts, dans les musées ou les expositions ! N'ayez pas peur d'introduire des termes savants : l'enfant aime nommer les choses du monde précisément et les retiendra sans difficulté.

**5.** Après avoir passé du temps sur un sujet, demandez à votre enfant de formuler **ses conclusions** en indiquant si l'hypothèse a été prouvée ou non… et éventuellement en en formulant une nouvelle !

# Via Romana

L'Empire romain, à son apogée aux Ier et IIe siècles, s'est agrandi au point d'englober l'Europe de l'Ouest, le nord de l'Afrique et une partie du Moyen-Orient. Proposez à votre enfant de construire une reproduction de voie romaine pour le sensibiliser à leur importance dans le contrôle de Rome sur son vaste territoire : c'est en effet grâce à son réseau routier que l'Empire est régi par une administration efficace, qu'il déploie sa puissance militaire et multiplie les échanges commerciaux !

**matériel :** *Couvercle de boîte à chaussures, gros pot de colle blanche vinylique. Sable, gravier d'aquarium, plâtre de Paris. Une dizaine de petits cailloux (2 cm de long environ) lisses et plats, récoltés en promenade.*

**1** Partez de cette question : ***« Comment voyageait-on du temps de l'Empire romain ? »*** Aidez votre enfant à chercher des éléments de réponse dans les livres documentaires que vous avez sous la main, à croiser les informations qu'il y trouve, et à formuler la réponse : à l'époque romaine, les gens voyageaient à cheval, ou dans des charrettes tirées par des bœufs ou encore à pied. Observez les images représentant des scènes de voyage, et expliquez à votre enfant que les routes romaines sont les premières voies aisément praticables ayant été construites sur notre territoire. Elles étaient si solides que certaines d'entre elles sont encore visibles aujourd'hui, deux millénaires après leur construction !

**2** **Comment ces routes révolutionnaires étaient-elles construites ?** Proposez à votre enfant de fabriquer sa propre voie romaine en miniature ! Les Romains commençaient par creuser le sol, qu'ils nivelaient soigneusement et tassaient. Présentez à votre enfant un couvercle de boîte à chaussures retourné : *« Imaginons que l'intérieur du couvercle représente un fossé dans le sol. Ses bords sont rectilignes, le fond est dense. C'est dans ce trou que nous allons construire les fondations de notre route. »*

### A lire, à voir et à vivre

**Documentaires :**

- *Romains*, Jack Beaumont, Sylvie Deraime, « La Grande imagerie », Fleurus, 2012, pour tous.
- *Lavinia, enfant de la Rome antique*, Eleonora Barsotti, Piccolia, 2012, pour tous.
- *Jules César*, Alain Turgeon, Actes Sud Junior, 2011, dès 9 ans.

**Fictions :**

- *Les cendres de Pompéi : Journal d'une esclave, an 79*, Christine Féret-Fleury, Gallimard Jeunesse, 2017, dès 9 ans.
- *Dans la nuit de Pompéi*, Philippe Nessmann, Flammarion Jeunesse, 2017, dès 10 ans.
- *Elyssa de Carthage*, Éric Senabre, Didier Jeunesse, 2015, dès 12 ans.

**3** Expliquez à votre enfant que les routes romaines étaient construites par **couches successives de matériaux**, et que vous allez faire de même, de manière à ce qu'à la fin du travail, chacune des couches soit visible. Les Romains commençaient par déverser une couche de sable sur le lit du fossé. Faites de même ! Invitez votre enfant à mélanger un verre et demi de sable fin et un verre de colle blanche. Mélangez bien, et appliquez cette mixture au fond du couvercle de votre boîte, sur 1 cm d'épaisseur. Laissez sécher pendant 1 heure au moins.

**4** La seconde couche est appelée « statumen » (d'après le mot latin), et se compose d'**un amas de cailloux**. Versez une poignée de graviers d'aquarium sur la couche de sable, de manière à ce qu'elle en recouvre les trois quarts : la première couche doit rester visible afin que votre enfant puisse visualiser les différentes strates qui, à la fin de la séance, formeront un petit escalier. Agglomérez ces graviers en versant dessus quelques cuillères de colle blanche, jusqu'à ce qu'ils soient « pris ». Laissez sécher 24 heures.

**5** Le lendemain, poursuivez le travail en ajoutant la couche appelée « audits » : il s'agit d'**un ciment romain**, que vous remplacerez par du plâtre de Paris. Réalisez votre plâtre en suivant les instructions de l'emballage et aidez votre enfant à l'appliquer en fine couche sur le dessus, de manière à ce qu'il ne recouvre que les deux tiers de la couche de graviers en dessous.

**6** Sans attendre que le plâtre sèche, **posez les pavés** sur le dessus. C'est la dernière couche, appelée « dorsum ». Encouragez votre enfant à les disposer assez serrés, en les encastrant au mieux. Prenez soin de ne disposer les cailloux que sur la moitié de la surface environ, de manière à laisser une partie de la couche de dessous (plâtre seul) visible.

## Retrouvez un jeu pour mieux connaître l'Antiquité

*P. 86, « Architecture grecque ».*

# Découvrir l'argile

L'argile est un merveilleux médium, trop souvent absent des foyers. Pourquoi ne pas la considérer comme un matériel artistique de base, au même titre que la colle ou les feutres ? Elle vous le rendra au centuple : grâce à elle, votre enfant affine ses capacités sensorielles, muscle ses mains et ses bras, s'exprime et résout des problèmes, se relaxe, apprend la persévérance et développe l'estime qu'il a de lui-même. Rien que cela !

**matériel :** *Argile. Petits objets divers (coquillages, cubes, bâtonnets de glace, cure-dents...). Outils de modelage en buis (en vente dans les magasins de loisirs créatifs). Tablier ou blouse. Éponge propre, cuvette d'eau. Boîte en plastique hermétique pour la conservation.*

**1** Quel que soit l'âge de votre enfant lorsqu'il découvre l'argile, ne lui proposez pas de façonner un objet sans qu'il n'ait eu le temps de **modeler librement**, et longuement, à mains nue et à l'aide d'outils simples, sans consigne : il est important de faire au préalable l'expérience des propriétés de l'argile sur une dizaine de séances au moins.

**2** Pendant ces séances, aidez votre enfant à **construire ses savoir-faire** : retroussez vos manches, partagez entre vous un beau pâton et manipulez ! Roulez des colombins, étirez une boule, aplatissez-la avec le poing ou la paume, empilez des morceaux de tailles et de formes variées, imprimez des motifs avec vos doigts et vos ongles, écrasez une boule d'argile dans votre poing pour sentir la matière qui glisse entre vos doigts serrés...
Tous ces exercices peuvent être, par la suite, réalisés au début de chaque séance : ils permettent de renouer avec les sensations suscitées par la matière, musclent les doigts et assouplissent la pâte.

**3** Dès la deuxième séance de découverte, vous pouvez proposer **divers petits accessoires** : coquillages, bouchons de bouteille, pommes de pins, tampons encreurs propres, pailles à boire... Soit ils seront intégrés aux réalisations de votre enfant, soit ils lui serviront d'outils pour imprimer des motifs dans la matière. Encore une fois, à ce stade, ne cherchez pas à influencer les productions de votre enfant et contentez-vous de les décrire.

**Conseil**
À la fin de vos séances, façonnez l'argile en boule, puis passez-la rapidement sous l'eau courante avant de la déposer dans une boîte en plastique hermétique. La matière restera souple et fraîche jusqu'à la prochaine manipulation.

**4** Plus tard, vous pourrez essayer de construire un palais en mêlant **cubes et argile**... L'argile fera un excellent mortier et permettra de réaliser décorations et sculptures.

**5** Enfin, offrez à votre enfant **un kit d'outils de modelage** en buis, tel qu'on en trouve en magasin de loisirs créatifs. Recherchez ensemble le nom et l'usage des différents outils et expérimentez-les.
- La mirette permet de prélever de la matière.
- L'estèque est utile pour lisser ou redresser une forme.
- La pige perce et grave.
- L'ébauchoir sert à lisser et coller.
- Le fil à couper permet de détacher sans effort un morceau d'un gros pâton. Un simple fil en laiton, même sans poignées, fait parfaitement l'affaire.

N'hésitez pas à visionner des démonstrations de l'utilisation de ces outils par des professionnels sur Youtube !

**6** Tout au long de ces explorations, **parlez de vos sensations** avec votre enfant et interrogez-le sur les siennes : commentez votre ressenti, partagez vos impressions.

**Astuce**
Montrez à votre enfant comment assouplir une argile qui serait trop difficile à travailler : trempez une éponge propre (dédiée à vos séances de modelage) dans de l'eau claire (placée dans une petite cuvette au centre de la table par exemple) et essorez-la au-dessus de votre boule.

# Maître du temps

Outiller l'enfant face à une notion aussi abstraite que le temps qui passe, c'est le rendre autonome, le responsabiliser… tout en musclant ses capacités mathématiques. La première activité ci-dessous aidera votre enfant à se faire une représentation mentale des durées, ce qui lui sera bien utile dans sa vie de tous les jours et dans sa scolarité ! La deuxième permet d'exercer le calcul mental et de travailler sur les unités de temps sans même s'en apercevoir.

## Attends une minute ! (5-11 ans)

**matériel :** *Une montre dotée d'une trotteuse (ou un chronomètre, un smartphone…)*

Jouez en famille : saurez-vous estimer combien de temps dure une minute ? Le maître du jeu, détenteur de la montre, donne le départ : *« Top ! »* À vous de dire *« Stop ! »* lorsque vous pensez la minute écoulée. **Le maître du jeu nommera vainqueur le joueur le plus précis.** Bien sûr, tout le challenge consiste à améliorer son score.

### Prolongements

Pour apprendre à votre enfant à gérer son temps, vous pouvez aussi :

- reporter tous les évènements importants sur un calendrier mensuel, affiché dans votre cuisine : dates des vacances, des activités extrascolaires, des évaluations en classe…
- encourager votre enfant à fractionner certaines tâches un peu lourdes. Par exemple, si son enseignant donne une leçon à revoir plusieurs jours à l'avance, c'est certainement parce qu'il juge bon que votre enfant y revienne plus d'une fois. Aidez votre enfant à faire *« un petit peu, régulièrement »*, plutôt que *« beaucoup, à la dernière minute »*.
- inviter votre enfant à planifier et préparer le dîner familial : établir un menu, lister les ingrédients, les acheter si besoin, cuisiner, placer le couvert, débarrasser et nettoyer la cuisine… Confectionner un repas est une tâche aussi complexe que motivante ! Encouragez votre enfant à estimer combien de temps est nécessaire pour chaque tâche, de manière à anticiper l'heure à laquelle votre famille pourra se restaurer !

## Mon temps d'écran (7-10 ans)

**matériel :** *Chronomètre. Carnet, stylo.*

Si vous trouvez que votre enfant passe trop de temps devant les écrans, choisissez un moment où chacun est disponible pour annoncer solennellement que le temps d'écran de chacun sera rationné. Ne vous étendez pas sur les méfaits des écrans ce jour-là, vous risqueriez de perdre votre auditoire. Allez à l'essentiel, avec jovialité et fermeté, et énoncez la règle suivante : chacun est autorisé à regarder la télévision X minutes – disons, une demi-heure par jour – et à choisir ce qu'il veut regarder. Pour chaque programme qu'il souhaite suivre, votre enfant aura donc besoin de **savoir combien de temps dure l'épisode, et d'additionner les durées de ses émissions préférées.**

Offrez en grande pompe un chronomètre ainsi qu'un petit carnet à votre enfant. Montrez-lui comment fonctionne le chronomètre : à chaque fois que votre enfant utilise son « temps d'écran », il devra l'actionner, et l'éteindre à la fin de son émission. **À lui de calculer et de gérer ensuite le temps qu'il lui reste, qu'il reportera sur son carnet.**

### Variantes

- Une organisation similaire peut être menée avec les jeux vidéo : la durée des parties n'étant pas déterminée à l'avance, la seule compétence requise est de savoir calculer le temps restant. Par exemple, si vous avez autorisé 30 minutes de jeu et que le chronomètre indique 16 minutes à la fin d'une partie, votre enfant doit calculer qu'il lui reste 14 minutes de jeu ce jour-là.
- Vous pouvez bien sûr proposer un temps d'écran global qui inclut le temps passé devant la télévision, l'ordinateur, la tablette et le téléphone !

Retrouvez des idées pour acquérir la notion de durée

*P. 52, « Chronologie ».*

Bille pédagogique

# DES OUTILS POUR STRUCTURER LE TEMPS

Comment se construit le temps chez l'enfant ? De sa naissance jusque vers ses 2 ans, le bébé est immergé dans le « temps vécu » (on parle même parfois de « temps subi ») : il vit au rythme de son corps et de ses sensations. Quand il commence à parler, il construit des représentations mentales de ce qu'il est en train de vivre : il entre alors dans le « temps perçu », le temps mémorisé. Vers 5 ans, l'enfant commence à construire une représentation du temps, à se décentrer et peut se projeter dans l'avenir. C'est le moment de lui proposer quelques outils pour structurer ce ressenti. Entre 8 et 11 ans, l'enfant accède à l'abstraction : on parle de « temps conçu ». L'enfant peut étudier l'histoire, discipline complexe qui suppose d'accéder au temps comme à une réalité qui dépasse notre propre expérience vécue.

**Vous trouverez facilement dans le commerce quelques outils simples pour aider votre enfant à structurer sa représentation du temps. Voici les plus efficaces :**

## POUR MESURER LES DURÉES (OU TEMPS COURT)

- **Un timer.** Il s'agit d'une sorte de minuteur, mais avec une particularité intéressante : le temps « restant » avant une échéance (départ pour l'école, heure du coucher…) s'affiche en rouge (ou en bleu) : il est visible, concret. De plus, la visualisation en fragment de cercle prépare très efficacement à la lecture de l'heure et à sa compréhension.
- **Des sabliers.** On trouve des lots proposant plusieurs durées (30 secondes, 1, 3, 5 et 10 minutes). C'est un matériel très prisé des enfants, qui incite au calme. Invitez votre enfant à mesurer, grâce à eux, ses petits rituels quotidiens : *« Combien de temps faut-il pour faire ta toilette ? Combien de temps dure ton dessin animé ? »* Amusez-vous à combiner les durées des sabliers entre elles : *« Si je retourne deux fois le sablier noir, j'obtiens un temps équivalent à celui d'un sablier bleu. Mon histoire du soir dure un sablier vert plus un sablier rouge… »*, etc.

**Astuces**

*« Quand est-ce qu'on arrive ? », « Quand est-ce que maman revient du travail ? »* : lorsque votre enfant pose une question de ce type, il interroge en réalité le temps qui passe. Et il n'est pas facile à l'adulte de répondre à ses interrogations tant le temps est un concept abstrait, difficile à représenter concrètement.

Face aux questions de ce type, plutôt que de répondre en termes d'heures et de minutes, de semaines ou de mois, levez vos mains, écartez-les plus ou moins l'une de l'autre selon la durée que vous voulez représenter et dites : *« Dans tout ça ! »*

N'importe quelle durée peut être exprimée ainsi, par comparaison : il suffit de respecter à peu près la proportionnalité. *« Voici le temps qu'il reste à passer avant demain ! »* : vous représentez un écartement d'un demi-centimètre entre votre pouce et votre index. *« Et voici le temps qu'il reste à passer avant Noël ! »* : vous écartez vos deux bras largement.

## POUR MESURER LE TEMPS DE LA JOURNÉE

- **Une horloge.** Sur l'importance des horloges analogiques, voir « Des maths en cuisine ! » *(p. 16)*. De plus, les chiffres des horloges électroniques ne sont pas faciles à lire pour les plus jeunes
(qui peuvent confondre le 2 et le 5).
- **Une montre adaptée.** Tant que votre enfant ne sait pas lire l'heure, proposez-lui des supports qui indiquent aussi le nombre de minutes sur le cadran : 5 en regard du 1, 30 en regard du 6, etc. Il existe aussi de petites horloges-jouets, conçues sur le même principe, dont l'enfant peut tourner les aiguilles lui-même pour reproduire l'heure qu'il voit sur l'horloge de la cuisine, ou reproduire d'autres configurations : *« Lorsque les aiguilles seront comme ça, ce sera l'heure d'aller se coucher. »*

## POUR MESURER LE TEMPS DE LA SEMAINE, DU MOIS, DE L'ANNÉE

- **L'éphéméride.** C'est le plus simple des calendriers : chaque jour est considéré en lui-même, en son temps, isolé – même s'il s'agit déjà de situer le temps de la journée dans une conception plus large et linéaire, celle de l'année. Votre enfant adorera ôter, chaque matin, le feuillet du jour… et il en profitera pour s'entraîner à lire texte et nombres.
- **Le calendrier mensuel.** Chaque année, investissez dans un joli calendrier qui propose une page par mois : chaque jour correspond à une case et chaque semaine, à une ligne. Reportez sur ce calendrier, affiché à hauteur d'enfant, les événements qui concernent votre famille (sorties, etc.) et invitez votre enfant à faire de même.
- **La poutre du temps.** Il s'agit d'un matériel Montessori qui permet de visualiser toute une année sur une seule frise. Vous pouvez la télécharger sur Internet (par exemple, sur le blog HopToys), mais attention : elle est assez encombrante ! Il faut disposer d'un pan de mur entier pour pouvoir l'accrocher.

## Retrouvez des jeux simples pour structurer le temps

*P. 98, « Maître du temps » et p. 52, « Chronologie ».*

# Peinture murale : on se prépare !

Voici l'activité idéale pour animer une après-midi avec les amis de votre enfant : en collaborant à une œuvre collective, chacun construit sur son travail une nouvelle perspective, qui consiste à le percevoir à travers les yeux d'autrui. Une peinture murale concentre beaucoup d'idées en un seul lieu, elle résume et sublime les pensées d'un groupe. Vous pouvez aussi la réaliser en famille, mais souvenez-vous : plus on est de fous, plus on rit !

**matériel :** *Un grand rouleau de papier à dessin. Une bâche ou des journaux pour couvrir le sol. Feutres à dessins noirs. Un médium de votre choix et les outils s'y rapportant (voir encadré ci-dessous), ainsi que le nécessaire de nettoyage approprié.*

**1 Dégagez un large espace au sol**, en poussant vos meubles si nécessaire. Pensez que l'œuvre va devoir sécher à plat : libérez l'espace pour ne pas avoir à la déplacer. Recouvrez la zone de travail d'une bâche ou de papier journal : cette protection doit déborder largement de la feuille de travail. Déroulez une longue bande de papier à dessin sur le sol. Préparez un lot de feutres à dessin – un pour chaque participant – que vous mettrez à disposition à côté de la feuille. Préparez également vos couleurs et les outils requis sur des plateaux, de manière à créer des kits de travail portatifs. Gardez le matériel de nettoyage à portée de main.

### Prolongement

Réfléchissez aux médias que vous souhaitez proposer. Vous pouvez choisir vous-même un médium qui vous semble correspondre au travail du jour, ou mettre à disposition plusieurs médias. Il y a bien des combinaisons à tester – et voilà une excellente raison pour recommencer souvent le présent exercice !

- L'aquarelle illumine l'espace feuille et laisse les traits réalisés au feutre visibles.
- Les pastels à l'huile présentent des couleurs tranchées et audacieuses, mais ne se prêtent pas à la réalisation de détails. Les pastels, gras ou secs, se prêtent difficilement à la colorisation de grands espaces, mais peuvent être intéressants par touches.
- La gouache atténue les lignes du dessin et floute les motifs.
- Un lavis d'aquarelle sur du pastel fera un fond parfait (ciels, eaux, feuillages...).

**2** Invitez les enfants à ôter leurs chaussures et à **s'asseoir autour de la feuille** : « *Regardez cette feuille immense ! Elle peut raconter une grande histoire. Nous allons la raconter tous ensemble, à travers un dessin géant. Une peinture murale est une image gigantesque, qui est faite d'une multitude de dessins plus petits. Parfois une peinture murale est aussi grande qu'un mur – et parfois même, autant qu'un mur immense…* »

**3** **Entamer une discussion avec les enfants :** « *Quel pourrait être le sujet de notre peinture collective ?* » Participez à la discussion, exprimez vos avis sur les suggestions des enfants : expliquez-leur qu'il vaut mieux se mettre d'accord sur un thème qui évoque une diversité d'images, qui reflètent des intérêts et des valeurs du groupe et qui promettent d'offrir une expérience visuelle riche. « *Ton idée de montagne me plaît beaucoup, parce qu'on peut représenter une montagne de nombreuses manières ! Chacun a son idée de la montagne, que ce soit un rocher, des forêts, des animaux, des nuages… C'est une idée très ouverte.* » « *Je ne suis pas sûr qu'un combat de super-héros raconte une histoire qui m'apaise, je ne sais pas si cette idée me plaît…* » Si beaucoup d'idées fusent, n'hésitez pas à prendre des notes !

**4** Une fois que les enfants se sont mis d'accord sur le sujet, **demandez-leur d'effectuer la liste des objets en relation :** « *Que serait-il important d'inclure dans une œuvre sur l'hiver ?* » Encouragez les enfants à préciser leurs pensées : « *Des arbres, oui. Quel genre d'arbres parlent de l'hiver ?* » Encore une fois : prenez des notes ! Lisez ensuite la liste dressée aux enfants, et proposez à chacun de choisir dans celle-ci un objet qu'il aimerait peindre. Essayez de les amener à s'en faire une représentation assez exacte.

### Conseil

Montrez aux enfants des reproductions de peintures murales (livres d'art, recherche Internet…) : art pariétal (grotte de Lascaux), fresque historique (Paul Gervais…), art de la rue (Mademoiselle Kat…). Attirez l'attention des enfants sur le fait que les artistes sont généralement plusieurs à collaborer au sujet. Chacune de ces fresques raconte une histoire ou illustre une idée : les enfants pourront-ils les retrouver ?

## Retrouvez la suite des opérations

*P. 104, « Peinture murale, au travail ! »*

# Peinture murale : au travail !

À l'issue de l'activité des pages précédentes, vous voilà prêt à composer votre fresque collective. Tout au long de cet exercice, l'enfant va devoir négocier et prendre en compte les idées des autres quant à la composition, la taille, l'emplacement des éléments. Votre rôle sera capital pour amener chacun à s'exprimer et s'affirmer, dans le respect du travail commun.

**matériel :** *Un grand rouleau de papier à dessin. Une bâche ou des journaux pour couvrir le sol. Feutres à dessins noirs. Au choix : gouache, aquarelle, pastels, crayons de couleur… Pinceaux, petits pots pour l'eau et les couleurs, chiffons, éponges…*

**1** Réfléchissez ensemble à **un plan général** : comment tous ces éléments vont-ils s'organiser sur la feuille ? Le sujet choisi nécessite-t-il que l'on détermine un « haut » et un « bas » (le ciel et le sol) ? Aidez chaque enfant à s'installer à un emplacement qui convienne à l'élément qu'il souhaite dessiner. Assurez-vous que chacun ait suffisamment d'espace.

**2** Lorsque tout le monde est installé, distribuez **les feutres à dessin**. Certains enfants n'auront certainement jamais manipulé ce type d'outil : expliquez-leur qu'il ne sert pas à colorier, mais à tracer de façon nette.

**3** Votre rôle consiste à **créer du lien** entre les jeunes artistes, et entre leurs dessins, qui doivent, à la fin, former un tout. Allez de l'un à l'autre sans précipitation pour encourager la collaboration et encadrer les négociations. *« L'animal que tu veux dessiner peut se trouver aussi bien à gauche qu'à droite, non ? Par contre, il ne vole pas, ce serait mieux si tu pouvais trouver un emplacement au sol. Allons demander aux autres s'ils ont une idée de l'endroit où ton animal serait le mieux. Rapproche-toi de ceux qui dessinent d'autres animaux, à vous tous vous aurez plein d'idées. »* Aidez les enfants à faire des pauses, à prendre de la distance, à observer l'organisation générale et les proportions globales. Encouragez les liens entre les dessins :
*« Ton soleil se trouve juste à côté d'un gros nuage noir que dessine ta voisine… Regardez : il pleut et il fait beau en même temps. Est-ce que ce ne serait pas un temps à arc-en-ciel ? Pensez-vous que ce soit une bonne idée de dessiner un arc-en-ciel qui fasse le lien entre ton soleil et ta pluie ? »*

**4** Lorsqu'un enfant a fini de dessiner l'objet qu'il avait choisi, encouragez-le à choisir un autre motif de la liste et à recommencer le processus : localiser l'emplacement idéal, situer l'objet par rapport aux autres, et faire le va-et-vient entre ce motif personnel et la fresque dans son ensemble. N'oubliez pas de ménager des pauses d'observation, collectives ou individuelles !

**5** Lorsque le groupe estime que l'espace est suffisamment dynamique, remisez les feutres et **passez à la couleur**, même si tous les items de la liste n'ont pas été représentés. Faites asseoir tous les enfants autour de la fresque et distribuez les plateaux de matériel. La mise en couleur doit toujours se faire dans le respect du dessin : *« Ce sont les lignes du dessin qui te disent où placer la couleur. »* Aidez les enfants à choisir des outils adaptés à leur projet : s'ils souhaitent recouvrir de larges zones, orientez-les vers de gros pinceaux brosses, et au contraire vers des pinceaux très fins s'ils travaillent à des détails. Montrez-leur comment utiliser les différentes faces d'un pastel pour obtenir un trait épais ou fin. Et continuez à les engager à prendre du recul !

**6** Il est possible que certains enfants **aient du mal à s'arrêter** : il faudra donc les y aider, sans quoi les couleurs risquent de se mélanger et de noyer le dessin sous les flaques marron. Formulez clairement la tâche à finir : *« Tu peins ces points dorés autour de la ruche – ce sont les abeilles. Ajoutez-en encore dix, et puis ce sera terminé. Viens avec moi, nous allons reculer de quelques pas et voir si quelqu'un a besoin que tu l'aides avant que nous arrêtions. »*

**7** Reculez tous ensemble et prenez le temps d'**observer votre travail**. Comme toujours lorsque vous parlez art, coupez court aux jugements de valeur surtout s'ils sont dévalorisants, mais apprenez aux enfants à décrire l'œuvre : non pas *« Son hérisson est trop petit, il est raté ! »*, mais *« Son hérisson est rouge, ses piquants ont une forme courbe… »* par exemple.

# De l'ordre !

Proposez à votre enfant de ranger les livres de sa bibliothèque : d'abord parce que sa chambre sera ainsi plus agréable à vivre, certes. Mais aussi parce que cette activité de tri de textes développe la pensée critique, l'observation et la catégorisation, la compréhension… et l'envie de lire ! En analysant en détails la couverture d'un ouvrage et en recherchant les similitudes entre des textes, l'enfant comprend qu'un écrit entre souvent dans plusieurs catégories, et que ses voies d'accès sont multiples.

**matériel :** *Livres de fiction et documentaires variés. Facultatif : Papier à dessin coloré, ciseaux.*

**1** Expliquez à votre enfant que vous allez ranger sa bibliothèque en regroupant les livres qui vont ensemble. Faites valoir le fait qu'il lui sera ainsi plus facile de retrouver un ouvrage quand il le cherchera, et que sa bibliothèque sera rangée comme nulle autre, de manière personnelle !

**2** Pour commencer, sortez ensemble tous les livres du meuble, et étalez-les au mieux sur le sol de la chambre : c'est une phase de grand désordre apparent, et c'est très drôle ! Prenez ensuite un livre au hasard, et demandez à votre enfant d'observer sa couverture : *« Vois-tu un autre livre ici dont la couverture a un point commun avec celle-là ? »*

**3** Lorsque votre enfant émet une suggestion, demandez-lui de la justifier. Validez toujours ses réponses, car aucun rapprochement ne peut être erroné, du moment qu'il est argumenté : *« Oui, tu as raison, on voit des animaux sur ces deux couvertures. C'est un point commun intéressant ! »* Empilez les deux livres, puis cherchez s'il y a d'autres livres dont la couverture présente cette même similitude.

**4** Lorsque tous les livres répondant au critère de votre enfant ont été repérés et empilés, passez à un autre ouvrage et procédez de même jusqu'à ce que tous les livres de votre collection soient en piles. Il restera peut-être, à la fin de l'activité, quelques livres isolés, que vous ne pourrez intégrer à aucune catégorie et qui ne pourront être reliés entre eux : inventez alors une catégorie spéciale pour ceux-là (« Les inclassables ! »).

**Astuce**
Souvenez-vous qu'il n'y a pas de mauvaises réponses dans le classement des livres, du moment que votre enfant justifie son tri.

**5** Passez en revue toutes les piles de livres formées, en amenant votre enfant à reformuler les catégories qu'il a dégagées : *« Donc, ici, nous avons empilé les livres avec des animaux, ici ceux avec des images de princesses sur la couverture… Et là, quel était notre critère, déjà ? »* Rangez les livres dans la bibliothèque avec votre enfant en respectant les groupements constitués.

**6** Un autre jour (quand le désordre se sera de nouveau installé dans la bibliothèque…), proposez de refaire un rangement similaire. Mais il s'agira cette fois de classer les livres en fonction de ce dont ils parlent. Répétez le processus de tri – quelques minutes peuvent être nécessaires pour parcourir chacun des ouvrages et cerner leur thème. Empilez les livres par similitudes, puis passez en revue vos catégories et reformulez-les avec l'aide de votre enfant : *« Donc, ici, nous avons mis les livres sur les dinosaures, et là les pièces de théâtre… »* Il apparaîtra certainement, au cours de votre réflexion, qu'un livre peut parfois appartenir à deux catégories, vous pourrez alors avoir besoin de scinder une catégorie en sous-catégorie plus spécifique.

**7** Rangez les livres dans la bibliothèque en respectant le classement opéré.

**Prolongement**
Vous pouvez proposer à votre enfant de réaliser des intercalaires pour rayonnages, qui se glissent entre les livres pour séparer les différentes catégories. Ils peuvent être réalisés dans du papier à dessin coloré ou achetés tout faits en papeterie.

Bille pédagogique

# LIRE EST UN JEU D'ENFANT !

Pour certains enfants, « l'entrée en lecture » se fait tout naturellement. Mais pour d'autres, sans qu'on sache vraiment pourquoi, c'est plus laborieux... Ce qui ne manque pas de désarçonner en tant que parent – surtout lorsqu'on est soi-même un grand lecteur.

Pour faire d'un enfant un lecteur émérite, il suffit parfois d'une bonne dose d'humour et de plaisir ! Mais il faudra aussi vous rendre disponible : le temps partagé est essentiel pour cet apprentissage. Certes, il est facile de perdre de vue ses missions éducatives, quand on est pris dans le flux de sa vie d'adulte, dans son travail, les démarches administratives et les corvées ménagères ! Les conseils de ce livre sont destinés à vous inspirer et à vous aider à consacrer, chaque jour, un peu de temps pour transmettre l'amour des livres.

## EN QUOI LIRE EST-IL BON POUR VOTRE ENFANT ?

Être un lecteur habile n'est pas utile qu'en français. C'est la compétence qui garantit le mieux l'excellence scolaire en général, car à l'école élémentaire, le recours à l'écrit est quasi systématique (consigne, énoncés de problèmes, règles du jeu, etc.). Un bon lecteur accède au sens de ce qu'il lit immédiatement : il peut donc se concentrer sur les idées rencontrées, qu'il absorbe avec plus d'aisance.

**Statistiquement, un enfant qui aime lire a 90 % de chances de mener des études longues et il se montre plus persévérant lorsqu'il intègre le monde du travail.**

La lecture contribue au développement du cerveau en pleine croissance. Sa pratique exerce à synthétiser les idées complexes et abstraites, à exprimer les pensées et les sentiments. Par ses lectures, l'enfant découvre d'autres cultures, d'autres manières de penser, d'autres façons d'agir face aux aléas de l'existence. La littérature permet d'aborder des situations variées selon un angle qui n'est pas celui « de la vraie vie » : science-fiction, récits humoristiques, ou sagas historiques apprennent à se décentrer, à voir les événements de notre monde sous un autre angle. Lire limite le sentiment d'être seul face aux difficultés de la vie, et aide l'enfant à gérer les problèmes qu'il rencontre. Et puis, lire, c'est amusant ! Cela fait rire, s'émerveiller, pleurer. Lire, c'est être transporté, en quelques secondes, dans un autre temps et un autre lieu : lire, c'est magique !

## COMMENT METTRE DES LIVRES DANS LES MAINS DE VOTRE ENFANT ?

Les livres coûtent chers, mais il est facile de lire à moindres frais en suivant les astuces suivantes. Et cela vous permettra de « craquer » en bonne conscience lorsque votre enfant aura un vrai coup de cœur en librairie !

**1. Le BookCrossing :** c'est une aventure formidable ! Inscrivez-vous sur le site www.bookcrossing.com/join/ et mettez-vous en chasse avec votre enfant d'un livre ayant été « lâché dans la nature », non loin dans votre secteur. Il s'agit de suivre son parcours, de le trouver et ensuite de le lire, d'enregistrer un commentaire à son propos... et de le libérer à nouveau dans le vaste monde. C'est addictif, totalement gratuit, anonyme, et légal. Et bon nombre de livres de littérature jeunesse circulent ainsi.

**2. Les boîtes à lire :** les initiatives se multiplient dans les communes, même modestes. Consultez le site https://boîte-a-lire.com pour découvrir les boîtes à lire de votre région. Votre enfant y dépose un livre qu'il a lu afin qu'il puisse être emprunté et lu par un autre enfant, et en choisit un qui lui plaît pour l'emporter avec lui.

**3. Le marché d'occasion :** Emmaüs, vide-greniers... Les occasions sont multiples pour dénicher des tas des livres pour une bouchée de pain. N'hésitez pas d'ailleurs à revendre ceux que vous ne lirez plus pour en acheter de nouveaux !

**4. L'échange :** organisez un grand échange au sein de votre famille, entre cousins de la même génération, par exemple : chacun fait circuler un livre, et essaie de lire ceux que les autres mettent en jeu.

**5. Lors d'une fête** (d'anniversaire, par exemple), organisez le jeu suivant : chacun arrive avec un livre emballé, et repart avec un autre paquet... De retour chez lui, surprise ! Il ouvre le paquet... et découvre un nouvel album ou un roman. Il ne reste plus qu'à le dévorer !

**6. Les livres numériques sur liseuses :** ils présentent l'avantage d'être moins chers que les livres papier et leur écran est moins agressif pour les yeux que les tablettes.

**7. Les abonnements aux bibliothèques de secteur :** pour une quinzaine d'euros par an, vous offrez à votre enfant un accès illimité à la littérature. N'hésitez pas à souscrire à plusieurs abonnements, le choix n'en sera que plus vaste : chaque médiathèque recèle des pépites que les autres n'ont pas !

Retrouvez des conseils pour rendre la lecture ludique

*P. 92, « Un rituel de lecture quotidien » et p. 132, « Au secours ! Il n'aime pas lire ! ».*

# Peste !

L'épidémie de grande peste, dite « peste noire », dans les années 1340, fut particulièrement meurtrière pour la population mondiale. Le petit jeu suivant permettra à votre enfant de visualiser les progrès de l'épidémie à travers les différents continents et d'aborder une situation de pourcentages et de probabilité de façon concrète. Votre famille parviendra-t-elle à survivre dans l'air pestilentiel de cette période du Moyen Âge ?

**matériel :** *Six petits sacs opaques (par exemple, des sachets d'épicerie en papier kraft). Un dé. Briques de Lego® ou jetons : 50 pièces blanches, 50 pièces noires. Feutre noir.*

**1** Observez avec votre enfant des **cartes de propagation de la peste noire au XIVe siècle**, issues de vos livres documentaires ou de recherches Internet. D'où vient la peste et quel chemin parcourt-elle ? Dans quelles régions du monde est-elle la plus meurtrière ?

**2** Proposez à votre enfant une petite simulation ludique pour visualiser la rapidité avec laquelle cette maladie infectieuse se propage. Partez de ce fait réel : dans certaines régions du nord de l'Europe, **20 % de la population a trouvé la mort**. Numérotez chacun de vos sacs en papier, de 1 à 6, et dotez chacun d'un nom de ville européenne : Athènes, Marseille, Tolède, Francfort, Bucarest, Copenhague.

**3** Vous voilà **dans la peau d'un voyageur médiéval, évoluant dans une Europe infestée par la peste noire.** 20 % de la population est atteinte. Expliquez à votre enfant ce que signifie ce chiffre : sur 100 personnes, 20 sont malades. Cela revient à dire que 2 personnes sur 10 sont atteintes de la peste. Matérialisez cette proportion avec 10 jetons, 8 blancs et 2 noirs. Glissez-les dans le premier sac, et faites de même pour les autres.

**4** Chaque joueur, à tour de rôle, va entreprendre un voyage de ville en ville. **Jusqu'où ira-t-il ?** Le joueur le plus jeune commence : il lance le dé. S'il obtient un résultat compris entre 1 et 3, il pioche un jeton dans le premier sac « Athènes ». S'il obtient un résultat compris entre 4 et 6, il pioche 2 jetons dans le sac « Athènes ».

### À lire et à vivre

- *Sire Nicolas et la peste noire*, Éric Maguin, Thibaud Guyon, L'École des Loisirs, 2010, dès 9 ans.
- *Au temps noir des fléaux*, Viviane Moore, Flammarion, 2005, dès 11 ans.

**5** **Si le ou les jetons piochés sont blancs**, le voyageur les remet en place et poursuit sa route : le voilà à Marseille (sac n° 2), il lance à nouveau le dé.

**6** **Dès que le joueur pioche un jeton noir**, il est contaminé. Il pourra encore se rendre dans deux villes (les deux sacs suivants), après quoi, il devra passer la main au joueur suivant : la peste aura eu raison de lui ! Mais pour chaque jeton noir tiré, le joueur en placera un autre dans le sac. Par exemple, si un joueur tire un jeton noir à Athènes, il le remet dans le sac, et y ajoute un autre jeton noir. Car tout contaminé augmente le risque de propagation ! Le voyageur poursuit sa route : le voilà à Marseille, il lance le dé, pioche le nombre de jetons requis… Quelle chance : ce ne sont que des jetons blancs ! Il poursuit sa route encore un peu : le voilà à Tolède. Il lance le dé, pioche un ou deux jetons… Et tombe sur un noir : il replace tous les jetons tirés dans le sac, plus un noir. Sa manche est terminée. C'est au joueur suivant de tenter sa chance.

**7** **Si un joueur pioche 2 jetons noirs**, il meurt immédiatement. Son tour est terminé, non sans avoir ajouté un nouveau jeton noir dans la ville où il s'est éteint…

**8** Lorsque le voyage du premier joueur s'achève, c'est au tour du deuxième de jouer. Le gagnant est celui qui parvient à voyager le plus loin possible sans être contaminé. Bien sûr, plus les manches se succèdent, plus c'est difficile !

**Prolongement**
À présent, quelles sont vos chances de survie en Asie, où 40 % de la population est atteinte ? Refaites une simulation en plaçant cette fois 4 briques noires et 6 blanches dans chaque sachet, et en dotant vos sacs de noms de pays : Chine, Inde, Perse, Arabie, Somalie, Égypte. Bon voyage !

# Dans la peau du personnage

Vous pouvez proposer l'activité suivante à votre enfant dès qu'il commence à lire des livres seul. Elle permet de développer les compétences en compréhension en approfondissant la notion de personnage. En invitant votre enfant à se focaliser sur les détails du texte, elle développe son empathie pour les héros de son histoire : les mots deviennent alors vivants, et le plaisir de lire est décuplé !

**matériel :** *Un livre aimé de votre enfant. Papier, stylo.*

**1** **Quel livre** votre enfant est-il en train de lire en ce moment ? Demandez-lui de vous parler des personnages de l'histoire : quel est son personnage préféré et pourquoi ?

**2** Proposez à votre enfant de lire un extrait du texte avec lui. Lisez jusqu'à ce que vous rencontriez **un dialogue**, et signalez-le à votre enfant. Attirez son attention sur la ponctuation spécifique (tirets, guillemets...) et proposez de le lire ensemble, chacun en incarnant une voix par exemple. Discutez de ce que vous venez de lire : comment se sentent les personnages ? Quels indices nous amènent à mieux les comprendre ? Amenez l'idée que les paroles prononcées par un personnage nous apprennent beaucoup de choses sur son caractère, sa manière d'être, mais qu'il faut pour cela savoir lire « entre les lignes ». Essayez d'imaginer aussi ce qui pourrait relever du langage corporel : comment ce personnage tient-il son corps ? Quels sont les gestes qu'il pourrait faire ?

**3** Recommencez la lecture du dialogue à la lumière des indices que vous avez dégagés. Concentrez-vous sur les mots prononcés, en omettant si besoin le texte narratif qui vient s'intercaler entre les paroles des protagonistes. En élaguant les informations superflues, vous aidez votre enfant à se focaliser sur son personnage, et à **l'incarner avec sa voix et son corps**. En lisant, dotez votre personnage d'un ton particulier. Amusez-vous ! Peut-on lui attribuer un accent ? Comment pourrait-il bouger ses yeux, sa bouche, sa tête ? Invitez votre enfant à faire de même avec son personnage.

### Prolongement

Après avoir répété votre dialogue, vous pouvez le présenter, à la manière d'une courte pièce de théâtre, au reste de votre famille. Demandez à un membre du public de vous filmer si vous le souhaitez ! À la fin de la représentation, interrogez les spectateurs : ont-ils perçu l'état d'esprit de chaque personnage lors de votre performance ?

**4** À présent que votre enfant est « entré » dans son personnage, proposez **une petite interview** : quelles sont les questions qu'il aimerait poser à ce héros ? Écrivez-les ensemble, puis demandez à votre enfant d'y répondre, en se mettant à la place du protagoniste interrogé. Les réponses n'ont pas besoin d'être présentes en noir sur blanc dans le livre : c'est ici tout l'implicite du texte que votre enfant est amené à dégager.

## Quelques questions à poser à son personnage préféré

**1.** Pourquoi est-tu si heureux/excité/triste ?
**2.** Qui sont tes amis, et pourquoi les aimes-tu ?
**3.** Qu'as-tu ressenti quand tel évènement de l'histoire s'est produit ?
**4.** As-tu rencontré un gros problème dans ta vie ? Lequel ? Comment as-tu réussi à le surmonter ?
**5.** Quel conseil donnerais-tu à un ami qui rencontrerait un problème de ce type ?
**6.** Comment te vois-tu dans dix ans ?
**7.** Quels sont ta couleur/ton plat/ton instrument de musique préférés ?
**8.** Si un magicien t'accordait un vœu, que souhaiterais-tu ?

### Variante

Invitez votre enfant à créer un avis de recherche : il dessine un portrait du personnage étudié, décrit un « crime » en quelques lignes et une brève description physique.

## Retrouvez des idées pour construire un scénario de film

*P. 186, « Premiers scénarios ».*

# Les Lumières… dans votre salon !

Sous le règne de Louis XIV, et surtout de Louis XV, se développe un mouvement culturel appelé « Lumières », qui s'oppose à la superstition et à l'intolérance. Le XVIII^e siècle voit la naissance de *L'Encyclopédie*, ce vaste projet soutenu par une poignée de philosophes et qui prétend coucher par écrit l'état actuel du savoir humain. Dans ce climat bouillonnant d'idées, les intellectuelles, comme Madame de Pompadour, ouvrent les portes de leur salon : et si vous faisiez comme elles ?

**matériel :** *Quelques bons livres… et quelques amis ! Papier, crayons, feutres.*

**1** Observez avec votre enfant un tableau de salon littéraire au XVIII^e siècle (Anicet Charles Gabriel Lemonnier, Jean-François de Troy…). Décrivez-le ensemble : à quelle classe sociale appartiennent les protagonistes représentés ? Que font-ils ? Cherchez dans le tableau des indices se référant à l'encyclopédisme de l'époque : **quels sont les objets qui renvoient à la littérature, aux arts, aux sciences ?** Expliquez à votre enfant qu'à l'époque, les maîtresses de maison organisaient ce type de réunion à tour de rôle : les invités se faisaient mutuellement la lecture, on échangeait ses avis. Les ouvrages et les idées circulaient ainsi entre les gens lettrés, à une époque où il n'existait ni radio, ni Internet !

**2** Proposez à votre enfant d'organiser chez vous un **« salon littéraire »**, une sorte de club, afin d'échanger avec ses amis autour de ses lectures. Commencez par réfléchir à l'endroit où vous accueillerez vos invités : si votre salon est trop petit, vous pouvez vous donner rendez-vous dans un parc autour d'un pique-nique thématique par exemple.

**3** Constituez la liste des invités avec votre enfant : ciblez entre **cinq et huit amis** de son âge, qui viendront accompagnés éventuellement de leurs parents. En deçà de cet effectif, les discussions pourraient être laborieuses ; au-delà, vous risquez d'avoir des difficultés pour gérer les débats. Veillez à la mixité filles/garçons, c'était une caractéristique importance des sociétés intellectuelles du XVIII^e siècle !

### À lire et à vivre

- *Les enfants des Lumières*, Laure Bazire, Nathan, 2005, dès 11 ans.
- *La demoiselle des Lumières : fille de voltaire*, Annie Jay, Ldp Jeunesse, 2014, dès 11 ans.

**4** Demandez à votre enfant de **choisir un livre** qu'il n'a pas encore lu mais qui l'attire. Albums, romans, documentaires : tout est possible ! Privilégiez des nouveautés afin d'être sûr que personne autour de vous ne les a encore lues.

**5** **Rédigez ensemble les invitations** présentant les règles du jeu : chaque invité dispose d'un mois pour lire le livre (les participants peuvent se le prêter), et préparer quelques questions relatives à l'ouvrage à poser à ses camarades. Fixez la date et le lieu du rendez-vous. Précisez bien l'heure de début et de fin de votre réunion : une durée d'une heure est un grand maximum !

**6** Si votre enfant a des difficultés pour lire seul, lisez le livre avec lui en prenant en charge tout ou partie de la lecture. Vous pouvez aussi choisir un ouvrage qui existe en version audio, c'est le cas de tous les grands classiques aujourd'hui ! Restez souple, **le plaisir doit primer !** Si votre enfant ne termine pas le livre choisi, dites-vous que c'est son droit en tant que lecteur… et qu'il aura peut-être envie de l'achever quand il aura entendu ses camarades échanger à son propos !

**7** Aidez votre enfant à **préparer son questionnaire**. Deux ou trois questions suffisent, qui doivent être les plus ouvertes possibles pour laisser la possibilité à l'interlocuteur de s'exprimer. Par exemple, pour un roman : *« Quel est ton personnage préféré et pourquoi ? As-tu aimé la fin et qu'y changerais-tu si tu pouvais réécrire le livre ? »* Concernant un documentaire, les questions peuvent être : *« Quelle est ta page préférée et pourquoi ? As-tu lu ce livre dans l'ordre ou t'es-tu promené dedans ? Dans ce cas, qu'as-tu lu en premier et pourquoi ? »*

**8** Le jour J, l'hôte **lit un extrait** du livre choisi, puis chacun fait part de son avis. Participez en tant qu'adulte en donnant votre point de vue si on vous le demande. Encadrez et relancez le débat, et rappelez aux enfants qu'au XVIIIe siècle, on était tenu de discuter dans le calme, malgré les divergences de goûts et d'opinions !

**9** Après la lecture et le débat, proposez **une petite activité créative** autour du livre (dessin, coloriage, artisanat…) : n'oubliez pas que les enfants ont besoin de mouvement et que votre réunion ne doit pas tourner au cours magistral !

**10** Avant de vous séparer, proposez **un choix d'une dizaine de livres** parmi lesquels un autre enfant choisira l'heureux élu… qui sera l'objet de la prochaine réunion !

**Prolongement**

Pourquoi ne pas ouvrir un blog dans lequel les enfants du club rédigeraient, à l'issue de chaque réunion, une courte présentation de chaque livre lu ?

## Retrouvez nos conseils pour vous documenter

*P. 180, « La médiathèque du jeune historien ».*

Bille pédagogique

# L'HISTOIRE, ÇA SE VIT !

Aimer l'histoire, ce n'est pas avoir en tête toutes les dates cruciales ou la succession des rois de France. Aimer l'histoire, c'est aimer en lire, en écouter, faire des liens entre les faits, essayer d'imaginer comment c'était à telle et telle époque. L'histoire, ça se rêve ! L'histoire, ça se narre…

## LA NARRATION

Nous appelons ici « narration » le fait de **raconter une histoire sans lire aucun texte**. La narration est sans filet, ce qui suppose, pour l'adulte, d'avoir une certaine connaissance du sujet. Rassurez-vous, vous trouverez, dans les livres d'histoire de votre enfant, la matière pour une mise à niveau rapide ! Narrer, c'est vivant et c'est amusant. On ne sait jamais vraiment où cela va nous mener. **Mettez en scène les grandes batailles historiques** dans votre salon en détournant les objets que vous avez sous la main pour figurer les aléas du terrain : votre enfant retiendra le nom des protagonistes et l'enchaînement des évènements avec une facilité déconcertante !

Si vous êtes vous-même un féru d'histoire, c'est quelque chose qui vous viendra naturellement, et votre passion sera communicative. Mais si vous doutez de vos compétences, commencez par **partager un bon livre historique** avec votre enfant (documentaire ou fiction, selon ses préférences). **Demandez-lui ensuite de reformuler l'histoire avec ses mots à lui** : vous voilà dans le récit ! Pourquoi ne pas partir de là pour modéliser un petit spectacle ?

## LES TABLEAUX ET LES MISES EN SCÈNE

Créez de petits tableaux historiques avec les jouets de votre enfant et quelques éléments de récupération. Vous pouvez choisir de représenter ainsi des moments clefs de l'histoire : par exemple, la signature de l'armistice du 11 novembre 1914 peut être représentée avec des Lego® (forêt de Compiègne, wagon restaurant, Alliés et Allemands en face-à-face autour de la table…). Mais on peut aussi mettre l'accent sur de simples scènes de la vie quotidienne. C'est ce qu'on appelle **la « civilisation », qui retrace les us et coutumes des hommes du passé**.

Documentez-vous, appuyez-vous sur les illustrations de vos livres, qu'il faudra observer finement et décrire. Recyclez des morceaux de carton, des chutes de tissu, fabriquez des accessoires en pâte à modeler. N'oubliez pas de prendre vos réalisations en photo, elles serviront de support à la mémoire de votre enfant.

## MARIONNETTES HISTORIQUES

Fabriquez avec votre enfant des marionnettes très neutres, réalisées à partir de cuillères en bois ! Elles pourront changer de rôle selon les accessoires dont vous les parez. Utilisez-les pour monter de **petites scènes historiques** avec votre enfant, et rejouer ses **épisodes favoris** !

La réalisation de chacune de ces marionnettes sera le prétexte à une intéressante enquête historique. Prenons l'exemple **des hommes préhistoriques**. Le visage sera dessiné au dos de la cuillère, sur le côté bombé : *« De quelle couleur faut-il peindre la peau d'un homme du Paléolithique ? »*

Les premiers hommes se protégeaient certainement du froid mordant à l'aide de simples peaux de bêtes à l'état brut : une chute de fausse fourrure l'habillera très simplement. Collez des fibres de laine brune, pour figurer les cheveux qui retombent aux épaules. Au Paléolithique supérieur, **l'homme invente une machine extraordinaire : l'aiguille à coudre !** Il perce ses peaux de petits trous à l'aide d'un silex et relie les morceaux de cuir avec des tendons animaux. Réalisez une petite cape en utilisant la même technique : montrez à votre enfant comment perforer le bord d'un morceau de feutrine, avec la pointe d'un couteau par exemple, puis faites-lui passer un fil de coton dans cette trame.

Les hommes préhistoriques étaient aussi coquets ! N'oubliez pas de **compléter la parure** de votre marionnette en collant coquillages, petites coquilles d'escargots, écailles de pommes de pin… sur leur coiffe ou leurs habits.

## DÉGUISEMENTS ET COSTUMES

Si vous avez des talents de couturier, confectionnez des costumes pour votre enfant : encore une fois, ce sera l'occasion d'une **enquête historique sur les vêtements d'une époque**, à laquelle votre enfant sera enchanté de participer. On en trouve aussi aisément dans le commerce (pharaon, corsaire, roi soleil...) : s'ils comportent quelques anachronismes, relevez-les avec votre enfant, ce sera encore une occasion d'apprendre quelque chose... Et corrigez-les si possible !

Une fois votre enfant déguisé, procédez à de petites mises en scène, qui seront autant de petites fêtes familiales. Pourquoi ne pas organiser un grand banquet à la romaine, au cours duquel chacun mangera couché, drapé dans un drap blanc ? Essayez de confectionner des **recettes authentiques de l'époque** : on raconte que les Romains se régalaient de souris farcies... Bon appétit !

# Appareils anatomiques

En anatomie, un appareil est un ensemble d'organes dont le fonctionnement concourt à une tâche commune, souvent complexe. On parle ainsi d'appareil locomoteur, d'appareil digestif ou respiratoire, ou encore d'appareil de reproduction. Les expériences suivantes abordent de manière concrète quelques-unes des grandes fonctions de l'organisme animal.

## Le système digestif

matériel : *Sac de congélation à zip, biscuits type petits beurres, soda type Coca-Cola®.*

Voici une activité simple pour modéliser **la digestion chimique et mécanique** avec votre enfant. Le sac de congélation symbolise l'estomac ; demandez à votre enfant d'y glisser les biscuits.

Expliquez-lui qu'un des processus de la digestion est mécanique : les aliments sont broyés par les dents, puis brassés dans l'estomac. Pour figurer cette opération, brisez les biscuits avec vos mains, à travers le sac, en petits morceaux.

Expliquez ensuite à votre enfant que parallèlement à ce morcelage physique, les aliments subissent l'action de la salive et des sucs gastriques : c'est **la digestion chimique**. Versez alors une petite quantité de soda dans le sac : il est très acide, et va donc opérer comme les sucs gastriques. Malaxez doucement le contenu à travers le sac : bientôt, sous l'action conjugué du soda et de vos doigts, les biscuits sont transformés en bouillie. C'est ce qu'on appelle le brassage.

## Le système respiratoire

matériel : *Grosse bouteille de 2 litres transparente. Vrille. Paille. Ballon de baudruche. Bonnet de bain en plastique, élastique.*

Aidez votre enfant à fabriquer « **une machine à respirer** » qui simule la contraction du diaphragme et la poussée d'air qui en résulte dans les poumons. Pour cela, percez le bouchon d'une grosse bouteille en plastique transparent à l'aide d'une grosse vrille ; le trou doit être suffisamment large pour laisser passer une paille à boire. Enfilez la paille dans le bouchon, puis colmatez tout autour avec de la pâte à modeler. À l'extrémité de la paille qui sera plongée dans la bouteille, fixez solidement un ballon de baudruche avec un petit élastique bien serré, ou collez-le. Découpez le fond de votre bouteille et enfilez-y un bonnet de bain en plastique, que vous maintiendrez solidement en place à l'aide d'un élastique. Il ne reste plus qu'à visser le bouchon de la bouteille en place. Hormis le passage ménagé par la paille, le système doit être étanche.
Demandez à votre enfant de pincer le bonnet de bain et de le **tirer vers l'extérieur**. Que se passe-t-il ? Relâchez, observez.
Lorsque nous inspirons, notre diaphragme (bande de muscles située au bas de notre cavité thoracique) se contracte.
Ce faisant, il descend vers le bas, de la même manière que le bonnet de bain lorsqu'on l'abaisse. Du même coup, le volume de la cage thoracique augmente et la pression à l'intérieur diminue. La pression de l'air à l'extérieur du corps est alors supérieure à la pression à l'intérieur de la cage thoracique, de sorte que **l'air s'engouffre dans notre bouche et notre nez**... ou ici, dans la paille, gonflant du même coup le ballon de baudruche, de la même manière que nos poumons se gonflent. Lorsque nous expirons, notre diaphragme se détend, et augmente la pression de l'air dans notre cage thoracique.
**L'air est chassé hors de nos poumons**, comme il est chassé du ballon lorsqu'on relâche le bonnet de bain.

## Le système circulatoire

**matériel :** *Papiers Canson® de deux couleurs différentes (rouge et rose par exemple). Deux blocs de polystyrène, piques à brochettes. Ciseaux, feutres. Fils de fer (rouge et noir).*

Lorsque votre enfant grandit, il peut essayer de **construire lui-même des maquettes** des principaux systèmes.
Au préalable, **préparez le matériel** avec votre enfant : découpez une silhouette de poumons dans du papier rouge. Réalisez, dans un autre papier, un ovale qui symbolisera les muscles. Demandez à votre enfant d'écrire « *Poumons* » et « *Muscles* » sur ces deux objets. Le cœur est représenté par deux blocs de polystyrène, avec des trous sur les côtés : le cœur gauche et le cœur droit sont fixés entre eux par des piques à brochettes.

Les vaisseaux sanguins seront symbolisés par du fil de fer : si possible, essayez de vous en procurer de deux couleurs, du rouge et du noir. Le fil rouge symbolisera les vaisseaux transportant du sang riche en dioxygène, et le noir, du sang pauvre en dioxygène. Découpez enfin quatre flèches de papier que votre enfant utilisera pour indiquer le sens de la circulation sanguine.

Lancez un défi à votre enfant : peut-il construire lui-même une maquette de la circulation sanguine avec ce matériel ? Bien sûr, toute recherche documentaire est autorisée…

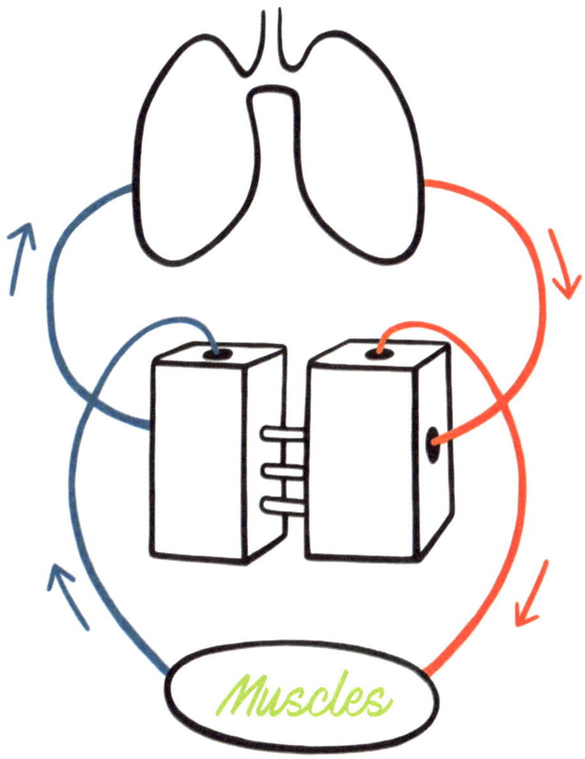


Retrouvez une autre expérience sur la pression de l'air
*P. 206, « Les merveilleux nuages ! ».*

# Dorer le blason

Le chevalier du Moyen Âge, une fois enfermé dans sa cuirasse, ressemblait à tous les autres. Seuls les dessins qu'il portait, et qui constituaient ses armoiries, servaient à l'identifier au combat. À cette époque, rares étaient ceux qui savaient lire ou écrire : les images, lourdes de significations, étaient lisibles au premier coup d'œil pour les gens d'alors qui savaient immédiatement ce qu'elles signifiaient et à qui ils avaient affaire. Percez le secret des blasons du Moyen Âge et invitez votre enfant à fabriquer le sien, unique entre tous !

**matériel :** *Carton de récupération. Colle, ciseaux. Feutres, peinture acrylique. Divers éléments de décoration, au choix : mosaïque autocollante, papier coloré, adhésif décoratif (masking tape), paillettes…*

**1** Aidez votre enfant à tracer le contour d'un écusson sur le carton : effectuez une rapide recherche sur les formes d'écus au Moyen Âge, et demandez à votre enfant de choisir celle qu'il préfère. La plus courante est appelée « écu français ancien » : elle a une pointe inférieure en ogive, dont l'arrondi part au milieu des flancs. Tracez une forme assez grande, de la taille d'un petit bouclier.

**2** De quelle couleur votre enfant souhaite-t-il peindre son blason ? Quelles sont ses couleurs préférées ? Sait-il ce qu'elles symbolisent ? Référez-vous au tableau des symboles de la page ci-contre et demandez à votre enfant quelle vision de lui-même il souhaite mettre en avant à travers ce blason. C'est la fonction première des armoiries : dire quelque chose de celui qui les porte. Encouragez votre enfant à lister quelques-unes de ses qualités et à **chercher ensuite quelles sont les couleurs qui les expriment**. Soyez souple, et laissez les goûts de votre enfant s'exprimer : son blason doit lui plaire, c'est là le principal ! Une fois la couleur choisie, invitez-le à passer deux couches d'acrylique sur toute la surface du carton pour plus d'opacité.

**3** Une fois la surface sèche, déterminez **l'organisation de l'écu** avec votre enfant : le plus simple est de séparer l'écusson en quatre parties équivalentes, mais d'autres organisations sont possibles. Observez ensemble des représentations d'armoiries moyenâgeuses et laissez-le décider du tracé de ses lignes, qui peuvent être peintes ou réalisées avec de l'adhésif décoratif (à choisir uni ou rayé pour plus de réalisme).

### À lire, à voir et à vivre

**Documentaires :**
- *Les chevaliers*, Pascale Hédelin, éditions Milan, 2013, dès 3 ans.
- *François, le chevalier d'Assise* (DVD), NS vidéo, 2000, dès 4 ans.

**Fictions :**
- *Sous l'armure*, Catherine Anne, L'École des Loisirs, 2013, dès 9 ans.
- *La Grande Épopée des chevaliers de la Table ronde*, Sophie Lamoureux, Actes Sud Juniro, 2016, dès 10 ans.
- *Gwydion*, Peter Schwindt, Bayard Jeunesse, 2010, dès 12 ans.

**4** Invitez ensuite votre enfant à **décorer son blason** : chacune des sections recevra un motif qui le renverra à lui-même. On peut aussi ajouter une silhouette centrale, dessinée et découpée dans du papier coloré et qui sera collée à l'intersection des lignes délimitant les zones. Proposez à votre enfant de réaliser un brouillon au préalable afin d'avoir une vue d'ensemble : que souhaite-t-il dessiner, et où ? Ce peut être un centre d'intérêt, une initiale, un sport favori, un plat préféré, l'année de sa naissance, son animal de compagnie… Il peut décider de représenter tout cela de façon figurative ou en utilisant des symboles compris de lui seul… La liberté est ici totale !

**5** Au moment de reporter les motifs sur le blason, encouragez votre enfant à **utiliser divers matériaux** : un dessin d'oiseau peut être habillé de plumes véritables collées, des fleurs séchées peuvent venir agrémenter une section, une initiale peut être tracée à l'aide de mosaïques autocollantes ou de gommettes…

# Quelques symboles en « langage blason »

**Symboles des couleurs**

| | |
|---|---|
| Orange foncé | Ambition |
| Orange clair | Vitalité |
| Noir | Fiabilité, chagrin |
| Vert kaki | Générosité |
| Vert foncé | Espoir |
| Vert clair | Loyauté en amour |
| Violet foncé | Justice, patience, noblesse, droiture |
| Violet clair | Victoire |
| Bleu foncé | Loyauté |
| Bleu clair | Force |
| Rouge | Sacrifice, force militaire, combativité |
| Gris clair | Paix |
| Gris foncé | Sincérité |

**Symboles des animaux**

| | |
|---|---|
| Panthère | Valeur, férocité |
| Serpent | Sagesse |
| Cheval | Sens du devoir |
| Chèvre | Recherche d'harmonie |
| Aigle | Protection, force |
| Dragon | Défense, courage |
| Lion | Férocité, combat |
| Bélier | Invulnérabilité |
| Cygne | Musique, harmonie |
| Paon | Beauté, fierté |
| Lapin | Paix |
| Renard | Sagesse |
| Ours | Force, ruse |
| Loup | Persévérance |

**Symboles des formes géométriques**

| | |
|---|---|
| Rectangle (dont carré) | Monde terrestre, matière |
| Cercle | Âme, perfection, absolu, infini, divin |
| Losange | Vie, passage, échange |
| Triangle | Unité, esprit |

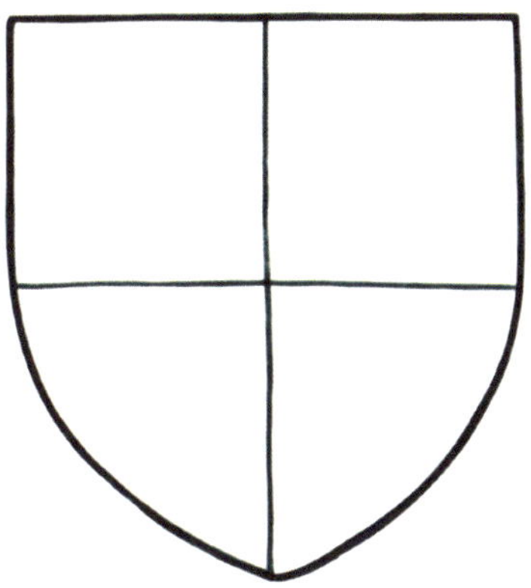

# Faites tourner !

Écrire, ce n'est pas seulement être capable d'aligner des phrases douées de sens, c'est aussi faire preuve d'imagination. Cela est vrai quand on lit aussi : bien lire et aimer lire, c'est faire vivre les mots lus, les transformer en images mentales. Certains enfants ont une imagination débordante et n'ont aucune difficulté à inventer des histoires extraordinaires. Pour d'autres, cette compétence nécessite qu'elle soit un peu musclée. C'est ce que permet le jeu suivant.

**1** **Le jeu se joue au moins à deux joueurs.** Il est parfait pour meubler les temps d'attente (lorsque vous êtes au restaurant, par exemple) ou pour aménager un temps calme lors d'un anniversaire d'enfants.

**2** Demandez à votre enfant **d'inventer un titre** qui donnera un thème à l'histoire. Si votre enfant peine à en trouver un, fournissez-en lui deux ou trois, parmi lesquels il pourra choisir : *« Voyage sur la Lune », « Le super-héros élastique », « Si j'étais une sorcière… »*

**3** Vous commencez ensuite à inventer une histoire qui se rapporte au titre choisi, mais vous stoppez votre récit après une ou deux phrases. **Votre enfant reprend là où vous vous arrêtez.** Il ajoute une ou deux phrases puis s'arrête : c'est votre tour. Continuez ainsi jusqu'à la fin de l'histoire.

Par exemple :
*Titre : La licorne ailée*
*« Vous – Il était une fois, une petite fille nommée Rachel qui passait tous ses mercredis au poney-club. Elle aimait beaucoup ses cours d'équitation, parce que…*
*L'enfant – … elle aimait les poneys.*
*Vous – Quand Rachel arriva aux écuries ce jour-là, elle resta stupéfaite. Dans le box, à la place de son poney habituel, il y avait…*
*L'enfant – … une licorne avec des ailes. Elle était toute rose, et blanche, et dorée. Avec une corne en or. »*

**4** Si votre enfant manque d'inspiration lorsque vient son tour, essayez de lui passer la main au milieu d'une phrase, juste après un connecteur : *« Elle salua la licorne, et, à sa grande surprise… »* **Il est plus facile de terminer une idée** que d'en inventer une à partir de rien !

**5** Il est possible que votre enfant fasse des propositions inappropriées, hors sujet. Si cela arrive, **rappelez succinctement l'histoire** dans sa globalité : *« Rachel est allée au poney-club et a eu la surprise de découvrir une licorne ailée dans le box de son poney habituel. Elle s'approche d'elle et la salue. Que penses-tu que la licorne va faire ensuite ? »*

**6** Dans la mesure du possible, **laissez votre enfant prendre les grandes décisions dans le récit**. Acceptez toujours ses idées, encouragez ses inventions, et contentez-vous de suivre le fil du récit insufflé par votre enfant. S'il décide de construire une ville sur la lune, restez sur la lune. S'il décide de décoller pour Mars, partez sur Mars. Néanmoins, vos contributions peuvent ajouter des détails ou du suspens si l'histoire s'enlise.

**7** Il est possible que l'histoire s'éternise, et que l'enfant ne prenne pas la décision de la clôturer. N'hésitez pas à prendre l'initiative, **ce qui peut souvent être fait en une phrase** : *« La petite fille rentra chez elle, et ne devait jamais, jamais, oublier son amie la licorne volante. FIN. »*

## D'autres jeux pour stimuler l'imagination

• Amusez-vous à vous questionnez réciproquement, avec cette seule consigne : **la réponse doit être la plus farfelue possible !** Les questions portant sur l'origine des choses (*« Pourquoi les corbeaux sont-ils noirs ? Pourquoi les tortues ont-elles des carapaces ? »*, etc.) sont particulièrement efficaces pour enflammer l'imagination des jeunes auteurs.

• **Jouez à imaginer les vies des gens que vous croisez dans la rue.** Par exemple, si vous êtes coincés dans un embouteillage, demandez à votre enfant d'observer la famille qui stationne dans sa voiture à côté de la vôtre, et guidez-le par des questions : *« À ton avis, quels sont leurs métiers, leurs goûts ? Que détestent-ils, quelles sont leurs occupations favorites ? »*

• **Imaginez des interviews saugrenues** : demandez à votre enfant de choisir un objet du quotidien, que vous incarnerez pendant qu'il vous interview (ou inversement) : *« Bonjour, Madame Marmite. Pouvez-vous nous dire où vous habitez ?*
*– Dans la cuisine, troisième placard en partant de la gauche.*
*– Est-ce un quartier agréable ? – Si on excepte le voisinage des casseroles, oui, ça va. »* etc.

**Astuce**
Tout au long de ce jeu très simple, l'enfant est amené à comprendre comment les histoires se développent et comment une idée peut en amener d'autres. Il apprivoise à son rythme les principes narratifs élémentaires : étapes du récit, notion de personnages, rythme de l'intrigue…

Bille pédagogique

# ÉCRIRE AU QUOTIDIEN

La plupart des familles ont adopté un rituel de lecture quotidienne – par exemple, en lisant une histoire à l'enfant, chaque soir, avant le coucher. Si ce n'est pas encore le cas, dans votre maison, des espaces entiers sont certainement dédiés à la lecture *(p. 80, « Un rituel de lecture quotidien »)*.

Mais qu'en est-il des rituels d'écriture ? Comme la lecture, l'écriture devrait être une activité qui s'inscrit dans le moindre recoin de nos vies quotidiennes. Le simple fait de poser un stylo sur du papier, chaque jour (même s'il ne s'agit que de rédiger une liste de courses ou un mémento sur le réfrigérateur !) aura un grand impact sur votre enfant.

Souvenez-vous de votre propre enfance, et essayez de vous rappeler de quels rituels d'écriture vous avez été témoins lorsque vous étiez petits. Peut-être que ressusciter ces pratiques serait une jolie manière de poursuivre votre histoire familiale dans ce qu'elle a d'unique…

## ADOPTER DES RITUELS D'ÉCRITURE

- Écrivez une lettre à chacun de vos enfants à l'occasion de leur anniversaire.
- On peut aussi rédiger « un billet d'information familiale », une sorte de newsletter qui sera envoyée aux amis et à la famille une fois tous les deux mois par exemple.
- Si vous devez partir en voyage, rédigez une petite note, une pour chaque jour d'absence, que vos enfants pourront ouvrir au fur et à mesure.
- Lorsqu'un enfant subit un échec (scolaire, sportif…), concoctez-lui un écrit spécial « revalorisation » : *« Antoine est… »* Listez toutes les qualités de votre enfant qui vous viennent à l'esprit et accrochez la feuille en bonne place dans sa chambre. N'oubliez pas de la tenir à jour et d'y ajouter toutes les choses positives qui vous viennent à l'esprit au fil du temps !
- Rédigez des affiches à accrocher au jardin, ou sur les portes des chambres… pour les occasions spéciales.
- Distribuez des diplômes, sérieux ou farfelus, pour toutes nouvelles compétences acquises par un membre de la famille.

## VALORISER LES ÉCRITS DE VOS ENFANTS

**Afficher**

- Pourquoi ne pas mettre sous verre, au moins pour un temps, la plus belle nouvelle de votre fils, ou la planche BD de votre petite dernière ?
- Scannez les productions et utilisez-les comme fonds d'écran, ou faites-les défiler en un lent diaporama.
- Transférez un poème ou un court texte, éventuellement illustré, sur un T-shirt, un sac en tissu, ou une housse de coussin. Par exemple, la première fois que votre enfant réussit à écrire son prénom en « attaché », transférez sa production sur une jolie casquette en toile !
- Confectionnez un joli recueil en scrapbooking pour y réunir les écrits de vos enfants. L'autopublication permet un résultat superbe : mettez en page des scans des écrits de vos enfants et faites-les reproduire chez un photographe.
- Enfin, pourquoi ne pas ouvrir un blog sur lequel votre enfant pourra publier ses écrits ? S'il n'est pas prêt à être lu par des inconnus, il peut verrouiller son site et le soustraire aux moteurs de recherche.

**Partager**

- Fabriquez des cartes de vœux ou de remerciement en remplaçant l'image traditionnelle par un texte de votre enfant.
- Encadrez joliment une production dont votre enfant est particulièrement fier pour l'offrir à un être cher, ou reportez-en un extrait sur une boîte en bois à l'aide d'un pyrograveur.
- Vous cherchez un cadeau original pour l'enseignant de votre enfant en fin d'année ? Décorez la couverture d'un joli cahier avec un texte de votre enfant ! Sa maîtresse s'en souviendra longtemps…

**Conserver**

- Mettez à disposition une pochette cartonnée dans votre pièce commune. Elle accueillera en toute simplicité les ébauches variées (textes, mais aussi dessins ou coloriages inachevés) qui seront ainsi aisés à retrouver.
- Achetez une boîte de rangement pour chacun de vos enfants. Il en existe de très belles et très solides en carton tout simple. Rangez-y toutes les œuvres significatives que vous souhaitez conserver. Ces boîtes peuvent aussi accueillir les cahiers de l'année scolaire écoulée… Lorsqu'une boîte est pleine, inscrivez-y le prénom de l'enfant et l'année, et rangez-la au grenier. Et dépêchez-vous d'en acheter une nouvelle ! Selon votre penchant à conserver les choses, votre boîte mettra une, deux ou trois années à se remplir.
- Les porte-vues, ou, moins onéreux, les classeurs garnis de pochettes plastifiées sont très utiles pour conserver et valoriser les œuvres de vos enfants. Ils se feuillettent avec plaisir, sont aussi attractifs que pratiques, et prennent peu de place.
- Si vous souhaitez limiter le papier, scannez les œuvres de vos enfants et conservez-les sur l'ordinateur familial. N'oubliez-pas d'en faire des sauvegardes !

### Retrouvez d'autres rituels d'écriture

*P. 48, « Mes mots préférés », et p.172, « Journal de famille ».*

# Textes express

Rédiger un texte express, c'est avoir la satisfaction de créer rapidement, à partir de peu, de façon spontanée. L'enjeu n'est pas de chercher la perfection d'un récit retravaillé. Si le texte express était un sport, il ne serait pas une chorégraphie léchée ou une performance préparée de longue date ; il ne serait qu'un exercice d'entraînement ludique... Mais qui sait ? De ces petits jeux sans prétention naîtra peut-être la trame d'un grand roman !

## L'histoire la plus longue du monde

**matériel :** *Rouleau de papier blanc (pour machine à calculer, par exemple), crayon ou stylo, règle.*

L'histoire la plus longue du monde, lorsqu'on est enfant, ne se mesure pas en termes de chapitres ou de tomes, mais bien avec un mètre ruban ! Proposez à votre enfant un rouleau de papier blanc pour y écrire l'histoire de son choix, à son rythme. À la fin de chaque session – il cesse l'activité quand il le souhaite – invitez-le à mesurer son travail : deux mots = 3 cm, douze mots = 10 cm... Des rebondissements sans fin viendront s'ajouter au fil des semaines, et l'ensemble du rouleau de papier pourra bien y passer !

## Piochez... écrivez !

**matériel :** *Bac ou boîte remplis de petits éléments (riz ou sable coloré, flocons de polystyrène...). Papier, crayon ou stylo.*

Photocopiez la liste de la page ci-contre et coupez-la en bandes en séparant chaque intitulé des autres. N'hésitez-pas à en modifier certains en fonction des centres d'intérêt de votre enfant. Roulez joliment les bandelettes obtenues et glissez-les dans un beau récipient, plein de riz coloré ou de Playmaïs®, par exemple. L'enfant pioche un papier selon son envie, et développe par écrit le petit challenge qu'il y découvre.

## Des mots... en boîte !

**matériel :** *Un bocal vide et propre, vieux magazine, feuilles de papier, crayon ou stylo.*

Recyclez un petit bocal transparent, que vous décorerez d'une jolie étiquette « Boîte à mots ». Avec votre enfant, partez à la chasse aux mots dans votre environnement : vous pouvez les découper dans de vieux magazines, ou les récolter au gré de vos lectures, les recopier sur une bande de papier et les glisser dans le bocal. Pensez aux mots inventés par leurs auteurs (Raymond Queneau, Claude Ponti...), ils sont particulièrement savoureux ! Les titres de chapitres font aussi d'excellents inducteurs. Lorsque l'envie vous prend de jouer, c'est très simple : piochez dix mots dans le bocal, et créez une histoire en les utilisant tous !

## 70 petites idées rapides pour écrire là, tout de suite !

- Mon super pouvoir...
- Je dessine une robe de fête, et je la décris.
- J'explique pourquoi j'aime le chocolat.
- Si je décidais d'écrire un roman, où se passerait-il ?
- La journée que j'ai préférée de toute ma vie.
- Je décris ma chambre.
- La chose la plus difficile que j'aie jamais faite.
- Mon ami l'extraterrestre.
- Ce que je ne comprendrai jamais chez mes parents.
- Ce que mes parents ne comprendront jamais chez moi.
- Je décris mon jardin (ou le jardin de mes rêves).
- Hier, j'ai...
- Si je creusais un trou énorme dans mon jardin, je trouverais...
- Mon activité préférée. Pourquoi je l'aime.
- L'animal de compagnie de mes rêves.
- Je découpe une image dans un magazine ou un journal et j'écris une histoire à son sujet.
- L'histoire du lion et de l'hippocampe qui étaient amis.
- Ce qui me fait vraiment plaisir.
- Les objets que j'emporterais sur une île déserte.
- Si je pouvais rester debout toute la nuit, je...
- Ma plus grande peur.
- Si une fée vivait dans ma chambre, où habiterait-elle ? Je raconte sa journée.
- Un poème sur mon ou ma meilleur(e) ami(e).
- Mon héros de roman favori.
- La personne que j'admire le plus.
- Je crée un monstre avec des autocollants et/ou diverses chutes de papier, et je le décris.
- La chose la plus drôle que j'aie jamais vue.
- Mon talent très spécial.
- Ce que je préfère : le froid ou le chaud ? Pourquoi ?
- J'écris une histoire sur l'écureuil qui vit au fond du jardin.
- Si j'étais un pirate...
- Si j'étais le président du monde entier, voici les cinq premières choses dont je déciderais.
- Si je pouvais aller en vacances n'importe où dans le monde...
- Mon jouet ou jeu favori.
- Ce que j'aime en moi.
- Ce que j'aimerais changer en moi.
- Si je pouvais voler, voici où j'irais et pourquoi.
- Je suis fier/fière de moi lorsque...
- Si un magicien m'octroyait trois vœux...
- Voici quelle est mon étoile favorite et pourquoi.
- Je découvre une ville tout en bonbons. Je la dessine et je la décris.
- J'imagine que je peux aller n'importe où ! Je raconte ma belle aventure.
- Le moment de la journée que je préfère.
- Quelles sont les qualités qui font un bon ami ?
- Les sirènes doivent-elles se laver ? Pourquoi ?
- Quand je serai grand(e), je serai...
- Je visite un vieux château avec un ami. Nous voyons une porte entrouverte et la poussons. Soudain...
- Il était une fois...
- Je liste cinq choses que les enfants peuvent faire pour aider leurs parents.
- La musique peut-elle changer mon humeur ? Pourquoi ?
- Je dessine une planète. J'écris quelque chose à son sujet.
- J'écris une histoire à propos de la couleur jaune.
- Je viens de trouver une paire de chaussures magiques. Je les dessine. Que peuvent-elles faire ?
- Si je cuisinais un repas entier pour maman, je ferais...
- Je prends un album que je n'ai jamais lu. Je regarde les images sans le lire. Puis j'écris l'histoire que j'ai imaginée. Je lis le livre : qu'est-ce qui change ? Qu'est-ce qui est pareil ?
- Je décris ma saison préférée.
- Je prends une feuille de papier et je verse un peu de peinture au milieu. Je plie la feuille en deux en appuyant fort, puis je déplie. Qu'est-ce que je vois ? Je le décris.
- Mon papa.
- Ma maman.
- Mon frère et/ou ma sœur.
- Je dessine un robot, puis j'écris cinq phrases à son sujet.
- Si j'avais 100 €, je...
- Si j'avais une machine à remonter le temps...
- Le plus beau cadeau que j'aie jamais reçu.
- Je dessine l'immeuble le plus haut du monde et je le décris.
- Avec l'aide d'un adulte, je fais une recherche sur Internet sur un animal que j'aime bien. J'écris cinq choses le concernant, et j'illustre mon texte d'une belle image.
- Mon premier souvenir.
- Je pense à un jouet que j'aimerais avoir. J'écris à mes parents cinq raisons pour lesquelles il faut qu'ils me l'achètent.
- Mon endroit préféré.
- Je dessine un paysage (je peux m'aider d'autocollants, de tampons...) puis j'écris une histoire à son sujet.

# Anatomie d'une plante

Les boîtiers vides de CD sont de parfaits supports… pour faire pousser des graines ! Leur transparence permet de voir grandir et de mesurer la pousse, mais aussi d'observer distinctement les différentes parties de la plante. Cette installation simple est peu onéreuse, esthétique et non salissante. Elle est même portative : lors d'un goûter de printemps, vous pouvez ainsi proposer à vos jeunes invités de repartir chez eux avec une graine sous « vitre », qu'ils auront plantée eux-mêmes… C'est un cadeau dont ils se souviendront !

matériel : *Boîtiers à CD vides aux faces transparentes, adhésif transparent. Verre. Graines de haricot, eau. Terre. Pipette, feutre pour surface plastique.*

1 Le jour précédant l'installation, plongez les graines à faire pousser **dans un verre d'eau**. Laissez-les tremper 24 heures pour les réveiller de leur dormance, puis réservez-les.

2 Ouvrez votre boîtier à CD et ôtez la partie noire destinée à recevoir le disque. Placez une poignée de terre dans le boîtier, de manière à ce qu'une fois refermé, il soit **rempli à la moitié**. Votre enfant placera sa graine au centre de la terre, face concave orientée vers le bas. Humidifiez généreusement la terre à l'aide d'une pipette. Refermez la boîte. Rendez-la étanche en collant de l'adhésif sur les tranches, à l'exception du côté où se trouve la charnière.

3 Placez le boîtier debout, charnière au sommet, dans un endroit chaud et sec. **Pour arroser**, glissez chaque jour dans l'espace offert par la charnière quelques gouttes d'eau à l'aide d'une pipette.

4 **Observez la croissance** de votre plante : avec un feutre, tracez chaque jour des repères sur le boîtier pour marquer la taille des racines et de la tige. À l'aide d'un double décimètre, mesurez cette croissance et reportez vos mesures sur un relevé.

5 Lorsque le plant se développe, la tige se fraye un passage à travers l'ouverture de la charnière et déploie ses feuilles à l'extérieur du boîtier. Avec votre feutre, **légendez les différentes parties de la plante**, nettement visibles : racines, cotylédon, tige, feuilles… Observez encore votre plant quelques jours, puis repiquez-le en pleine terre ou dans un pot classique.

**Astuces**

Il est possible que certaines graines moisissent et ne se développent pas. Ne vous découragez pas dans ce cas, et réessayez avec une nouvelle graine… que vous arroserez un peu moins ! La même expérience peut être menée avec d'autres types de graines. Les graines de gazon donnent par exemple un joli résultat. Prévoyez deux bonnes pincées pour chaque boîtier, de manière à obtenir une forêt miniature !

**Prolongement**

Il est intéressant de faire germer de cette manière plusieurs graines, chacune dans leur boîte, et de les placer dans des situations diverses. Dès que les graines germent, placez-en une dans le bac à légumes de votre réfrigérateur, une autre dans le noir (au fond d'un placard par exemple), une troisième en plein soleil… Gardez toujours une « expérience témoin », qui, placée dans des conditions « normales », permettra à votre enfant d'analyser la manière dont les conditions extérieures affectent la croissance de la plante.

Retrouvez une expérience développant le sens de l'observation

*P. 146, « Culture moisie ».*

# Marque ta page !

Un marque-page permet, on le sait, de ne pas perdre le fil, et de retrouver rapidement le passage d'un livre. Conçu selon les conseils ci-dessous, il constitue de plus un véritable outil d'aide à la compréhension. Si votre enfant a tendance à se perdre dans le méandre des aventures de ses livres favoris, proposez-lui ces signets personnalisés, qui lui permettront de consigner ses passages favoris, de dégager les éléments importants d'un scénario et de les ordonner logiquement.

## Un marque-page « citations »

**matériel :** *Papier à dessin blanc (200 g/m²), règle graduée, crayon à papier, crayons de couleur, ciseaux, plastique transparent autocollant, stylo, perforatrice, ruban.*

**1** Demandez à votre enfant de tracer, à l'aide d'une règle graduée, **un rectangle sur une feuille de papier à dessin** (10 cm sur 21 environ). Invitez-le à le découper, puis à le décorer aux crayons de couleur en se concentrant sur les angles et les bordures, de manière à laisser de la place pour écrire. Réfléchissez ensemble à ces ornements : peut-on les concevoir en lien avec le livre lu ? Ce peut être une silhouette de lapin si votre enfant lit *Alice au Pays des merveilles*, un liseré de balai volant s'il est plongé dans *Harry Potter*... Demandez à votre enfant d'écrire le titre de l'ouvrage en haut du signet.

**2** Il ne reste plus qu'à glisser le marque-page dans le livre à lire. Expliquez à votre enfant qu'à chaque fois qu'il trouve un passage qu'il aime dans le livre, il peut écrire **une courte citation** sur le marque page, sans oublier de noter sa pagination.
Le signet se remplit au fur et à mesure de la lecture.

**3** Une fois le livre achevé, proposez à votre enfant de plastifier son marque-page afin de le conserver. Collez un plastique transparent autocollant sur les deux faces du rectangle de papier, puis demandez à votre enfant de découper, aux ciseaux, les bords du plastique. Aidez-le à perforer un trou en haut du marque-page et à y passer un joli ruban. Et voici un joli souvenir de sa lecture, qu'il pourra consulter à loisir pour retrouver ses passages favoris !

## Pour aller plus loin

**matériel :** *Papier à dessin blanc (200 g/m²), feutres, ciseaux.*

**1** Avec l'aide de votre enfant, découpez dans le papier à dessin **un carré de 21 cm de côté environ**. Repliez chacun des angles du carré obtenu vers le centre de la feuille. Numérotez chaque volet obtenu de 1 à 4.

**2** Ouvrez les volets, et demandez à votre enfant d'écrire le titre du livre en cours **au centre de la feuille**, ainsi qu'une courte phrase décrivant l'idée principale du livre : *« Alice fait un voyage dans un monde étrange »*, *« Harry Potter est pensionnaire à l'école des sorciers »*, etc.

**3** Ce marque-page un peu spécial permet de **garder trace de la logique de l'histoire** et aide votre enfant à penser en termes de « début », de « milieu » et de « fin ». Sous le volet 1 du carré, vous l'aiderez à décrire en quelques mots un évènement important qui se produit au début de l'histoire : *« Alice suit le lapin dans son terrier et fait une chute interminable. »* Sous les volets 2 et 3, vous inscrirez des évènements importants qui se produisent dans le corps du récit : *« Alice n'arrête pas de changer de taille »*, *« Alice voyage : elle va à la Mare aux larmes, puis chez la Duchesse, puis dans le joli jardin du roi et de la reine de Cœur »*. Sous le volet n°4, vous relèverez les évènements importants qui se passent à la fin de l'histoire : *« Le valet de Cœur est accusé d'avoir volé les tartes de la Reine et il est jugé. Alice se réveille : tout cela n'était qu'un rêve ! »*

**4** Glissez le signet dans les pages du livre, en expliquant à votre enfant qu'à la fin de chaque chapitre, ou à chaque fois qu'un évènement important se produit, il pourra faire une pause et **réfléchir aux étapes importantes** à inscrire dans son marque-page. N'hésitez pas à l'assister dans ce travail si cela lui semble difficile, et adaptez l'activité à ses compétences : plus il grandira, plus il sera en mesure de détailler les différents rebondissements.

**5** Une fois le livre achevé, proposez à votre enfant de **présenter cet outil** à une personne extérieure au projet (grands-parents, enseignant...). En expliquant son travail, il sera amené, une nouvelle fois, à mettre de l'ordre « dans sa tête » et à distinguer les informations clefs d'un récit de celles qui sont plus secondaires.

**Astuce**
Ce type d'outil est particulièrement bénéfique si votre enfant s'attelle à un texte difficile, en lui permettant de surmonter ses frustrations face à une lecture exigeante.

Bille pédagogique

# AU SECOURS ! IL N'AIME PAS LIRE !

Cela arrive : il faut parfois supplier certains enfants pour qu'ils acceptent de s'asseoir pour lire un livre – même si c'est pour le plaisir. Le rejet de la lecture est souvent difficile à vivre en tant que parent, surtout si on est soi-même un grand lecteur ! Voici quelques pistes à explorer pour réintroduire, en douceur, la lecture dans le quotidien de votre enfant. Il y a forcément une solution adaptée à votre famille !

## OÙ ET COMMENT « FAIRE LA LECTURE »

Une manière très simple de permettre à votre enfant de fréquenter les livres est de lui faire vous-même la lecture. Partagez chaque jour une lecture offerte *(p. 64)* ! Lisez avec enthousiasme, de façon à capter l'attention de l'enfant et à nourrir son amour du livre : dotez chaque personnage de sa propre voix et de son accent propre. Vous pouvez même mimer les personnages si vous avez le goût du spectacle !
**Laissez à votre enfant le choix du livre :** il sera peut-être plus motivé pour écouter quinze pages du Guinness des records que le dernier coup de cœur des libraires. Surtout, même si ce choix vous ennuie à mourir, jouez le jeu sans sourciller, et rongez votre frein en vous disant qu'il vous offre une fenêtre sur ses centres d'intérêt à lui : c'est inestimable !

**Aménagez les modalités de lecture.** Tout est possible, amusez-vous pour faire de ce moment une expérience vivante ! Demandez à votre enfant de tourner les pages du livre à chaque fois que vous dites « Ding ! » : c'est très amusant, et permet de l'impliquer physiquement dans la lecture offerte.
- Décidez que tout le monde change de place après chaque page lue !
- Recherchez ensemble un endroit où vous n'avez jamais lu (au sommet d'un arbre par exemple) ou une posture que vous n'avez jamais testée (à l'envers...).

Une fois que votre enfant est habitué à ces séances de lecture et qu'il y prend plaisir, essayez de lui donner **un rôle plus important**, toujours de manière très ludique :
- Décidez de lire chacun à tour de rôle – chacun un paragraphe ou une page, par exemple. Ou chacun peut incarner une voix dans un dialogue, un personnage dans le récit.
- Lisez deux livres en même temps ! Une personne lit une phrase d'un livre, puis la deuxième lit une phrase issue d'un autre livre. Fou rire assuré !

**Astuce**
Lorsque l'enfant achève un livre, pourquoi ne pas célébrer cette victoire par un petit cadeau ? Soit un nouveau livre, bien sûr, ou une carte cadeau en librairie, un crédit Kindle...

## MAIS MON ENFANT NE VEUT PAS QUE JE LISE !

Il est possible que votre petit pré-adolescent, du haut de ses 7 ans (!), n'accepte pas de partager ce moment avec vous. Voici quelques idées à tester :

• Communiquez en toute franchise : expliquez à votre enfant que vous savez pertinemment qu'il est aujourd'hui un lecteur autonome, mais **que la lecture à haute voix est importante pour vous, en tant que parent**. Expliquez que vous avez besoin de ce moment. Que c'est une chose que vous continuerez de faire, quel que soit son âge. Et que vous espérez que lorsqu'il sera parent à son tour, il lira des histoires à haute voix à ses enfants !

• Faites un marché gagnant/gagnant : **accordez à votre enfant le droit de se coucher 20 minutes plus tard... à condition de consacrer ce temps à une lecture partagée**. Si votre enfant est réticent, proposez-lui de tester cette nouvelle organisation sur quelques jours et commencez la lecture d'un roman passionnant (*Harry Potter* ?) : il y a fort à parier qu'il soit happé...

• Certains enfants ont simplement besoin d'**occuper leurs mains**. Leur refus peut venir d'un malaise de ne rien avoir à faire d'autre qu'écouter. Proposez-leur de jolis coloriages à réaliser pendant le temps de lecture, cela favorise la concentration...

• Laissez quelqu'un d'autre faire la lecture à votre place : le rejet de votre enfant vous est peut-être personnellement destiné. **Enrôlez un oncle de passage, ou une grand-mère**, pour lire un album. Et si rien ne fonctionne, empruntez des livres audio que vous écouterez ensemble.

• Cessez d'insister si, malgré vos efforts, votre enfant s'obstine à refuser le plaisir que vous lui offrez. Ce serait contreproductif. Mais montrez l'exemple **en lisant à haute voix pour votre conjoint(e)** ! Prenez l'habitude de vous installer, avec votre propre livre, pour lire silencieusement aux côtés de votre enfant pendant qu'il joue. Ménagez un temps pour lui parler ensuite de vos passages préférés. Montrez l'exemple !

### Retrouvez d'autres conseils de lecture

*P. 138, « Partir d'une image ».*

# J'habite...

Sans conscience géographique, nous ne sommes nulle part ! La géographie est la science du lieu, et en particulier du lieu où nous nous trouvons : elle nous parle de notre place dans le monde. La connaissance du lieu est vitale pour l'enfant, car elle le situe, en tant qu'individu particulier, dans des contextes locaux, nationaux, continentaux et mondiaux, l'essentiel étant d'être en mesure de les relier spatialement les uns aux autres. C'est ce que propose, très simplement, l'activité suivante.

**matériel :** *Un lot de sept ou huit boîtes gigognes, type boîtes alimentaires en plastique, avec couvercles. Atlas, photocopieuse ou imprimante. Ciseaux, colle, ruban adhésif. Facultatif : pochettes en plastique pour plastifieuse.*

**1** Demandez à votre enfant d'**écrire son adresse**. Montrez-lui comment procéder s'il ne l'a jamais fait : on inscrit son prénom suivi du nom de famille sur la première ligne, le numéro et le nom de la rue sur la deuxième, le code postal et le nom de la commune sur la troisième, et le pays sur la dernière. Expliquez-lui que cette présentation est requise par notre administration, et que ces informations suffisent à localiser précisément son lieu de vie, entre tous.

**Conseil**
Veillez à apprendre à votre enfant, dès ses 5 ans, à se présenter de façon intégrale : son prénom, son nom de famille, son adresse postale complète et son numéro de téléphone. Cela contribue à construire son sentiment d'identité… et lui sera très utile s'il se perd un jour !

**2** Cela fait, posez la question : *« Est-il possible d'aller plus loin ? D'être plus précis ? »* Aidez-le à **élargir sa vision des choses** : *« Sais-tu dans quel département ou région se situe notre ville ? Dans quel pays se trouve notre région ? À quel continent appartient notre pays ? Sur quelle planète est notre continent ? »*

**3** Enrôler votre enfant dans l**a confection de vos boîtes géographiques**. Expliquez-lui que chacune de ces boîtes va symboliser un espace : la plus petite représente votre maison. Vous allez coller une photographie de votre habitation sur le devant de la boîte, et chercher ensemble quels petits objets pourraient y trouver place : un échantillon du nouveau papier peint du salon, un minuscule pot de terre de votre jardin…

**4** La deuxième boîte symbolise votre rue. Montrez à votre enfant que **cette seconde boîte peut contenir la plus petite**, de la même manière que votre rue englobe votre maison. Photographiez ensemble votre voie et collez, comme précédemment, cette photo sur le devant la boîte. Quelles images et quels objets allez-vous glisser à l'intérieur ? Quelques cailloux ramassés devant votre porte, une photographie de la plaque portant le nom de la rue… ?

**5** La troisième boîte représente votre ville. Décorez-la d'un plan, et garnissez-la de photographies (de spécialités culinaires, de paysages urbains…), et de petits objets souvenirs. **Procédez de même pour les boîtes suivantes** : département et/ou région (brochures et aimants touristiques), pays (petit drapeau, reproductions d'œuvres d'art…), continent (souvenirs de voyage, cartes postales…), planète (mini taille-crayon mappemonde, petits planisphères…). Bien sûr, le contenu d'une boîte n'est jamais figé, et évoluera au fur et à mesure des découvertes de votre enfant.

**6** Après fabrication, laissez votre enfant **manipuler ces boîtes**, et interagissez avec lui autour d'elles : c'est en vous entendant énoncer les noms des sites, et raconter ce qu'ils « contiennent » qu'il s'imprégnera du vocabulaire. Montrez-lui comment placer les boîtes les unes dans les autres, et comment les empiler de la plus grande à la plus petite.

**7** Lorsque votre enfant est familiarisé avec ce matériel, videz solennellement toutes les boîtes, et **mettez-le au défi de les garnir à nouveau**. Attention, plusieurs rangements sont souvent possibles, il vous faudra les accepter si votre enfant est en mesure d'argumenter !

**Variante**
Sur le même principe, on peut confectionner un simple livret, en agrafant sept feuilles de papier machine et en les taillant de manière à obtenir un « escalier » de feuillets. Proposez à votre enfant de coller des images se rapportant à chaque section.

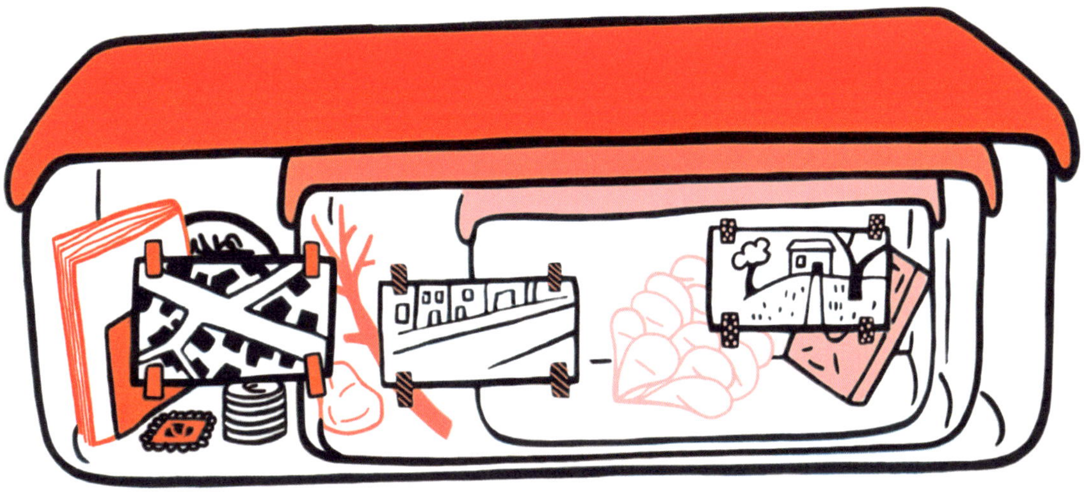

Bille pédagogique

# MUSIQUE ET GÉOGRAPHIE

La musique a le pouvoir de faire naître en nous un large panel d'émotions et d'images. En cela, elle est un allié privilégié pour vos jeux de géographie puisqu'elle peut transporter votre enfant dans un autre lieu, voire le guider tout au long d'un itinéraire imaginé. Elle peut aussi lui permettre d'approfondir sa vision des autres cultures. Vous trouverez ci-dessous diverses pistes pédagogiques pour intégrer la musique à vos explorations spatiales !

**1.** Pour lier musique et géographie, l'idéal est de **partir des goûts de votre enfant** : il liste quelques-uns de ses musiciens ou de ses morceaux favoris, et vous menez ensemble l'enquête pour savoir d'où ils viennent... Si chacun des membres de votre famille se prête à ce petit jeu, vous obtiendrez rapidement un riche panel d'origines géographiques. Vous pouvez imprimer un planisphère et noter d'un repère tous les lieux d'où proviennent vos morceaux favoris.

**2.** La démarche inverse est également possible : si vous évoquez une région où votre enfant n'est jamais allé, la musique peut être un bon moyen de rendre son évocation vivante. Pensez aux musiques de nos régions (bretonne, auvergnate, morvandelle...), aux musiques d'Europe (celtique, scandinave, balkanique...), du monde (de la samba à la polyrythmie traditionnelle d'Afrique...). Profitez de ces écoutes pour **enrichir la « palette émotionnelle »** de votre enfant : verbalisez vos ressentis personnels et encouragez-le à faire de même. Si c'est difficile pour lui, créez une « banque de vocabulaire », sous forme de listes d'adjectifs émotionnels riches, dans lequel il pourra puiser.

**Conseil**
Lier une zone géographique à un type de musique peut rapidement virer à la caricature. Appuyez-vous sur les stéréotypes pour les dépasser : plus votre enfant rencontrera de styles musicaux variés en provenance d'une région, plus il prendra conscience de la complexité et de la richesse de la culture locale. Essayez toujours, tout en pointant ce qui fait que chaque peuple est unique, de cibler aussi la dimension universelle de l'œuvre. Verbaliser les émotions ressenties à l'écoute permet ainsi d'accéder à une humanité partagée : mes sensations rejoignent celles d'êtres humains vivant de l'autre côté du globe !

**3.** Sélectionnez **des chansons françaises** décrivant un voyage ou une région particulière (Les Corons de Pierre Bachelet, Le Sud de Nino Ferrer, etc.). Cherchez avec votre enfant des photos pouvant illustrer chaque paragraphe et recopiez les paroles en regard de chaque illustration, à la manière d'un album. N'oubliez pas de situer les lieux rencontrés sur une carte !

**4.** Élaborez un **quizz musical** et mettez votre famille au défi lors d'une soirée spéciale : pourra-t-elle identifier l'origine d'une cinquantaine de morceaux de « musique du monde » ? Saura-t-elle nommer et situer sur une carte les lieux d'origine ?

**5.** Apprenez et **chantez en famille** des chansons du monde ou en langues régionales. C'est l'activité idéale pour enrichir votre culture familiale, vous imprégner de différentes langues et de différents rythmes… et meubler vos longs trajets en voiture ! Pensez en particulier aux hymnes nationaux, qui peuvent être intéressants à collectionner. Essayer de comprendre l'idéologie véhiculée par chacun est un très bon exercice de décentrage culturel. D'où vient le choix des instruments et que symbolisent-ils ?

**6.** Lancez un défi à votre enfant : peut-il faire **le tour du monde en 80 chansons**, c'est-à-dire trouver 80 chansons, qui, mises bout à bout, lui permettront de passer par tous les continents, à travers un itinéraire plausible ?

**7.** Faites écoutez à votre enfant une sélection de chansons et de morceaux se référant à des évènements géographiques – météorologiques, par exemple. Échangez autour des ambiances reproduites et proposez à votre enfant de **composer sa propre musique** pour représenter le temps qu'il fait, une tempête, une rivière, une montagne, une ville, un champ, un littoral, etc.

**8.** Pourquoi ne pas créer en famille votre propre chanson sur votre ville ? Quels sont les sons qui la représentent le mieux ? Est-il possible de les enregistrer ? Sélectionnez quelques endroits stratégiques de votre commune (école, bibliothèque, piscine, etc.) et demandez à votre enfant de leur associer un morceau qui illustre l'ambiance du lieu, éventuellement mixé avec les enregistrements effectués *in situ*. Il est également possible d'imaginer des paysages sonores d'endroits inconnus : quels types de sons récolterait-on au cœur de New York ? Ou en Antarctique, sur les bords de l'océan Austral ? À quoi ressemblent les bruits de la forêt amazonienne ? Quelles images pourrait-on éventuellement lier à ces sons ?

## Retrouvez d'autres idées de voyages à travers le monde

*P. 202, « Voyage virtuel ».*

# Partir d'une image

L'activité suivante propose d'écrire une histoire à partir d'images. Ce petit jeu très simple stimule l'imagination et la capacité de mettre ses idées en mots, et met en lumière la manière dont on construit un récit. En observant une image, l'enfant formule dans sa tête ce qu'elle décrit. C'est une étape importante avant de commencer à écrire, qui habitue à ordonner ses idées pour respecter les étapes d'une histoire.

**matériel :** *Ciseaux. Images variées issues de magazines. Papier, stylo, colle.*

**1** Feuilletez des magazines pour collecter des images variées. Essayez de dénicher des images qui laissent libre cours à l'imagination, et dont le sujet ne soit pas trop fermé. **Des photographies d'animaux insolites** sont de très bons inducteurs : bébé taupe, lamantin, nautile… Vous pouvez aussi sélectionner des personnages ou des paysages insolites. Si certains éléments de la photographie sont difficiles à identifier, c'est encore mieux : cela laissera une large part à l'imagination. Vous pouvez, bien sûr, choisir les images en compagnie de votre enfant, à moins que vous ne préfériez lui en réserver la surprise.

**2** Montrez-lui quelques images (trois ou quatre à la fois) et demandez-lui si l'une d'elles l'inspire en particulier. Ne lui parlez surtout pas de cette photographie ni de ce qu'elle représente, mais **demandez-lui s'il peut inventer l'histoire** de cet animal, ce personnage ou ce paysage inconnu.

**3** Pour aider votre enfant à démarrer sa narration et à la structurer, guidez-le par des questions.

**Par exemple, pour un animal ou un personnage :**
- Quel est cet animal ? Qui est ce personnage ?
- Comment s'appelle-t-il ?
- Que lui arrive-t-il ?
- Que va-t-il se passer ensuite ?
- D'où vient-il ?
- Que fait-il ?
- Qu'aime-t-il ?
- A-t-il peur de quelque chose ? A-t-il des ennemis ?

**Pour un paysage ou un monument :**
- Où se situe cet endroit ?
- Comment s'appelle-t-il ?
- Que s'y passe-t-il ?
- Que va-t-il se passer ensuite ?
- Quelle est son histoire ?
- Que font les gens dans ce pays ? Quelle sorte de gens est-ce ? Y a-t-il des méchants, des gentils ? Des enfants, des vieilles personnes ? Des animaux ?

**4** En répondant à vos questions, au fils du dialogue, votre enfant construit son histoire. Elle sera certainement brève et simple, surtout au début, mais il s'agit bel et bien d'**une trame narrative !** « *C'est un bébé licorne. Il vit dans un château avec sa maman. Il vient de naître. Il vient juste de finir sa sieste et a envie de jouer. Mais il ne sait pas encore marcher* », etc.

**5** Après avoir inventé deux ou trois histoires de la sorte, **proposez à votre enfant de les écrire**. Selon son âge et ses capacités, vous pouvez vous charger de cette étape : votre enfant dicte et vous prenez en note. Votre enfant peut aussi se charger de coucher par écrit un passage de son texte, qu'il choisit. Encouragez-le et fournissez-lui l'orthographe de certains mots s'il le demande. Collez l'image qui a inspiré l'histoire sous le texte pour l'illustrer et affichez-la fièrement sur votre réfrigérateur !

**Prolongements**

Dans une fratrie, il peut être intéressant de proposer les mêmes images aux enfants et de confronter ensuite les histoires qui auront été inventées.

Et pourquoi ne pas s'offrir ensuite une réécriture collective, au cours de laquelle on essaie de fondre les différentes histoires en une seule ? C'est un bon exercice pour apprendre à écouter et à respecter les idées des autres…

# La course du soleil

En géographie, l'orientation matérialise la direction de l'orient, soit l'emplacement où le soleil se lève à l'équinoxe. C'est un concept primordial : pour aller quelque part, il faut savoir déterminer la direction à prendre ! L'activité suivante introduit l'enfant au concept d'orientation : en observant la position du soleil, il apprend à repérer les points cardinaux et, plus largement, à se situer dans l'espace.

**matériel :** *Papier, crayon. Appareil photo.*

## Apprendre à s'orienter

**1** Sortez le matin avec votre enfant pour **regarder le ciel** et observer, si possible, le lever du soleil. Aidez-le à prendre ses repères : *« Le soleil se lève à l'est. Chez nous, le soleil se lève exactement derrière le cerisier du voisin. Nous savons donc que l'est est dans la direction de ce cerisier. »* Renouvelez l'observation à midi (le soleil est alors au-dessus de vos têtes) et en fin d'après-midi : *« Où se trouve le soleil à présent ? »* Expliquez à votre enfant que le soleil se couche à l'ouest, et aidez-le, à nouveau, à prendre un repère dans son environnement familier.

**2** Le lendemain, invitez votre enfant à **matérialiser ces orientations avec son corps** : il étire son bras droit en direction de l'est, en s'aidant du repère choisi (le cerisier du voisin, selon notre exemple). Bien droit, étiré vers le ciel, il tend ensuite le bras gauche à l'horizontale, qui pointe donc vers l'ouest. Faites-lui remarquer que sa main gauche montre l'emplacement où le soleil se couche. Expliquez-lui qu'il se tient face au nord, et que le sud est dans son dos.

**3** Emmenez votre enfant devant la porte d'entrée de votre maison ou de votre immeuble. **Quelle est l'orientation du bâtiment ?** Sur une feuille de papier, tracez dans un angle une rose des vents rapide : une simple croix, marquée des mots « nord », « sud », « est », et « ouest » aux extrémités des segments. Proposez à votre enfant de réaliser ensemble un croquis rapide de votre habitation sur cette feuille, qui respecterait l'orientation. Aidez-le à se situer si besoin en lui rappelant les repères qui, dans son environnement familier, marquent l'est et l'ouest, et en lui demandant de refaire « la boussole » avec son corps s'il en éprouve la nécessité.

**4** Commencez par déterminer **l'orientation de la façade** et tracez-la. Invitez à présent votre enfant à faire le tour de votre maison : *« Et si nous allions voir le mur orienté au nord ? Lequel est-ce ? Qu'y voit-on : des portes, des fenêtres ? Est-il bordé d'arbres ou d'arbustes, de routes ? »* Laissez votre enfant compléter son schéma selon vos observations, puis faites de même pour les autres murs.

# Le soleil et le cycle des saisons

**1** Votre enfant l'aura peut-être compris au cours de l'activité : la position du soleil n'est hélas pas un moyen très précis pour s'orienter, dans la mesure où, selon la période de l'année, le trajet du soleil est modifié dans le ciel. Pour le mettre en évidence, choisissez un site proche de votre domicile, depuis lequel où vous pouvez admirer un lever de soleil aisément. Notez l'emplacement exact où le soleil se lève un jour donné, en prenant une photo par exemple.

**2** Une fois par mois, pendant un an si possible, retournez sur le site au moment du lever du soleil. Choisissez des jours où le ciel est dégagé, et observez finement l'emplacement de l'évènement. Prenez des repères afin d'être sûr de photographier le soleil depuis le même point de vue.

**3** Au bout de quelques mois, alignez les clichés sur une table et discutez-en en famille : vous constaterez certainement que durant les beaux jours, votre lever de soleil se décale vers le nord, et l'hiver, vers le sud.

**La sécurité d'abord !**
Soyez très prudent lorsque vous regardez en direction du soleil et apprenez à votre enfant à ne jamais regarder le soleil lui-même. Pour utiliser le soleil comme boussole, le mieux est de tendre le bras dans sa direction, puis de descendre la main jusqu'au point d'horizon juste en dessous. On obtient alors une direction (l'est le matin, par exemple).

## Retrouvez un autre jeu pour « s'orienter »

*P. 160, « Une chasse à la boussole ».*

# Question de perspective

Vous remarquez peut-être que votre enfant commence à se soucier de la profondeur dans ses dessins : ses motifs (maisons, personnages, végétaux...) ne s'alignent plus sur une ligne d'horizon parallèle au bas de la feuille. Il essaie de représenter certains objets en trois dimensions, se soucie des proportions et dessine en taille réduite ce qui est « plus loin ». C'est le moment de lui proposer une leçon de perspective, qui répondra à sa problématique et lui permettra d'enrichir ses productions.

**matériel :** *Papier à dessin, format A3 de préférence. Œuvres d'art illustrant la technique de la perspective italienne (voir page ci-contre). Crayon à papier, gomme, feutre à dessin noir, feutres. Règle transparente. Pour colorier, au choix : crayons, aquarelle, pastels...*

**1** Observez avec votre enfant quelques œuvres d'art dont toutes les lignes convergent vers un point dit « de fuite » : expliquez-lui qu'elles utilisent la perspective linéaire et que **le point de fuite est un point imaginaire qui aide le dessinateur à construire son travail**. Photocopiez les œuvres sélectionnées en noir et blanc : armez-vous d'un feutre coloré et d'une règle et proposez à votre enfant de retrouver ce centre de la perspective en prolongeant les lignes du tableau. Le point où elles se rejoignent correspond au point de fuite.

**2** Proposez à votre enfant de réaliser une œuvre en perspective : pour commencer, montrez-lui comment tracer les deux diagonales de sa feuille. Cela peut être réalisé à l'aide d'une règle, mais veillez à ce qu'il n'appuie pas trop sur son crayon : ces lignes sont destinées à être partiellement gommées à la fin du travail. **Les diagonales se coupent en un point : voilà votre centre de perspective !** Marquez-le légèrement, puis demandez à votre enfant de tracer la ligne d'horizon : c'est une ligne parallèle au bord inférieur de la feuille, qui passe par le point d'intersection des diagonales. La feuille se retrouve ainsi divisée en quatre grandes sections triangulaires.

**3** **Attirez l'attention de votre enfant sur le triangle de base**, celui qui apparaît dans l'espace inférieur : il dessine les lignes de la route – ou du fleuve, selon ce que votre enfant voudra représenter. On peut commencer par accentuer ses côtés en dessinant la ligne d'un trottoir, l'épaisseur d'un quai, une barrière...

**4** Concentrez-vous ensuite sur **l'un des deux triangles latéraux** : ils vont accueillir les arbres ou les maisons bordant la voie centrale. Montrez à votre enfant comment commencer en bas à gauche pour remonter vers le point de fuite et occuper tout l'espace du triangle gauche. Il procède ensuite de même de l'autre côté.

**5** Dessiner des bâtiments est certainement ce qu'il y a de plus difficile. Une règle peut alors être utilisée pour aider votre enfant à visualiser la direction à donner à son trait. **Encouragez cependant le tracé à main levée** une fois qu'il a perçu la direction à respecter : son dessin sera plus réaliste s'il n'est pas rectiligne. Attention en particulier à l'orientation des fenêtres : selon qu'elles se trouvent au-dessous ou en dessous de la ligne d'horizon, elle sera différente !

**6** Aidez votre enfant à gommer les diagonales et la ligne d'horizon. **Soyez vigilants : certaines parties de ces lignes seront pleinement intégrées au dessin (toit de maison, bord de route...), et devront être conservées !** Il s'agit d'effacer uniquement les lignes devenues inutiles qui chevauchent le dessin.

**7** **Reste à ajouter les détails selon l'inspiration :** fenêtres, véhicules, personnages, ponts, réverbère, soleil et nuages, etc.

**8** **Fournissez à votre enfant un feutre à dessin pour qu'il repasse son tracé.** Une fois l'ensemble sec, il gommera les dernières marques au crayon et coloriera son travail comme il l'entend.

### À voir et à vivre

**L'âge d'or de la perspective italienne a lieu à la Renaissance, en particulier avec :**

- *La Trinité*, Masaccio, 1425 (premier tableau en perspective linéaire).
- *La Cène*, Léonard de Vinci, 1495.
- *La Cité idéale*, Pietro della Francesca, 1480.
- *L'École d'Athènes*, Raphaël, 1509.

La perspective italienne est souvent observée en photographie, en particulier dans les paysages urbains, dans lesquels une voie (route, ligne de chemin de fer...) semble se fondre en un point sur la ligne d'horizon. Vous pouvez aussi vous amuser à la traquer dans les bandes dessinées et les dessins humoristiques : elle est partout !

3

4

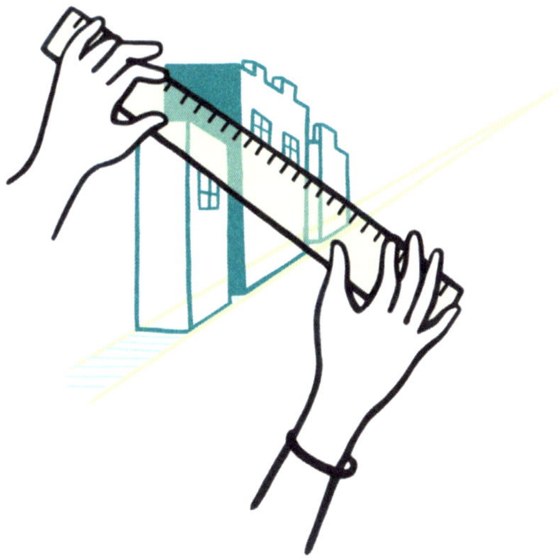

5a

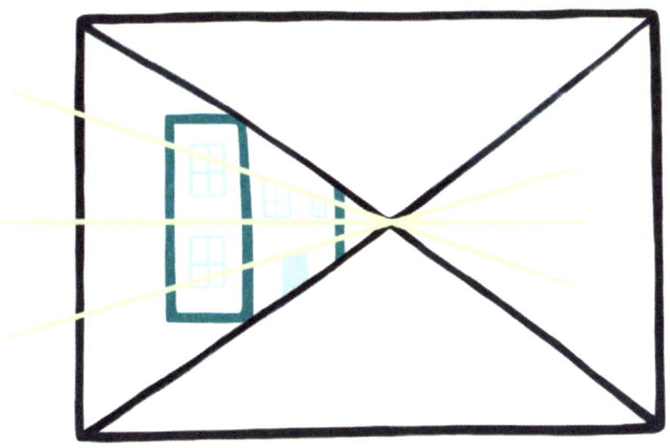

5b

Bille pédagogique

# PROPOSER DES ACTIVITÉS ARTISTIQUES

Les activités artistiques du présent ouvrage introduisent votre enfant aux médias artistiques à travers des explorations ouvertes. Votre posture en tant qu'adulte reste néanmoins capitale dans l'intérêt que votre enfant portera à ces séances. Voici une sorte de guide des conduites à adopter lors des activités artistiques, de manière à transmettre le langage de l'Art à votre enfant sans étouffer ses ressentis et ses idées.

**1.** Le rôle de l'adulte est d'encourager l'enfant à prendre son temps (comme le font les grands artistes !) – et un travail gagne à se poursuivre sur plusieurs jours, voire plusieurs semaines. Laissez vos projets mûrir, **les bonnes idées se développent avec le temps !** Essayez de rebondir sur les questions de votre enfant et d'exploiter ses centres d'intérêt. Encouragez ses idées et valorisez son approche personnelle, même si elles vous éloignent du confort d'une séance « pré-pensée ».
Ménagez un emplacement pour stocker les œuvres en cours, dans un endroit où elles ne risqueront pas d'être bousculées (en hauteur, par exemple). Cependant, ne les reléguez pas dans une pièce où vous ne mettez jamais les pieds : loin des yeux, loin du cœur, **et c'est en observant son travail que votre enfant développera de nouvelles idées** pour l'enrichir. Si vous sentez que votre enfant « piétine » lors d'une séance, proposez-lui une pause : « *Et si nous buvions un petit chocolat chaud ? Nous reviendrons vers ta peinture après, pour voir s'il y a quelque chose à y ajouter ?* » Prendre du recul permet de poser sur son travail un regard renouvelé.

**2.** Avant de vous lancer dans une réalisation, rassemblez tout le matériel nécessaire. Rien de plus frustrant que de devoir s'interrompre pour aller chercher un pinceau ou une boîte de pastels ! Disposez les médias et les outils sur une table de manière attractive et esthétique. Votre enfant n'aura qu'une envie : explorer !
Si votre enfant découvre un médium (fusain, acrylique…) qu'il n'a jamais utilisé auparavant, proposez une phase d'exploration libre, au cours de laquelle il devra simplement manipuler, sans se soucier du résultat obtenu. « *Quel type de traces puis-je obtenir avec ceci ? Quels outils puis-je utiliser avec lui ? Se marie-t-il avec d'autres médias connus ?* »
Ces recherches très libres peuvent être conservées dans votre collection d'échantillons *(p. 20)*. Évitez les cours magistraux concernant le rendu ou l'utilisation d'un médium, **laissez votre enfant faire ses propres découvertes concrètes.**

**3.** Dès que possible, **encouragez les liens entre les productions plastiques de votre famille et celles des grands maîtres. Sollicitez tous les sens de votre enfant :** la peinture se voit, mais on peut aussi la toucher (peinture avec les doigts), la humer, voire la goûter (fabriquez des « peintures » comestibles avec des baies du jardin écrasées, à la manière des hommes de la Préhistoire !). Enfin, pensez aux liens qui peuvent être établis entre art et écriture : les œuvres de votre enfant peuvent illustrer une histoire ou un poème écrit par lui, ou même une chorégraphie !

**4.** Terminez toujours une séance par **un temps d'observation et de description :** *« Tu as tracé un grand trait rouge, là, qui rencontre le bleu à cet endroit… Ça se mélange ici, tu as vu ? »* On a toujours beaucoup à dire lorsqu'on décrit un travail, et cela évite de sombrer dans les jugements de valeur (*« C'est beau », « C'est raté »*, etc.).

## COMMENT LIRE UNE ŒUVRE D'ART ?

Face à une œuvre de maître, commencez par **un temps d'observation** silencieuse, au cours de laquelle chacun se connecte à son ressenti.

**Posez une question ouverte (à laquelle on ne peut répondre ni par oui, ni par non)** : *« Que vois-tu ? »* Collectez les éléments de description que pointera votre enfant.

Entrez ensuite plus profondément dans l'œuvre **en guidant le regard de votre enfant par votre questionnement** :

- Quel genre d'œuvre est-ce (un portrait, un paysage, une scène historique…) ? De quel type (photographie, sculpture, dessin…) ? Vous pourrez également interroger les plus grands sur le style (gothique, cubiste…) ou les techniques (clair-obscur…).
- Est-ce une œuvre en deux ou en trois dimensions ? La lumière est-elle naturelle ou artificielle ? D'où vient-elle ? Que dire des couleurs ? Comment sont répartis les éléments sur la toile (symétrie, groupements…) ? Comment le regard circule-t-il ?
- Peut-on émettre des hypothèses sur les moyens utilisés : matériaux, outils… ?
- Que dit cette œuvre ? Qu'est-ce que l'artiste a voulu exprimer ?
- À quoi sert cette œuvre : à décorer, à glorifier, à éduquer… ?
- Quel est ton ressenti face à ce travail ?

# Culture moisie

Le champignon, s'il ressemble à une plante, n'en est pas une, car il ne produit pas de graines. Il se reproduit en libérant dans les airs des centaines de minuscules grains appelés « spores ». Quand une spore se pose quelque part, elle se développe pour former un nouveau champignon. La moisissure est un type de champignon qu'il est facile d'observer en le cultivant à la maison sur quelques restes de nourriture !

matériel : *Cinq petites barquettes alimentaires de récupération. Couteau, cuillère, planche à découper. Film alimentaire, gants de cuisine. Étiquettes, stylo. Restes de nourriture : deux tranches de pain, fruits, fromage râpé, yaourt… Eau.*

1 Aidez votre enfant à couper un fruit bien mûr en deux : **les moisissures affectionnent particulièrement les pêches et les oranges**, mais vous pouvez utiliser n'importe quel type de fruit. Placez les morceaux de fruits dans une barquette.

2 Faites griller l'une des deux tranches de pain. Humidifiez l'autre tranche en la trempant rapidement dans l'eau. **Placez les deux tranches, grillées et humides, dans deux barquettes séparées**. Coupez-les en gros morceaux si nécessaire.

3 Remplissez deux barquettes, par exemple avec du fromage râpé pour l'une et du yaourt pour l'autre. **Expérimentez la culture de moisissures dans la dernière sur un reste de plat** (pâtes, haricots secs en sauce, légumes cuisinés…).

4 **Enveloppez soigneusement chaque barquette de film alimentaire de manière à le rendre étanche à l'air.** Sur le côté de chaque barquette, collez une étiquette avec la date du jour. Entreposez-les à hauteur d'enfant, dans un endroit tempéré où elles ne seront pas renversées ou bousculées.

5 Observez tous les jours. Ce type de projet est un excellent prétexte pour encourager votre enfant à tenir **un journal d'observation quotidien** ! Vous n'observerez certainement rien les premiers jours : cependant, bien qu'invisibles à l'œil nu,
de minuscules spores sont arrivées sur la nourriture, par la voie des airs, avant que vous ne l'emballiez, et sont activement à l'œuvre.

### La sécurité d'abord !

N'utilisez en aucun cas des restes contenant de la viande ou du poisson. Des germes pathogènes s'y développeraient. Et veillez à ce que toute la nourriture contaminée soit jetée après l'expérience. Ne touchez pas aux champignons et portez des gants de cuisine lorsque vous manipulez les barquettes.

Après deux semaines d'observation, n'ouvrez surtout pas le couvercle ! Jetez le pot avec son contenu : il est inapte à être réutilisé.

**6** Au bout de quelques jours, la moisissure commence à apparaître : les spores minuscules grandissent. L'humidité et la chaleur les nourrissent sur le pain humide, qui moisit facilement. Par contre, le pain sec ne moisit pas, preuve que **les champignons ont besoin d'eau pour croître**.

**7** **Ils croissent plus vite sur certains aliments** que sur d'autres : lesquels ? Attirez l'attention de votre enfant sur leur grande variété au niveau des couleurs (vert, blanc, bleu…) et de leurs formes. Vos cultures ne sont-elles pas esthétiques ? Encouragez votre enfant à les décrire et à les photographier.

**8** Continuez d'observer : plus tard les aliments pourrissent et se résorbent. **Les champignons se propagent au contenant** et en deux semaines, ils ont envahi tout l'espace.

**Prolongement**

Comment rendre les spores visibles ? Proposez à votre enfant de recueillir celles qui tombent d'un chapeau de champignon. Prenez deux champignons de Paris bien mûrs (légèrement flétris), ôtez les pieds et placez les têtes des champignons sur une feuille, les lamelles contre le papier. Laissez-les ainsi un jour ou deux, puis soulevez les têtes : vous découvrirez un dessin noir sur le papier. Cette trace est constituée de minuscules spores, grosses comme des grains de poussière, qui sont tombées des lamelles.

Retrouvez comment mener une « investigation scientifique »

*P. 92, « Coach scientifique ».*

# Un peu de vocabulaire

Pour aimer lire et pour bien lire, il est primordial de disposer d'un vocabulaire développé. La richesse du lexique aide à la fois à cerner un sujet, et à augmenter la fluidité de la lecture. Mais pour acquérir de nouveaux mots, il faut vivre des expériences répétées afin de pouvoir les intérioriser. L'enfant a besoin de les lire et de les relire, de multiplier les rencontres et de les utiliser dans diverses circonstances avant de les intégrer à leur pratique langagière. Voici comment y parvenir.

**matériel :** *Papier de plusieurs types (fin et épais), crayon. Dé à jouer.*

**1** Commencez par établir **un corpus de mots** avec lequel vous allez jouer avec votre enfant. Ce peut être, bien sûr, une liste de « mots de vocabulaire » que l'enseignant a demandé de mémoriser lors des derniers devoirs. Mais pour qu'ils soient plus efficaces, c'est-à-dire assimilés, sur le long terme, prenez quelques jours pour noter, sur une feuille volante, les mots que rencontrera votre enfant et dont il vous demandera la signification.

*« Dis, ça veut dire quoi... ? »* : à chaque fois que votre enfant vous questionne sur le sens d'un mot, fournissez-lui l'explication attendue, mais n'espérez pas que ce mot inconnu soit enregistré comme par magie par votre enfant dès lors que vous lui fournissez la définition. Pour pouvoir être intégré au bagage lexical, **un mot doit être rencontré au moins sept fois, de préférence dans des contextes différents !**

**2** Une fois que vous avez recueilli une dizaine de mots, proposez le petit jeu suivant à votre enfant : vous lancez le dé à tour de rôle ; votre enfant commence. **Selon la valeur du dé**, il obtient un gage *(voir ci-dessous)* en rapport avec un mot que vous lui fournissez. Lorsque vient votre tour de jouer, votre enfant vous suggère un mot qu'il choisit dans un très gros dictionnaire (rempli de mots difficiles, bien entendu). Il a le droit d'essayer de vous piéger en vous proposant des mots très compliqués ! L'objectif est que vous aussi, vous enrichissiez votre lexique !

**Exemple de gages : Si tu tombes sur...**

*1) Donne une définition du mot suivant.*
*2) Utilise ce mot dans une phrase.*
*3) Trouve un synonyme à ce mot.*
*4) Trouve un antonyme à ce mot.*
*5) Dessine ce que désigne ce mot.*
*6) Mime ce mot.*

Vous pouvez faire varier ces gages (*« Dis à quoi ce mot te fait penser »*, *« Répète ce mot trois fois »*, *« Écris ce mot ou épèle-le »*, etc.), mais veillez à ce que le chiffre obtenu sur le dé renvoie à un type d'actions tout au long d'une partie.

**3** Cette phase de jeu est parfaite pour s'approprier des mots nouveaux. Au terme de votre partie, les mots inconnus ne le sont déjà plus ! Si vous souhaitez proposer une phase de révision des notions, concevez un petit Memory rapide : sur des carrés de papier épais, écrivez chacun des mots (un mot par carré). Une autre série de papier, de même taille, accueille les définitions des mots étudiés. Le jeu se joue comme un Memory classique : disposez les cartes mélangées, faces cachées sur une table. Chaque joueur, à tour de rôle, les retourne deux par deux pour essayer de constituer des « paires » (ici, un mot et sa définition).

**Prolongements**

- Jouez au jeu des synonymes – c'est idéal pour meubler l'attente au restaurant ou pour clore une randonnée un peu longue. Vous lancez un mot, et votre enfant fournit un synonyme : *« Petit/Minuscule. Beau/Magnifique. Effrayé/Terrifié »*. Acceptez une certaine part d'approximation, il est très difficile de trouver des synonymes exacts dans la langue française ! L'important est que vous sentiez que votre enfant a compris le mot de départ.
- Et pour changer, déclinez le jeu avec des antonymes : *« Accalmie/crise. Clair/sombre. Athée/Croyant. »*, etc.

## Retrouvez un autre jeu avec les mots

*P. 62, « Le Memory des mots ».*

# Autobiographie

Entre 8 et 12 ans (et bien au-delà d'ailleurs !), l'enfant traverse une sorte de crise identitaire. Il éprouve un besoin nouveau, celui de se définir, de savoir qui il est, et de se positionner par rapport aux autres. Proposez-lui de le guidez lors de la rédaction d'une petite autobiographie en vous appuyant sur les pistes ci-dessous. Mais ne prenez pas ombrage si votre enfant refuse : ce type d'écrit est très personnel et il est peut-être mal à l'aise avec l'idée de se livrer. S'il ne vous parle pas de lui, parlez-lui de vous, et cherchez un autre sujet de rédaction !

**matériel :** *Papier, stylo. Imprimante, crayons de couleur et feutres. Autobiographies (voir les pistes de lecture ci-dessous).*

**1** Commencez par introduire le concept d'autobiographie à travers des lectures. Répondez aux éventuelles questions de votre enfant, et réfléchissez ensemble à l'écriture de soi. Pourquoi écrire sur soi-même ? Que raconter ? Faut-il tout dire ? Pouvons-nous écrire sur les autres, au risque de les blesser ? Pourquoi écrire si je ne fais lire mes textes à personne ? Il n'y a, évidemment, pas de réponses toutes faites à ces questions !

**2** Si votre enfant est intéressé par l'exercice et qu'il accepte que vous l'assistiez, expliquez que vous allez proposer une série de thèmes à explorer, qui seront autant de chapitres dans le livre de sa vie. Le premier de ces chapitres s'intitule : « **Mon histoire** ». Listez avec votre enfant les informations sur lui-même qu'il peut y rédiger : son nom, sa ville, l'origine et le nom de sa famille, son école, ce qu'il préfère (couleurs, animaux favoris…).

**3** Le deuxième chapitre s'intitule : « **Ce que j'aime** ». Plutôt que de dresser une liste, demandez à votre enfant de se focaliser sur une personne ou une chose : un membre de la famille, un ami, un aliment, un lieu, un souvenir. Aidez-le à développer son idée à travers le jeu du « Pourquoi ? » : posez-lui cette question quatre fois de suite, en notant rapidement ses réponses, par exemple : *« J'aime aller à l'athlétisme. – Pourquoi ? – Parce que j'aime courir. – Pourquoi ? – Parce que j'aime bien être le premier. – Pourquoi ? Parce que j'aime gagner des coupes. – Pourquoi ? Parce que je trouve les coupes magnifiques. »* Voilà de quoi construire un paragraphe bien étoffé !

### À lire, à voir et à vivre

**Quelques livres pour aborder l'autobiographie :**
- *Otto, autobiographie d'un ours en peluche*, Tomi Ungerer, L'École des Loisirs, 1999, dès 6 ans.
- *Autobiographie d'une courgette*, Gilles Paris, Plon, 2002, dès 8 ans.
- *Moi, boy*, Roald Dahl, Gallimard Jeunesse, 1985, dès 9 ans.

**4** Le troisième chapitre de la vie de votre enfant porte sur « **Mes peurs** ». Raconter un souvenir effrayant ou parler d'une difficulté récurrente peut être très libérateur pour certains enfants, mais d'autres peuvent vivre des blocages. Rappelez à votre enfant qu'il n'est jamais obligé de vous faire lire ses écrits, qu'il peut choisir de coucher certaines choses sur le papier juste pour lui, pour formuler les choses et régler des comptes avec lui-même.

**5** Le quatrième chapitre a pour objectif d'aider votre enfant à se décentrer, à travers la question « **Comment les autres me voient-ils ?** ». Réfléchissez ensemble à la manière de présenter ce point de vue, sous la forme d'une métaphore (« *Pour mes copains, je suis une espèce de lunien, car je suis toujours dans la lune, et ils ne me comprennent pas toujours…* ») ou d'une anecdote (*« L'autre jour, ma cousine m'a dessinée. Je crois qu'elle trouve que j'ai un grand nez, car on aurait dit une carotte… »*).

**6** Le cinquième et dernier chapitre portera sur **les rêves** de votre enfant. Il peut se composer du récit d'un rêve récurrent ; expliquez à votre enfant que ses rêves nocturnes disent beaucoup de choses sur lui-même et qu'ils ont tout à fait leur place dans son autobiographie. D'autant qu'ils sont amusants à raconter ! Si votre enfant préfère, il peut rédiger un rêve éveillé : comment se voit-il dans dix ans ?

**Prolongement**
Certains photographes proposent de créer de véritables albums reliés mêlant textes et photos. Pourquoi ne pas utiliser ce format et faire illustrer le récit de votre enfant par des photographies de lui ? Ce peut être une idée de cadeau originale et personnelle, destinée à un membre de la famille… ou à votre enfant lui-même !

**7** Une fois l'œuvre achevée, aidez votre enfant à corriger les erreurs orthographiques et proposez-lui de taper lui-même le texte sur traitement de texte, et de l'imprimer de manière à créer **un « vrai » livre**. Il pourra illustrer son récit de ses propres dessins. Scannez l'ensemble, agrafer les feuillets pour former un fascicule, et faites des copies pour tous les membres de la famille. Organisez une lecture à haute voix, si votre enfant l'accepte : n'oubliez pas les biscuits maison et le chocolat chaud !

**Conseil**
N'hésitez pas à échelonner le projet d'écriture du chapitre dédié aux peurs sur plusieurs jours : prenez en compte le rythme de votre enfant et son éventuelle fatigue !

## Retrouvez un jeu d'écriture, dédié à la famille

*P. 172, « Journal de famille ».*

Bille pédagogique

# LE NÉCESSAIRE À ÉCRIRE

Tout comme un cuisinier a besoin de ses ustensiles pour élaborer une recette, l'enfant a besoin d'outils spécifiques pour rédiger une histoire. Voici une liste de ce dont votre jeune auteur pourrait avoir besoin, mais rassurez-vous : il est inutile de proposer tous ces items en même temps, et vous possédez certainement déjà la plupart d'entre eux. Pour le reste, n'oubliez pas que les petits articles de papeterie font de jolis cadeaux, à offrir sans modération lors d'occasions spéciales !

## DANS LA TROUSSE

- Le matériel de base : gomme blanche, bâton de colle, taille-crayon, ciseaux.
- Des crayons de couleur et des feutres, de diamètres fins (les gros diamètres induisent un mauvais positionnement des petits doigts).
- Un bon crayon à papier : pour écrire, c'est l'outil le plus maniable, qui ne bave pas, et s'efface aisément. Choisissez-le au corps triangulaire ou hexagonal (les doigts glissent sur un corps cylindrique) et mine HB (hard black = dureté moyenne), ni trop sèche, ni trop grasse. Le Grip 2001 de Faber Castell® est la panacée en la matière, mais d'autres grandes marques, moins coûteuses, proposent des modèles tout à fait confortables.
- **Pour un premier stylo,** les Schneider® font généralement l'unanimité – n'hésitez pas à les faire tester par votre enfant avant d'acheter. Pour les gauchers, il existe un stylo spécifique, le Maped Visio Pen®. Si vous souhaitez offrir à votre enfant un stylo à plume, c'est possible dès que le geste d'écriture est bien maîtrisé – pas avant 7 ans, généralement – en vous tournant vers des modèles adaptés (Scribolino®, de Faber Castell par exemple).
- Si votre enfant éprouve des difficultés à tenir correctement son stylo, parlez-en à son enseignant et proposez-lui un **guide-doigt** triangulaire.

### Conseil

Les craies sont des outils très sensoriels, dont il serait dommage de se priver. De plus, elles permettent, contrairement à d'autres instruments, de laisser des traces dehors, sur la terrasse, sur les trottoirs et sur les murs... Néanmoins, le geste induit est très différent de celui que l'on adopte lorsqu'on tient un stylo : le bras tout entier est en mouvement (ou non le poignet seul) et la position des doigts n'est pas la même. Ne vous alarmez donc pas si votre enfant ne saisit pas sa craie de trottoir comme un crayon à papier, et faites varier les outils scripteurs pour qu'il ne s'enferme pas dans de mauvaises habitudes.

## DANS UNE JOLIE BOÎTE, SUR LE BUREAU

Mettez à disposition de votre enfant tampons-lettres et encreur, lettres magnétiques, perforeuses fantaisie, trombones, élastiques, règle, agrafeuse et agrafes, autocollants, adhésifs décoratifs et/ou transparents, craies de toutes tailles.

**Papier**

Papier kraft, papier à cartes (Staples®, Array®...), papier Canson®, papier machine, papier à dessin, papier ligné, listes vierges (à télécharger sur mon blog Coquelipop, https://drive.google.com/file/d/0B_H7CKpXF5Z5bllwMzVYNWQyWTA/view), papier journal, « poster board » (triptyque de papier cartonné vierge, que l'on peut utiliser pour des exposés, des lapbooks... ou toute autre production).

**Papeterie**

- Pour nommer les choses du monde : étiquettes vierges, post-it. Ces outils sont parfaits pour un très jeune scripteur qui encodera un seul mot à la fois... et ne manquera pas d'aller le coller sur l'objet ainsi nommé !
- Pour nourrir une correspondance : enveloppes, cartes pliées, cartes de visite, cartes postale, papier à lettre.
- Pour cultiver son jardin secret ou consigner ses observations scientifiques : carnets, fiches lignées (type Bristol).

**Outils**

- Carnet d'adresses ou répertoire téléphonique, alphabet présentant les différentes graphies, dictionnaire, dictionnaire analogique (dès 9 ans).

# Aujourd'hui, je me sens...

Connaissez-vous le concept de « météo intérieure » ? Il désigne l'idée que toutes les émotions ressenties sont légitimes en tant qu'émotions, qu'elles sont le reflet de notre état interne. Plutôt que d'essayer de les changer, et donc de les nier, il est libérateur d'en prendre conscience et de se donner le temps, lorsqu'elles surviennent, de les vivre pleinement.

**matériel :** *Papier, crayon.*

**L'exercice du jour permet de lier la gestion de ses émotions, la lecture, et l'utilisation et la construction d'un graphique mathématique. Le défi est le suivant : tout au long d'une journée, faites des relevés d'humeur et reportez-les sur une courbe, à la manière des relevés météorologiques.**

**1** Commencez par tracer deux axes, avec les heures du jour sur la ligne des ordonnées, et l'humeur (ou le bien-être, ou toute autre émotion que votre enfant veut mesurer) sur l'axe des abscisses.

**2** Réalisez deux graphiques de ce type, **un pour vous et un pour votre enfant**. La première fois, faites les relevés ensemble afin que votre enfant comprenne bien le principe : *« Alors, c'est le début du jour, nous sommes en train de prendre le petit déjeuner… Comment est-ce que tu te sens, toi, sur une échelle de 1 à 10 ? Moi, je vais mettre 3, parce que je ne suis pas dans mon assiette, le matin, et puis, je n'ai pas très bien dormi, et j'ai cette réunion, tout à l'heure, qui me stresse… »*

*« Combien mettrais-tu à ta matinée ? Moi, je vais d'abord mettre 7, car en allant au travail, vers 8 heures, j'ai rencontré un ami que je n'avais pas vu depuis 1 an, et ça m'a vraiment remonté le moral ! Je vais ensuite faire descendre ma courbe à 4, car vers 10 heures, j'étais en réunion avec un client difficile… Mais après j'étais tellement content de moi… ! Allez, hop, pour ce midi, je me mets 10 ! Et toi ? »*

**3** Aidez votre enfant à se remémorer sa journée en partant de ce que vous en savez :
*« Tu avais sport, ce matin, n'est-ce pas ? Comment te sentais-tu pendant la séance, sur une échelle de 1 à 10 ? Oh, tu as perdu contre Kelvin au badminton ? Cela t'a mis en colère… un peu, beaucoup ? »*

**4** Tout au long du jour, retrouvez-vous de temps en temps pour **faire le point** sur les dernières heures et complétez votre graphique. Le soir, vous pourrez observer la vue d'ensemble de vos humeurs respectives.

**Astuce**
Réaliser ce type de graphique permet de parler des émotions ressenties de manière objective, sans chercher à juger ou à donner des conseils.

**5** Un autre jour, proposez à votre enfant de réaliser un nouveau relevé, mais de manière plus autonome, cette fois : chacun trace son graphique de son côté, et **vous les comparez le soir venu** en parlant un peu de votre journée.

**Conseil**
Il est très difficile, pour votre enfant, de répondre à vos questions du type : « *Comment s'est passée ta journée ?* », « *Qu'as-tu fait à l'école ?* » et c'est tout à fait normal ! Essayez de changer de registre : « *Que t'est-il arrivé de pire ou de mieux aujourd'hui ?* » ou « *Peux-tu me raconter un truc qui t'a fait rire ou de vraiment bizarre qui te soit arrivé aujourd'hui ?* » ou encore : « *Si tu pouvais décider, que choisirais-tu de travailler plus à l'école ? Et de travailler moins ?* »
*Et n'oubliez pas de raconter, vous aussi, à votre enfant, ce qui a été votre moment favori ou votre pire quart d'heure !*

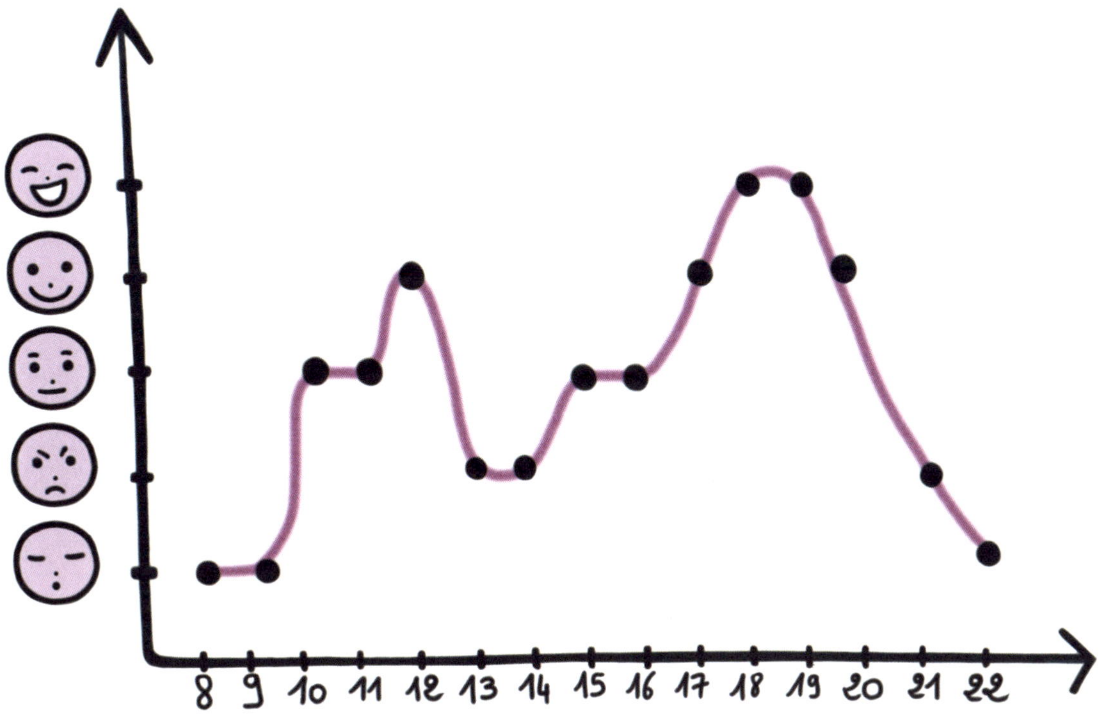

*Bille pédagogique*

# LES MATHS, ÇA BOUGE !

On oublie trop souvent que l'enfant apprend par le corps, surtout s'il est « kinesthésique » : il comprend les concepts abstraits en bougeant et en manipulant des objets. Plutôt que l'asseoir à un bureau, il est souvent profitable de lui proposer de petits jeux de mise en corps, de préférence à l'extérieur, ou dans une pièce dégagée, où le mouvement libre est rendu possible. Rangez vos bibelots ! Voici quelques idées à explorer en fonction des objectifs poursuivis par votre enfant dans sa scolarité.

## POUR ADDITIONNER ET SOUSTRAIRE

**1.** **Tracez une grande ligne à la craie sur le sol,** sur un trottoir ou un parking de supermarché (le dimanche, ils sont déserts !). Graduez-la de un en un, sans oublier les nombres négatifs si votre enfant les connaît ! Proposez des opérations : 10-27, 22 + 56... Il se déplace alors sur cette ligne graduée, en comptant ses pas, afin de trouver le résultat.

**2.** Munissez-vous d'une feuille de papier et tracez-y un tableau à trois colonnes. Demandez à votre enfant de construire une belle tour de cubes sur votre terrasse. Comptez avec lui le nombre de cubes utilisés au total pour la construire : reportez ce nombre dans la première colonne de votre tableau. L'enfant lance une balle et essaie d'abattre un maximum de cubes. Il compte ensuite les cubes tombés au sol. Ce nombre est reporté dans la deuxième colonne de votre tableau. Combien en reste-t-il dans la tour ? **Laissez votre enfant calculer de tête, avec les stratégies qui lui sont propres, puis vérifier en comptant les cubes de la tour.** Reportez le résultat dans la troisième colonne du tableau et recommencez. Améliorera-t-il son score de cubes abattus ? Vous pouvez varier la difficulté du jeu en fonction du nombre de cubes proposés initialement.

**Astuce**

En fait de « cacher » les pierres, mieux vaut les placer en évidence, sous peine de les égarer pour de bon. Choisissez des lieux dégagés pour les déposer, mais favorisez les emplacements insolites : dans la mangeoire à oiseaux, au creux d'une branche basse, en guise de monocle pour la statue du parterre...

**3.** Collectionnez les petites pierres plates que vous trouverez en promenade ! Essayez d'en récolter 50, de manière à pouvoir les numéroter de 1 à 100 en utilisant les deux faces. Les jeux suivants peuvent néanmoins se jouer avec moins de cailloux si vous n'en avez pas autant. Peignez les chiffres avec des feutres peinture (type Posca®) sur les pierres : voilà un matériel concret, esthétique et peu coûteux qui sera très utile pour réaliser différents jeux d'extérieur :

- Cachez une dizaine de pierres dans votre jardin et demandez à votre enfant d'aller en chercher deux à la fois. Lorsqu'il vous les rapporte, **demandez-lui d'additionner ou de soustraire les deux nombres récoltés**.
- Hors de vue de votre enfant, sélectionnez une dizaine de cailloux, et additionnez-les deux par deux : reportez les résultats sur une feuille de papier. Cachez ensuite ces cailloux dans votre jardin, et mettez votre enfant au défi : *« Peux-tu trouver deux cailloux portant des nombres qui, additionnés, donneront 46 ? »*
- Montrez à votre enfant deux pierres, par exemple « 48 » et « 24 » : *« Le résultat que j'obtiens en soustrayant ces deux nombres est inscrit sur une pierre cachée dans le jardin... Sauras-tu la retrouver ? »*

## POUR MÉMORISER SES TABLES DE MULTIPLICATION

**1.** Utilisez **un dallage,** sur une terrasse ou une allée, par exemple. Demandez à votre enfant d'écrire à la craie la suite des nombres de cinq en cinq par exemple, si vous travaillez la table de 5, ou de 7 en 7, de 9 en 9… Marchez ensuite sur le chemin réalisé en énonçant le nombre à haute voix : 7, 14, 21, 28… Dans un second temps, lancez à haute voix un produit : « 5 x 7 ! » et votre enfant court se placer sur la dalle qui porte le résultat.
Si vous avez **un trampoline**, les résultats des produits peuvent aussi être inscrits à la craie sur la toile, et votre enfant sautera de l'un à l'autre selon les devinettes que vous lui lancerez.

**2.** Écrivez sur un mur à la craie les résultats des produits de la table que vous êtes en train de travailler. À l'aide d'**un pistolet à eau**, votre enfant essaie d'atteindre le bon résultat lorsque vous lui demandez par exemple : « *5 x 5 ?* »
Fous rires garantis !

**3.** Tracez **une marelle** à la craie. Mais au lieu d'inscrire la suite de nombre dans les cases, placez-y des produits : 2 x 8, 3 x 8, 4 x 8, etc. Votre enfant lance un caillou et doit énoncer le résultat du produit inscrit sur la case visée. Il peut aussi, en jouant, répéter ce résultat au moment où il se penche pour ramasser son caillou. Gare à lui s'il se trompe : il devra recommencer son lancer !

# Codes secrets

Voici une activité au goût de madeleine de Proust… Vous aimiez certainement vous-même les codes secrets lorsque vous étiez enfant ! Renouez avec ce plaisir, et partagez avec votre enfant un code de votre invention que vous seuls au monde pourrez comprendre. Non seulement vous partagerez de beaux moments de complicité, mais vous aiderez votre enfant à développer ses compétences de lecteur ainsi que ses capacités à abstraire. Ce n'est que du bonheur !

**matériel :** *Papier, crayon.*

## Mon premier code secret

Il est facile de composer votre propre code secret : il suffit de **faire correspondre chaque lettre de l'alphabet à un petit dessin**, comme dans l'exemple ci-dessous.

**Codez ensuite votre message**, en remplaçant chacune des lettres de votre texte par le dessin qui lui correspond. Bien entendu, la clef du code est fournie à l'enfant en même temps que le message, sans quoi il lui sera impossible de le décrypter !

### Variante

Votre enfant peut composer son propre code en inventant un signe en regard de chaque lettre. C'est une excellente manière de l'initier à la signification des symboles, tels qu'on en utilise en mathématiques ou en géographie par exemple. Invitez-le à réaliser ce travail avec soin, en prenant tout son temps. Conservez précieusement cet alphabet, que vous pouvez éventuellement plastifier afin de le faire durer. Il pourra être utilisé une infinité de fois, aussi bien par vous que par votre enfant qui vous adressera lui aussi de petits messages à déchiffrer ! Au bout d'un certain temps, votre enfant le connaîtra par cœur et décodera les messages que vous lui adresserez avec une facilité déconcertante… Il n'en sera pas peu fier !

## Un alphabet authentique

Plutôt que d'encoder un message avec des signes arbitraires, vous pouvez décider d'utiliser un alphabet authentique. Pourquoi ne pas utiliser **l'alphabet en langue des signes ou les gestes de la méthode Borel-Maisonny** (de Suzanne Borel-Maisonny, l'une des initiatrices de l'orthophonie dans les années 1930) ? Vous trouverez facilement ces « alphabets gestuels » sur Internet que vous pourrez imprimer et dans lesquels il vous suffira de découper pour composer votre message.
De la même manière, vous pouvez **faire le lien avec une période historique** aimée de votre enfant en puisant dans l'alphabet phénicien ou étrusque les signes de votre code. À moins qu'il ne préfère la calligraphie chinoise ou les symboles mayas !

**Conseil**
Que crypter ? Ce peut être, tout simplement, un petit mot d'affection que vous souhaitez faire passer à votre enfant. Vous pouvez aussi décider d'encoder de cette manière les différents indices d'une chasse aux trésors *(p. 78)*. N'hésitez pas à vous appuyer sur ces petits codes pour rendre plus ludique la mémorisation des mots de la dernière dictée : encodez chacun des mots à apprendre, votre enfant aura plaisir à les retrouver… et les gravera peut-être plus facilement dans sa mémoire !

## Un code mathématique

Les codes secrets exercent les compétences du jeune lecteur… Mais elles peuvent aussi servir à travailler **les tables d'addition ou de multiplication** ! Faites correspondre à chaque lettre un résultat (produit ou somme). Par exemple, si vous souhaitez que votre enfant revoie ses tables de 7 et de 8 en s'amusant, attribuez à chaque lettre un produit, en lui présentant le résultat ci-dessous.

Proposez alors une petite phrase, dont chaque lettre sera notée sous forme de produit. Ainsi, selon notre code, le mot « BONJOUR » s'écrira :

12 x 7 • 8 x 7 • 4 x 7 • 3 x 7 • 8 x 7 • 2 x 8 • 6 x 7

| | | | | | | | | | | | | |
|---|---|---|---|---|---|---|---|---|---|---|---|---|
| a | b | c | d | e | f | g | h | i | j | k | l | m |
| 72 | 84 | 16 | 7 | 48 | 14 | 8 | 77 | 80 | 21 | 64 | 70 | 40 |
| n | o | p | q | r | s | t | u | v | w | x | y | z |
| 28 | 56 | 63 | 24 | 42 | 32 | 49 | 16 | 35 | 88 | 104 | 96 | 91 |

# Une chasse à la boussole

La boussole est un instrument de navigation qui indique le nord magnétique. Bien que le principe soit connu des chinois depuis le IVe siècle avant J.-C., ce n'est qu'au XIIe siècle que l'instrument est utilisé à des fins d'orientation. Exploitez l'attrait que ce bel instrument, emblématique des Grandes découvertes du XVe siècle, exerce sur votre enfant, et proposez-lui une chasse au trésor digne de Colomb ou de Magellan !

**matériel :** *Boussole. Petits trésors à cacher. Papier, crayon.*

**1** Choisissez **un lieu propice** à votre chasse au trésor : une plage est un emplacement idéal, mais le jeu peut très bien se dérouler dans un parc ou dans votre jardin. Décidez d'un point de départ de votre course, placez-vous debout, et cherchez du regard une cachette pour le premier indice : fixé derrière un arbre, suspendu à une branche, derrière un rocher… Tenez la boussole à l'horizontale sur votre main, à hauteur de poitrine, et attendez quelques instants : l'aiguille bouge librement puis pointe dans une direction. Tournez le cadran gradué jusqu'à ce que la flèche d'orientation (flèche non magnétique, dessinée à l'intérieur du cadran) se trouve dans l'alignement du N. Pivotez lentement votre main jusqu'à ce que l'aiguille magnétique pointe vers le nord.

Relevez à présent les yeux vers votre cachette : avec **quelle gradation du cadran** se trouve-t-elle alignée ? Lisez les degrés qui mesurent l'écart entre le nord et l'emplacement choisi. Reportez ces coordonnées sur une feuille de papier. Marchez jusqu'à votre première cachette en comptant vos pas. Faites-en de petits, votre enfant a de petites jambes ! Notez le nombre de pas effectués : **voilà votre premier indice**, celui que vous donnerez à votre enfant au moment du jeu. Par exemple : *« 90°, 28 pas »*.

Recommencez la procédure : repérez une deuxième cachette, déterminez sa position, comptez les pas et notez les coordonnées de ce deuxième indice. Par exemple : *« 180°, 20 pas »*. Revenez sur vos pas pour **cacher ce deuxième indice**, ainsi qu'une petite surprise, dans la première cachette. Continuez ainsi jusqu'à la fin du parcours.

**2** **Balisez votre course** d'autant d'indices que vous le souhaitez, en adaptant leur nombre à l'âge et au nombre de participants. Si le jeu se déroule en pleine nature, organisez votre course de manière circulaire ou spiralaire, de manière à ce que votre enfant soit toujours à portée de vue et de voix.

**3** Initiez votre enfant à l'usage de la boussole avant de le placer sur le point de départ. Donnez-lui votre première note et **souhaitez-lui bonne chance !**

**Conseils**

- Attention, la méthode de la boussole reste approximative. Ne cachez pas « trop bien » vos indices sous peine de frustrer votre jeune découvreur !
- Cette activité est idéale en groupe, lors d'un anniversaire d'enfants par exemple. Prévoyez alors d'autant d'indices qu'il y a de joueurs et notez sur chacun d'eux le prénom d'un enfant. Ainsi, vous serez sûr que chacun manipule la boussole au cours du jeu !

**À lire, à voir et à vivre**

- *Le Voyage de Christophe Colomb*, Hélène Montardre, Nathan, 2015, dès 8 ans.
- *Sur les traces de Marco Polo*, Sandrine Mirza, Gallimard Jeunesse, 2002, dès 9 ans.
- *Les grandes routes : de la route de la soie à la route du thé*, Annick de Giry, Seuil, 2010, dès 10 ans.

## Des surprises spécial « Grandes découvertes »

Bien sûr, vous pouvez opter ici pour des surprises classiques : petits sachets de bonbons ou menus gadgets. Mais pour transformer cette activité en véritable jeu d'histoire, il est préférable de rester dans la thématique des Grandes découvertes.
Voici quelques idées de babioles à cacher le long de votre parcours :

- Un coloriage de caravelle (à imprimer sur Internet).
- Quelques portraits de grands découvreurs (imprimés sur Internet et plastifiés) : Christophe Colomb, Vasco de Gama, Jacques Cartier, Pedro Alvares Cabral, Magellan.
- Un sachet de pièces d'or en chocolat (n'oublions pas la motivation de ces grands voyages !).
- Une chute de soie (autre grande motivation de l'époque) dans laquelle envelopper poupées ou peluches.
- Des galons de jacquard inca ou aztèque, un sachet de petits gouvernails (articles de scrapbooking) ou boutons en formes d'ancres pour des activités futures (collages, bricolage, couture).
- Un flacon d'épices pour parfumer vos gâteaux.
- Une carte du ciel (on trouve des brochures pour quelques euros en librairie) : les étoiles étaient le premier outil d'orientation de nos navigateurs de l'extrême !
- Petites figurines d'Américains natifs, autocollants ou décalcomanies de symboles indiens…
- Petite bouteille de sable rapportée d'un de vos voyages à l'étranger et soigneusement étiquetée.
- Et au terme du parcours… une boussole, évidemment ! Qui sera la propriété exclusive de votre enfant et lui sera d'une grande aide lors de ses explorations dans le vaste monde !

# De bonnes ondes

Lorsque la science rencontre la musique… Le son est une vibration mécanique, qui se propage sous forme d'ondes et que nous percevons grâce à l'ouïe. La séance suivante met en évidence ce phénomène, en rendant visible ce qu'on ne voit pas d'ordinaire : les vibrations de l'air produites par un objet vibrant, dont dépendent à la fois la hauteur des sons perçus et leur intensité.

**matériel :** *Élastiques de tailles variées. 10 m de ficelle. Deux pots de yaourt vides et propres. Vrille.*

**1** Donnez à votre enfant un élastique d'une dizaine de centimètres, assez épais. Montrez-lui comment l'élastique peut être tendu entre le pouce et le majeur, près de son oreille, et pincé à l'aide de l'index de l'autre main. **Entend-il le son qui en résulte ?** Laissez votre enfant expérimenter quelques minutes, puis demandez-lui d'où vient le son. Que voit-il s'il répète cette fois le geste en tenant l'élastique devant lui ? Aidez votre enfant à verbaliser que l'élastique s'agite lorsqu'il est pincé, jusqu'à devenir flou. Puis son mouvement se ralentit et s'arrête. Expliquez à votre enfant que ce mouvement de va-et-vient rapide est appelé « vibration ».

**2** Invitez votre enfant à recommencer l'exercice **en tendant plus ou moins** l'élastique entre ses doigts. Le son produit varie-t-il en fonction de la tension du caoutchouc ? Fournissez-lui d'autres élastiques, de tailles et de diamètres variés : entend-il des différences dans le son produit ? Aidez-le à verbaliser ses impressions : un élastique fin produit une note plus haute qu'un élastique épais. Le même élastique produira un son plus intense s'il est tendu fermement que si on le tient relâché.

**3** À quoi est due **la différence de hauteur** du son produit ? Demandez à votre enfant de reprendre deux élastiques, un fin et un épais, qui produisent des notes bien distinctes. Faites-les vibrez ensemble en observant attentivement le mouvement du caoutchouc : une note basse résulte d'une vibration plus lente, une note plus haute d'une vibration plus rapide. Expliquez à votre enfant que le nombre d'allers et retours que fait l'élastique en une seconde est appelé « fréquence ».

**4** Aidez votre enfant à fabriquer un instrument **qui illustrera la notion de vibration** : trouez la base de deux pots de yaourt avec une vrille, enfilez une ficelle par un de ces trous et nouez-la à l'extrémité. De la même manière, attachez le deuxième gobelet à l'autre extrémité de la ficelle. Votre enfant tient l'un des pots de yaourt, tandis que vous tenez l'autre. Éloignez-vous mutuellement, jusqu'à ce que la ficelle soit bien tendue. Chuchotez dans le pot : à 10 m de vous, votre enfant colle son récipient à son oreille… Le son de votre voix fait vibrer la ficelle, et se transmet ainsi à son oreille !

**La sécurité d'abord !**
Veillez à ce que votre enfant ne tienne pas l'élastique trop près de ses yeux ! Il pourrait sauter et le blesser.

**Prolongements**
S'il est difficile pour votre enfant de visualiser la vibration de l'élastique, voici deux autres situations qui la mettront en évidence de manière plus spectaculaire :

- Frappez vigoureusement une des branches d'un diapason à l'aide d'un petit marteau, retournez-le et touchez la surface d'un verre d'eau rempli à ras bord. Vous verrez des vagues, des éclaboussures : c'est la vibration qui est rendue ainsi visible !
- Recouvrez un bol d'un film de plastique alimentaire et déposez-y une poignée de riz cru. Tambourinez sur le dos d'une casserole avec une cuillère en bois, en orientant bien l'ouverture de la casserole vers vos grains de riz. Vous les verrez danser sous les ondes produites !

Bille pédagogique

# INVESTIGATION SCIENTIFIQUE

Vers 6 ou 7 ans, l'enfant commence à modéliser ses observations et ses investigations. Il aime décrire, parler de ses découvertes, les raconter, et commence à pouvoir mener des enquêtes plus fines sur tel ou tel aspect du monde naturel. C'est le moment d'encourager une approche plus systématique quand votre enfant vous pose une question ! Plutôt que d'y répondre de but en blanc, encouragez-le à formuler ses propres hypothèses.

## DES HYPOTHÈSES AUX CONCLUSIONS

**1.** Résistez à la tentation de dégainer votre téléphone à tout bout de champ pour chercher des réponses immédiates sur Internet. **En sciences, le questionnement a plus de valeur que la formulation de réponses toutes faites.** Prenez soin des questions de votre enfant, et aidez-le à construire ses réponses sans précipitation. Proposez-lui de faire une « recherche » : utilisez ce mot, il est important ! Essayez de privilégier les enquêtes dans des livres documentaires, que vous compléterez dans un second temps par d'éventuelles recherches sur Internet. Pour tout sujet abordé, évoquez le travail des scientifiques spécialisés, leur métier, leurs outils. Allez à la rencontre des experts, dans les musées ou les expositions ! N'ayez pas peur d'introduire des termes savants : l'enfant aime nommer les choses du monde précisément et les retiendra sans difficulté.

**2.** Après avoir passé du temps sur un sujet, demandez à votre enfant de **formuler ses conclusions**.

## RETROUVER SON ÂME D'ENFANT

Si devenir parent est un bouleversement, c'est certainement parce que, pour la première fois depuis votre propre enfance, vous êtes amené à voir le monde naturel à travers des yeux d'enfants.

Prenez donc exemple sur votre enfant et observez finement les phénomènes naturels autour de vous. Plutôt que de vous exclamer, à chaque détour de promenade : *« Mais enfin, dépêche-toi ! »*, interrogez-vous : êtes-vous vraiment pressés ? La qualité de votre promenade dépend-elle de la finesse et de la diversité des observations que vous y mènerez, ou du nombre de kilomètres parcourus ? Ralentissez : vous serez ainsi amenés à aller au fond des choses, et vous apprendrez à votre enfant, par votre exemple, à regarder longtemps. C'est de l'observation que découle l'étonnement et le questionnement !

## CONSTRUIRE DES COLLECTIONS

Collecter (des « trésors » lors d'une promenade), voire collectionner (des pommes de pins, des pierres, des plumes...) est une activité simple et très satisfaisante pour le jeune enfant. Cela donne lieu également à des reconnexions familiales très agréables. Essayez d'identifier vos trouvailles, et étiquetez-les par leur nom (courant et scientifique), sans oublier de noter le lieu et la date de votre récolte.

Dès sa naissance, le tout-petit s'emploie à « construire » le monde qui l'entoure. Naturellement curieux, il déploie une grande attention aux petits détails des objets et, dès qu'il est en âge de parler, formule ses propres théories sur la manière dont les phénomènes se produisent. Résistez à la tentation de le contredire et de tout expliquer rationnellement. **Ces essais de théorisation** sont fondamentaux pour alimenter ses fascinantes découvertes, et leur vérité intrinsèque importe moins que la démarche d'investigation qu'ils sous-tendent.

N'ayez crainte de parler de **la connexion entre les choses**. Le monde n'est pas divisé en catégories, comme pourrait le laisser croire un découpage artificiel du savoir en différents domaines. L'enfant ne sépare pas sciences naturelles, sciences physiques, art ou technologie : les champs théoriques ne sont que des portes d'entrée vers un sujet. Utilisez-les toutes !

# Musique native

La musique jouait un rôle important dans la vie des Indiens d'Amérique. De leur naissance à leur mort, leur existence était rythmée par des cérémonies et des danses ritualisées. Proposez à votre enfant de confectionner les instruments de percussion typiques de cette civilisation, en utilisant (presque !) les mêmes matériaux que les originaux !

## Les tambours

**matériel :** *Boîte à café métallique avec couvercle en plastique souple. Ouvre-boîte. Tissu 100 % coton, papier kraft. Crayon à papier, vernis colle, pinceau. Élastique. Cuillère en bois. Pour décorer : peinture acrylique, rubans, plumes…*

Au XIX^e siècle, les boîtes en métal des colons furent très prisées des Natifs, qui réalisent avec ces petites percussions un son étincelant. Utilisez vous aussi ce précieux matériel !

À l'aide de l'ouvre-boîte, **ôtez le fond métallique** de la boîte à café vide, de manière à ce qu'elle soit ouverte aux deux extrémités.
Bien sûr, les Amérindiens utilisaient des peaux animales comme membranes, ce qui est difficilement réalisable par un néophyte. Demandez à votre enfant de déplier un morceau de papier kraft sur votre table de travail, et de poser la boîte métallique en son centre ; aidez-le à tracer à main levée un cercle qui épouse la forme du couvercle, mais d'un diamètre supérieur (environ 5 cm de marge). Votre enfant découpe ce cercle, et l'utilise ensuite comme gabarit pour en découper un second, dans du tissu de coton, cette fois.
Montrez à votre enfant comment passer ces deux disques sous l'eau courante pour les humidifier : expliquez-lui qu'en séchant, ils vont rétrécir et **se tendre** comme le feraient des peaux de bêtes, et rendront un son similaire. Superposez les deux disques, celui en coton sur le dessus, et placez-les sur la boîte à café. Maintenez le tout en place par des élastiques, puis nouez une ficelle tout autour, en la serrant bien, pour cacher les élastiques et les maintenir.
Laissez votre « peau » sécher complètement, puis invitez votre enfant à y appliquer **trois couches de vernis-colle** (laissez sécher entre chaque application).

Reste à confectionner **une baguette** à l'aide d'une cuillère en bois (les Indiens ne tapaient jamais leurs tambours à la main, mais toujours à l'aide d'une baguette !), et à peindre et orner vos créations de symboles amérindiens.

**Variantes**
La plupart des contenants de notre quotidien feront d'excellents tambours, et permettront de varier les sons obtenus : boîte à sel vide, pot de fleur en terre, seau en métal, panier en osier…

## Les maracas

**matériel :** *Cannette de boisson en métal. Graines (haricots secs…) ou perles. Carton, papier Canson®. Ciseaux, crayon à papier, adhésif. Facultatif : colle, feutres.*

Veillez à ce que la cannette soit **bien sèche**, à défaut les graines risqueraient de moisir à l'intérieur. Glissez des graines dans la cannette jusqu'à ce que le son satisfasse votre enfant.
Montrez-lui comment découper **un disque de carton** de même dimension que la cannette, puis fixez-le solidement en guise de couvercle.
Aidez votre enfant à découper **un rectangle de papier Canson** qui puisse habiller, en l'enroulant, le corps de la cannette.
Invitez-le à décorer l'ensemble, à l'aide de collages ou de dessins.

## Les güiros

**matériel :** *Tringle ronde en bois (en vente en magasin de bricolage, de 3 cm de diamètre environ). Crayon à papier. Scie à bois, lime ou ciseau à bois. Facultatif : papier de verre.*

Dans une tringle ronde, sciez **un tronçon de 25 cm, et un autre de 18 cm** : cette étape peut être réalisée par votre enfant sous votre surveillance, à condition que vous lui montriez comment utiliser l'outil en toute sécurité.
Montrez-lui également comment tracer une marque au crayon à papier tous les centimètres dans le morceau de tringle le plus long. Prenez soin de ménager 10 cm à une extrémité, de façon à pouvoir tenir l'instrument. Sur chaque trace, réalisez une encoche à la scie. Puis aidez votre enfant à arrondir chaque encoche dans leur largeur à l'aide d'une lime.
Pour jouer, frottez les dents ainsi taillées à l'aide du bâton plus court.

**Prolongement**
Organisez une grande danse (éventuellement costumée !) à l'occasion d'une fête familiale, d'un changement de saison... Bougez et faites du bruit, et souvenez-vous : la musique est l'art le plus direct et le plus souple, celui qui vous permettra au mieux d'exprimer vos états d'âme et vos aspirations... à condition de surmonter vos complexes ! Suivez votre enfant pour ce faire, il est votre guide !

# Topographie

Une carte topographique montre les caractéristiques d'un paysage, en particulier les irrégularités du sol comme les montagnes, les plateaux, et les vallées. Ce sont des cartes complexes, dont il n'est pas toujours évident de déchiffrer les codes ! Créer un relief en trois dimensions permet à votre enfant de comprendre, de façon concrète et artistique, la manière dont une carte plane rend compte des volumes.

**matériel :** *Carte topographique IGN de votre région. Imprimante. Carton ondulé, papier calque. Crayon à papier. Ciseaux. Peinture acrylique (vert, brun, blanc), pinceaux. Bouchons de liège. Colle forte.*

**1** Observez une carte **topographique IGN de votre région** avec votre enfant. Repère-t-il des lieux familiers ? Vagabondez ensemble dans cette carte à la recherche des lieux connus de votre famille : monuments, rivières et lacs… Nommez-les, repérez les chemins et les rues que vous empruntez régulièrement. Demandez ensuite à votre enfant s'il connaît des reliefs dans votre région : y a-t-il une montagne, une colline ou un plateau sur lequel vous aimez vous promener ? Essayez de les identifier sur la carte.

**2** Attirez maintenant son attention sur **les lignes tracées en orange** : elles représentent un changement d'altitude. Suivez-en quelques-unes avec votre doigt : sont-elles ondulées, circulaires ? Ces lignes dessinent une série de formes concentriques, qui semblent emboîtées les unes dans les autres. Expliquez qu'il faut se les représenter empilées : chaque forme plus petite est placée au-dessus de la plus grande. Ainsi, plus une montagne est haute, plus elle est représentée par un nombre important de « couches ».

**3** Proposez un petit bricolage pour **rendre cette représentation plus concrète** : commencez par scanner votre carte IGN et sélectionnez une formation dont la forme vous paraît particulièrement intéressante. Essayez d'en choisir une que votre enfant connaît sur le terrain ! Agrandissez ce motif et imprimez-le sur un format 4.

**4** Expliquez à votre enfant que vous allez **transformer cette représentation plane en représentation en trois dimensions**, afin de rendre compte de l'élévation du massif choisi. Invitez votre enfant à décalquer chacune des formes concentriques sur des feuilles de papier calque séparées, et faites-les lui reporter sur du carton ondulé. Découpez ensuite les formes obtenues. On peut déjà se faire une représentation en trois dimensions en empilant les morceaux de carton les uns sur les autres, du plus grand au plus petit !

**5** Peaufinez votre maquette : proposez à votre enfant de **peindre** les formes à la peinture acrylique. Fabriquez votre palette en confectionnant plusieurs nuances de verts et de bruns (ajoutez plus ou moins de blanc à la couleur initiale pour obtenir diverses teintes). Encouragez votre enfant à ne pas peindre les morceaux de carton de manière uniforme, mais d'y tracer des tâches et des zébrures de différentes nuances. Le résultat n'en sera que plus réaliste ! Laissez sécher une face avant de peindre l'autre, puis laisser l'ensemble à l'air libre pendant 24 heures sans y toucher.

**6** Le lendemain, montez votre maquette. Découpez un bouchon de liège en trois ou quatre rondelles. **Intercalez ces disques** entre chaque forme en carton, en les collant. Votre relief s'élève maintenant, il est plus vrai que nature ! Il sera parfait pour servir de décor aux figurines de votre enfant, lors de ses jeux !

**Prolongement**
Fabriquez de la même manière plusieurs formations, de formes et de tailles variées, que vous collerez ensuite sur un grand rectangle de carton ondulé, de manière à créer un paysage. Invitez votre enfant à peindre des champs et des rivières sur le « sol ».

## Retrouvez d'autres jeux autour de la topographie

P. 190, « Jeux de cartes ».

# Le carnet qui voyage

Tenir un carnet de voyage, c'est s'ouvrir au monde et aux autres. Décrire son environnement est un bon exercice, qui développe le sens de l'observation, permet de réinvestir ses savoirs, et engage l'enfant dans un véritable travail d'auteur, de reporteur et d'illustrateur. Pensez à emporter un joli carnet avec vous si vous partez quelque part en famille ! Et si vous êtes d'irréductibles sédentaires, rien n'est perdu : votre carnet fera son voyage... tout seul !

**matériel :** *Un petit cahier de 45 pages environ, stylo, ciseaux, colle. Facultatif : une bibliothèque de secteur, une connexion Internet.*

**1** **Le principe est simple** : invitez votre enfant à écrire un texte sur sa ville dans un joli cahier, qu'il enverra ensuite à un ami qui habite dans une autre région de France (ou dans un autre pays). Cet ami rédigera, à son tour, une page ou deux sur son lieu de vie, et enverra le carnet à une de ses connaissances. Six ou sept mois plus tard, le cahier devra être retourné à son lieu d'origine... chez vous !

**2** Commencez par aider votre enfant à **structurer ce dont il souhaite parler** : écrire sur son environnement n'est pas facile, tout ce qui nous entoure semble tellement aller de soi ! N'hésitez pas à le guider s'il manque d'inspiration. Il faudra peut-être commencer par se présenter, puis décrire rapidement son logement : est-ce une maison, un appartement ? Parler de sa commune peut se faire par le biais de la description de ses endroits favoris, des loisirs que votre enfant y pratique. Connaissez-vous des faits marquants concernant les lieux que vous aimez ? Quels animaux peut-on y voir ? Quels sont les lieux où vous aimez manger ?

**3** Répondre à ces questions nécessitera **une recherche,** peut-être, dans votre bibliothèque de secteur : feuilletez des guides, des atlas, des journaux locaux... Aidez votre enfant à chercher des informations amusantes ou insolites, et montrez-lui comment prendre des notes. Complétez si besoin votre enquête par une recherche Internet.

**4** Aidez votre enfant à **rédiger une page ou deux** dans le cahier, selon ses possibilités. Reprenez le texte ensemble : l'exercice ne doit pas tourner à la dictée, n'hésitez pas à aider votre enfant à orthographier les mots qu'il ne connaît pas, et acceptez le fait qu'il reste peut-être quelques erreurs ou quelques maladresses dans le texte final. Collez quelques photos pour illustrer son texte : photo de votre région, photo de son passe-temps favori...

**5** Photocopiez **le mode d'emploi ci-dessous, complétez-le** et agrafez-le à l'intérieur de la couverture de votre cahier.

*Un grand bonjour de* [Nom de votre ville/région/pays]
*Voici notre journal qui voyage et nous aimerions que vous participiez à le faire circuler !*
*Lorsque vous recevez ce cahier, merci de :*
*– nous envoyer un mail pour que nous puissions suivre le voyage de notre cahier sur notre carte dédiée... Promis, nous vous enverrons une jolie carte postale en échange !*
*– remplir quelques pages de ce cahier au sujet de l'endroit où vous vivez ! N'hésitez pas à inclure des photographies !*
*– envoyer le journal à un ami ou à un parent qui vit dans une autre région de France ou un autre pays !*
*Ce journal doit être retourné à l'adresse ci-dessous au plus tard le* [date].
*Merci de tout cœur !*
*Signé :*
*La famille* **
*Adresse :* **
*Mail :* **

**6** **Envoyez votre journal** à un ami ou à une relation qui vit loin de chez vous. Il n'y a plus qu'à attendre !

**7** Au fur et à mesure que vous recevrez les mails des différents participants, pointez avec votre enfant le lieu sur une carte afin de **suivre le trajet** de votre petit carnet. Au bout de quelques mois, le cahier vous sera retourné, et vous n'aurez qu'à l'ouvrir pour qu'il vous dévoile les détails de son voyage… Savourez ce trésor inestimable ! Et collez la carte du trajet effectué en dernière page.

# Journal de famille

Lorsque votre enfant était bébé, vous teniez peut-être un journal de ses progrès et de ses petits maux. N'est-il pas dommage de suspendre cette habitude lorsqu'il grandit ? D'autant que votre enfant peut désormais participer activement à la rédaction de votre quotidien. Un « journal de famille » est un excellent lieu de communication, qui permettra de fixer l'évolution de votre dynamique familiale. Et quelle sera votre émotion quand vous relirez ces textes dans quelques années !

**matériel :** *Un journal de qualité (voir plus bas). Stylos, crayons, feutres, etc.*

**1** Choisissez votre journal avec soin. Il ne doit pas être trop encombrant, et tenir dans la durée. Dites-vous que vous le léguerez sans doute à vos petits-enfants et qu'il doit être encore en bon état dans un demi-siècle et au-delà ! Les reliures spiralées, à condition d'être solides, sont en général assez pratiques. Veillez à ce que les pages soient assez épaisses pour que votre enfant puisse utiliser des feutres sans que l'encre ne traverse le papier. Des feuilles blanches, ou présentant un lignage assez large, sont préférables pour ne pas intimider les plus jeunes.

**2** Pendant une semaine, veillez **à noter immédiatement** les évènements dont vous souhaitez garder la trace : mot d'enfant, petit geste qui vous a ému, petit ou grand évènement de votre quotidien... Jetez rapidement vos mots sur une feuille de papier, que vous fixerez au réfrigérateur, par exemple. Si vous n'êtes pas chez vous, vous pouvez vous envoyer à vous-même un mail concis, via votre téléphone par exemple. Conservez cette habitude au fil des semaines, et vous aurez ainsi toujours quelque chose à inscrire dans votre cahier le moment venu.

### Que consigner dans votre journal de famille ?

- Petits mots d'enfants (ou d'adultes !).
- Évènements familiaux importants.
- Brefs récits des exploits réalisés par chacun.
- Petits messages d'amis en visite....

**3** Réfléchissez ensuite, selon l'emploi du temps familial, à **un créneau hebdomadaire** qui permettra à tout le monde de se retrouver autour de votre cahier. Dix minutes suffisent amplement ! Ce peut être le samedi au moment du goûter, par exemple. Présentez alors votre projet à votre famille, et expliquez que chacun des membres, du plus jeune au plus vieux, peut y écrire ce qu'il souhaite à tout moment. Et une fois par semaine, l'un d'entre vous fera « le secrétaire » à tour de rôle. Pour le premier jour, c'est votre tour ! Reprenez vos notes de la semaine, reportez-les rapidement sur le cahier, et donnez rendez-vous à tous une semaine plus tard.

**4** En attendant, ne rangez pas le cahier dans un placard : **posez-le bien évidence** sur la table basse de votre salon. Ce sera sa place ! Glissez un stylo à la page où vous êtes restés. Voilà une invitation à écrire pour toute la maisonnée.

**5** Au début de l'aventure, vous serez amené à montrer l'exemple : ne soyez pas perfectionniste, ne vous souciez ni du style ni de l'orthographe. Votre enfant doit pouvoir écrire sans être jugé, commencez donc par être **indulgent avec vous-même**. Les écrits n'ont pas besoin d'être structurés : une phrase, voire un mot, peuvent suffire. Un dessin ou une courte bande dessinée font aussi très bien l'affaire ! Chacun doit se sentir autorisé à s'exprimer en fonction de sa personnalité.

**6 Relisez souvent** des extraits de votre journal en famille : c'est encore la meilleure façon d'encourager tout le monde à y écrire ! Emportez-le lors de vos déplacements en voiture, vous aurez alors le temps (si ce n'est pas vous qui conduisez !) de le parcourir et de partager vos passages favoris avec vos proches.

**Conseils**

– Lors de vos séances hebdomadaires, prenez soin d'enrôler tout le monde, du plus jeune au plus vieux. Même un bébé peut laisser une trace lorsque vient son tour, que vous daterez, et qui constituera un excellent souvenir dans quelques années !

– N'oubliez surtout pas votre cahier lorsque vous partez en vacances : vous y collerez tout de suite les tickets des musées, les notes d'hôtel… Chacun aura beaucoup de choses à raconter et plus de temps pour le faire !

– Si votre enfant rechigne à écrire, encouragez-le à réaliser des dessins… ou devenez son secrétaire et écrivez sous sa dictée.

– Un journal de famille n'est pas un journal intime ! N'y déversez pas vos états d'âme, ce n'est pas le lieu pour régler ses comptes, mais plutôt pour consigner, très simplement, diverses petites anecdotes dont vous souhaitez vous souvenir.

# COLLECTIONS NATURELLES

Toute démarche scientifique a le même point de départ : l'observation minutieuse de la nature, qui donne naissance à un questionnement : qu'est-ce que c'est ? Comment ça marche ? D'où ça vient ? Seulement voilà : un enfant qui aperçoit dans son environnement un élément qui l'intéresse a envie de le prendre. Que pouvez-vous autoriser, et quelles limites fixer à la collectionnite aiguë des petits scientifiques ?

## LES ANIMAUX

Ça y est : votre enfant a attrapé une bestiole et souhaite l'adopter ! Que faire ? Commencez par vous intéresser très sincèrement à sa découverte et invitez-le à observer sa prise de près. Il existe des loupes-boîtes, dans lesquelles on peut enfermer l'animal quelques minutes, pour pouvoir identifier ses caractéristiques. Amenez votre enfant à réfléchir sur les besoins de l'animal concernant l'humidité, la lumière, etc. : ces conditions sont-elles aménageables dans votre maison ?

Expliquez-lui que garder un animal sans lui fournir ce dont il a besoin est cruel, même pour quelques jours. Observez-le aussi longtemps que vous voudrez, puis **relâchez-le « dans sa maison »**, à l'endroit exact où vous l'avez trouvé.

Certes, la mise en place d'un élevage permet d'apprendre beaucoup sur le comportement et les besoins animaux (eau, nourriture, environnement). Il est possible, dans de bonnes conditions, d'élever des insectes (cloportes, fourmis, coccinelles...), des araignées, des vers de terre ou des escargots. Si vous faites ce choix, **documentez-vous très sérieusement**, et faites les acquisitions nécessaires au confort de l'animal en termes de température, de lumière, d'humidité. Avez-vous un contenant permettant de transporter l'animal sans le blesser ? Une fois à la maison, avez-vous un vivarium dans lequel l'installer confortablement au plus vite ?
Est-ce une espèce que vous pourrez relâcher dans quelques jours, ou ce type d'élevage vous engage-t-il jusqu'à la mort des individus ? S'agit-il d'une espèce rare, dont vous risquez d'impacter la population ?

**Astuce**

Plutôt que de collectionner les animaux, collectionnez leurs cartes d'identité ! Pour chaque espèce rencontrée, fabriquez une petite fiche avec son nom, sa photo, la date et le lieu de sa découverte...

**Attention !**

La loi relative à la protection de la nature interdit formellement de prélever des batraciens (têtards, tritons...) dans leur milieu naturel !

Évitez de manipuler les insectes à mains nues, ils sont extrêmement sensibles aux germes que nous portons. Les chenilles, en particulier, sont très fragiles en élevage ; déplacez-les délicatement du bout d'un pinceau si vous devez absolument le faire.
Et apprenez à votre enfant à se laver les mains soigneusement avant et après tout contact avec l'élevage !

## LES FEUILLES

Il est tout à fait possible, sans dommage pour un arbre, de couper l'extrémité d'une de ses branches pour une collection. Évitez néanmoins de prélever vos échantillons sur de jeunes sujets encore fragiles. Sectionnez au sécateur quelques dizaines de centimètres d'**une branche souple**, portant plusieurs feuilles : leur position sur la branche est nécessaire à l'identification. Placez l'échantillon dans un sac de congélation zippé, qui préservera l'humidité. Si vous n'avez pas le temps de mettre vos trouvailles sous presse en rentrant de promenade, placez-les au réfrigérateur, elles se conserveront quelques jours.

**Pressez** ensuite vos échantillons entre deux feuilles de papier journal puis prenez-les en sandwich entre deux morceaux de carton ondulé. Posez une pile de livres lourds sur l'ensemble et laissez sécher une semaine environ. Fixez ensuite chaque spécimen sur une feuille de papier, sans oublier de noter son nom, le lieu et la date de la trouvaille.

## LES INSECTES MORTS

Si vous trouvez de beaux spécimens de cadavres d'insectes ou d'exuvies (enveloppe dont l'animal s'est débarrassé, après une mue par exemple), prélevez-les à l'aide d'une pince et placez-les dans un flacon ou une boîte d'allumettes. Ils se conservent très bien sans traitement particulier, mais vous pouvez décider, afin de les observer plus facilement, de les **couler dans un bloc de résine**. Faites-les ramollir au préalable, afin de les mettre en position anatomique : placez vos spécimens une quinzaine de jours dans une boîte hermétiquement fermée, tapissée de papier absorbant humide. Piquez l'insecte sur du liège ou du carton et dépliez délicatement ses membres à l'aide de cure-dents. Laissez sécher à température ambiante.

Reste à couler un peu de résine (en vente en magasin de loisirs créatifs) au fond d'un petit moule (à financier par exemple). Attendez quelques minutes que la résine se fige, puis déposez l'insecte, avant de couler de la résine par-dessus.

# Jeux d'aimants

JEU de sciences

de 8 à 10 ans

Un aimant exerce une force d'attraction sur les matériaux ferromagnétiques. À travers la manipulation, votre enfant va découvrir ici quels sont les matériaux magnétiques et ceux qui ne le sont pas, et fabriquer une boussole d'un nouveau genre. Laissez-lui de longues plages d'expérimentation et armez-vous de patience : elles peuvent durer longtemps !

matériel : *Différents types d'aimants : « fer à cheval », barres, boutons. Boussole. Un assortiment de petits objets ferreux (pince à dessin, petits clous…) ou non (cannettes de soda vides, pièces de monnaie, bijoux en or ou en argent, soldat de plomb…). Divers objets en bois, tissus, rotin… Grand plateau. Petit pot en plastique de récupération, saladier. Adhésif. Facultatif : papier, stylo.*

1 Disposez un gros aimant « fer à cheval » et divers objets, en métal ou non, sur un plateau et invitez votre enfant à les **manipuler librement**. Laissez-lui tout le temps nécessaire à son exploration, puis proposez-lui de tester l'attraction magnétique sur ses objets personnels (fournitures de bureau, jouets…). S'il le souhaite, il peut tenir un relevé de ses observations, comme un vrai scientifique, en listant les objets testés et en les rangeant dans deux colonnes : « Magnétiques » et « Amagnétiques ». Il est possible d'ajouter une troisième colonne, qui recense des hypothèses sur la matière de chacun des objets testés (bois, métal, etc.).

2 Lorsque votre enfant a terminé son exploration, demandez-lui de vous restituer ce qu'il a découvert : quels objets sont attirés par ses aimants ? Lesquels ne le sont pas ? De quoi sont faits ces objets ? Il apparaît très rapidement que les aimants n'attirent que des objets de métal. Mais attirent-ils tous les métaux ? Aidez votre enfant à verbaliser que les aimants n'attirent que les **objets ferreux** : ils sont donc utiles pour déterminer la nature du métal dont est fait un objet : *« Si un article est magnétique, je suis sûr qu'il contient du fer ! »*

3 Donnez alors à votre enfant un assortiment de petits aimants de formes variées (disques, cubes…) et laissez-le les manipuler librement. Lorsque l'intérêt se tarit, demandez-lui de vous expliquer ses découvertes. S'attirent-ils les uns les autres dans tous les cas ? Aidez votre enfant à exprimer cette propriété de base : quelles que soient sa taille ou sa forme, un aimant a **deux « pôles »**, nommés nord et sud. Les pôles opposés s'attirent, mais les pôles analogues se repoussent fortement. Mettez votre enfant au défi de les coller : c'est impossible ! Par contre, les deux pôles attirent le fer de la même façon !

4 Pourquoi les pôles des aimants s'appellent-ils « nord » et sud » ? Pour le découvrir, proposez à votre enfant de fixer une barre aimantée au fond d'un petit pot en plastique de récupération (type entremet). Déposez délicatement cette barquette dans un saladier rempli d'eau : elle flotte, s'agite un moment, puis se stabilise. Demandez à votre enfant de marquer, à l'aide d'un feutre, deux repères sur le bord du saladier, dans l'alignement des pôles de l'aimant. Essayez d'orienter votre aimant différemment : vous le verrez revenir irrésistiblement à sa position initiale. À quoi correspondent les directions pointées ainsi par votre aimant ? Utilisez **une boussole** pour le découvrir…

**La sécurité d'abord !**
Demandez à votre enfant de ne pas tester les ordinateurs, les téléphones, les appareils photos, etc. Ils comportent des composants magnétiques et pourraient se dérégler !

# Pointilleux pointillisme

JEU artistique

de 8 à 12 ans



Pauvre Georges Seurat ! L'inventeur du pointillisme n'aura connu de son vivant que quolibets et incompréhension… Le terme « pointillisme » est d'ailleurs trouvé par les critiques pour se moquer de son travail – même si on l'utilise aujourd'hui sans aucune connotation péjorative. Pourtant, le procédé est révolutionnaire, et s'appuie sur un effet d'optique intéressant. Invitez votre enfant à percer ce mystère et à réaliser, à son tour, une œuvre pointilliste !

**matériel :** *Crayon à papier. Peinture acrylique ou gouache. Papier épais, carton ou toile. Palette (assiette en carton ou barquette de récupération). Coton-Tige et cure-dents.*

1 Montrez à votre enfant des reproductions d'œuvres de **Georges Seurat** (*Une baignade à Asnières, Un dimanche après-midi à l'île de la Grande Jatte*…), et de **Paul Signac** (*Au temps d'harmonie, Femme à l'ombrelle*…). Que remarque-t-il ? Expliquez-lui que ces peintres explorent une autre technique de mélanges des couleurs : plutôt que d'opérer leurs mélanges sur la palette, ils juxtaposent de petites touches de couleurs, les unes à côté des autres, sur la toile. Les tubes cathodiques des télévisions ne fonctionnent pas autrement : les images en couleur sont en réalité composées de touches rouges, vertes et bleues, dont notre œil fait la synthèse !

2 Proposez à votre enfant de peindre à la manière pointilliste et demandez-lui s'il y a **un sujet** qui lui tient à cœur et qu'il aimerait peindre : portrait, nature morte, paysage, coucher de soleil, fleurs, animaux… Fournissez-lui un support à peindre : une toile est parfaite pour ce travail, mais vous pouvez aussi bien travailler sur du carton de récupération si vous n'avez que cela sous la main ! Invitez votre enfant à tracer son sujet au crayon à papier.

3 Préparez ensemble **la palette** : de quelle couleur votre enfant va-t-il avoir besoin ? Engagez-le à choisir et à exprimer ses goûts : faut-il ajouter un peu de blanc à ce bleu ? Un peu de vert à ce jaune ?

4 Montrez à votre enfant comment utiliser les Coton-Tige pour **remplir de points** de couleur les surfaces de son croquis. L'outil se tient bien verticalement, et laisse des touches nettes. Proposez-lui aussi de travailler avec des cure-dents : chaque geste laisse alors sur le papier une goutte minuscule !

5 Attention : les couleurs ne doivent pas être mélangées et chacun des points doit être peint distinctement des autres. Rappelez à votre enfant que la technique du pointillisme repose sur la capacité de l'œil et de l'esprit à fondre ces taches de couleurs en une gamme plus complète de tons. S'il veut peindre une surface en pourpre, par exemple, invitez-le à utiliser **une juxtaposition de points** bleus et rouges. Pour éclaircir un vert, il peut y mêler des points jaunes ou blancs, et pour le rendre plus foncé, y glisser quelques points bruns…

## Retrouvez des conseils sur l'utilisation des couleurs

*P. 84, « À propos des couleurs ».*

# Interviews

Quels sont les ingrédients d'un bon scoop ? Plus que le sujet traité lui-même, ou son envergure, peut-être est-ce simplement le talent du journaliste à poser les bonnes questions. Il n'est pas nécessaire que votre enfant soit aux premières loges d'un évènement international pour construire un bon article. La seule chose à faire, c'est de savoir mener une interview ! Interroger ses parents ou ses frères et sœurs est un excellent prétexte pour lire, analyser de façon critique, parler, écrire… et peut-être cela deviendra-t-il le début d'une grande vocation !

**matériel :** *Journaux ou magazines. Papier, stylo. Appareil photo. Traitement de texte et imprimante.*

## Créer l'évènement

Tout est prétexte à une (bonne) interview : ce peut être un désaccord entre les parents et les enfants de la famille (« *Pouvez-vous nous expliquer pourquoi vous refusez catégoriquement que vos enfants adoptent un chien ?* »). Ce peut être un évènement sportif vécu par une grande sœur (« *Demain, vous allez participer au grand cross du collège. Comment vous sentez-vous en cet instant ?* »), une sortie ou des vacances (« *Vous revenez tout juste d'un voyage en famille en Bretagne. Pouvez-vous nous raconter comment cela s'est passé ?* »).

Mais rien ne vous empêche de monter une interview complètement farfelue (« *Pourquoi nos voisins se promènent-ils avec des bananes dans les oreilles ?* ») et d'inventer un expert parmi les membres de la famille, qui pourra se faire interviewer déguisé (« *Voyons, Monsieur Monkey, vous qui êtes un spécialiste des bananes, avez-vous un éclairage scientifique sur ce phénomène ?* »).

**1** Parcourez avec votre enfant des interviews extraites de journaux ou de magazines variés. Lisez-les à deux voix : votre enfant tient le rôle du journaliste, et vous incarnez la voix de l'interviewé. Réfléchissez avec votre enfant : **quel est le rôle du journaliste ?** Pourquoi mène-t-il ce type d'interview ?

**2** Demandez à votre enfant s'il souhaite couvrir un évènement qui lui tient à cœur. Il n'est pas nécessaire qu'il soit un évènement de grande importance, il suffit qu'il le soit pour lui-même et les lecteurs acquis à sa cause : vous ! Une fois le sujet trouvé, aidez-le à identifier **la bonne personne à questionner**, celle qui pourra lui fournir les informations de première main, non des rumeurs ou des suppositions.

**3** Montrez le mode d'emploi ci-contre à votre enfant. Il l'aidera, au pas à pas, **à construire son entretien**. Car une interview se prépare ! Assistez-le dans cette tâche en l'aidant à lister ses questions en fonction de son sujet et de la personne interrogée.

**4** Invitez votre enfant à saisir l'entretien **sur traitement de texte**, en vous inspirant de la présentation des articles que vous avez pu lire. Imprimez-le et faites-le circuler ! À terme, il pourra trouver sa place dans votre journal de famille *(p. 172)*.

## Mode d'emploi pour mener une interview

1 Demande à la personne en face de toi de se présenter de façon complète : nom, métier, adresse, site web…

2 Demande-lui son âge : est-ce un adulte, ou un enfant comme toi ? Dans quelle classe est-il ?

3 Quel est son lien avec l'évènement, comment est-il impliqué ?

4 L'évènement couvert a-t-il déjà eu lieu ou est-il à venir ? Situe-le précisément dans le temps.

5 Situe-le à présent dans l'espace. Cela se passe-t-il à la maison ? À l'école ? Dans un autre lieu ? N'hésite pas à inscrire l'adresse complète et si tu ne la connais pas, demande-la à ton interlocuteur.

6 Comment l'évènement s'est-il passé ? Interroge la personne en face de toi et essaye d'obtenir une chronologie des faits précise.

7 Quel a été son rôle dans l'évènement ? Qu'a-t-elle fait ?

8 Demande-lui d'être plus précis. C'est quelque chose que tu peux faire régulièrement au cours de l'entrevue : « *Vous dites que vous n'aimez pas les chiens parce qu'il faut les sortir. Pourriez-vous être plus précis ?* »

9 Comment ton interlocuteur envisage-t-il la suite des évènements ? A-t-il des projets ? Interroge-le sur l'avenir.

10 Lorsque tu as posé toutes tes questions, demande à la personne en face de toi si elle a des choses à ajouter.

11 Si tu souhaites insérer une photographie dans ton article, demande à ton interlocuteur s'il accepte que tu prennes son portrait.

12 Remercie-le et salue-le.

Bille pédagogique

# LA MÉDIATHÈQUE DU JEUNE HISTORIEN

Dans la mallette du jeune historien, il y a des livres, bien sûr, des tas de livres ! Ne craignez pas pour votre budget : votre bibliothèque de secteur pourvoira largement, à quelques exceptions près, aux explorations historiques de votre enfant.

## UN LIVRE D'HISTOIRE GÉNÉRALISTE

C'est un outil indispensable, le seul, peut-être, qu'il vous faudra acquérir : vous y puiserez des repères pour baliser vos promenades dans le temps et alimenter votre frise chronologique *(p. 52)*. Un bon livre d'histoire est avant tout un livre qui plaît à votre enfant, et dans lequel il se plonge facilement : prêtez attention à la véracité des illustrations, et à la qualité des textes. Mais n'hésitez pas à croiser vos sources en empruntant plusieurs ouvrages supplémentaires de ce genre dans votre bibliothèque : chacun d'entre eux apportera un éclairage unique sur la période que vous étudiez.

### À lire, à voir et à vivre

**Quelques livres d'histoire généralistes :**
- *L'Histoire du monde en BD*, Pascale Bouchié, Catherine Loizeau, Bayard Jeunesse, 2013, dès 9 ans.
- *La p'tite encyclo de l'histoire du monde*, Bertrand Fichou, Bayard Jeunesse, 2015, dès 7 ans.
- *L'Histoire du monde*, Jane Bingham, Usborne, 2003, dès 6 ans.

## DES DOCUMENTAIRES

À chaque fois que vous vous immergez dans une période (Préhistoire, Grandes découvertes, Guerres de religion, etc.), inspectez les rayons de votre bibliothèque et sélectionnez **des ouvrages documentaires** qui se consacrent à ce chapitre de l'histoire. Conçus par des spécialistes des époques concernées, ils fourmillent d'informations passionnantes et n'ont souvent rien à envier aux ouvrages pour adultes en termes de scientificité ! Votre enfant y trouvera aussi un réservoir d'images à photocopier et à reporter sur sa frise chronologique.

## DES FICTIONS HISTORIQUES

Il existe aujourd'hui une vraie littérature historique à destination des enfants. Quel que soit l'âge de votre enfant, vous trouverez le récit qui incarnera votre sujet – c'est-à-dire qui le rendra **vivant**. À travers les aventures d'un personnage concret, l'imagination de votre enfant est activée, les faits évoqués se font images, chargées d'émotions. Grâce au plaisir que procure une bonne histoire, les connaissances historiques se construisent.

Les activités de ce livre tentent de couvrir les grands chapitres de l'histoire – il est impossible d'être exhaustif en quelques pages, bien sûr ! Pour chacun d'eux, vous trouverez u**ne courte liste romanesque**. N'hésitez pas à lire ces ouvrages vous-même à votre enfant, en lecture offerte *(p. 64)*. Sachez ménager le suspense, en ne lisant qu'un chapitre par soir, et en demandant à votre enfant de formuler des hypothèses sur ce qui va se passer ensuite. Prenez le temps, même si (surtout si !) l'ouvrage est passionnant : votre enfant aura le temps de vivre avec les personnages, de rêver le récit et de s'y projeter, et d'assimiler les connaissances factuelles qu'il lui délivre. Il se souviendra plus durablement d'un livre dont la lecture a pris plusieurs jours, voire plusieurs semaines.

## DES VIDÉOS

Elles permettent de faire renaître ce passé révolu… L'histoire est **une science de l'image**, et il serait dommage de se priver des supports multimédias la concernant. Mais attention : regardez toujours les vidéos seul avant de les proposer à votre enfant, et sentez-vous libre de ne pas les lui présenter si vous doutez de la manière dont il les recevra. À chacun sa susceptibilité, et se pencher sur l'histoire, c'est aussi voir les guerres, la violence et la mort… Lorsqu'on conte, on garde le contrôle sur ce qu'on choisit de dire et sur la manière dont on le dit. Ce contrôle est totalement perdu lorsqu'on place son enfant face à une vidéo, pensez-y !

## Retrouvez nos conseils de lecture

P. 64, « Lectures offertes ».

# Jeu des 7 familles historiques !

Aucun enseignant ne demandera à votre enfant de mémoriser la liste des rois de France ! Ce n'est pas non plus le but de l'activité ci-dessous, qui propose plutôt une promenade ludique dans l'histoire par le biais des souverains français. En fabriquant ce jeu des 7 familles, votre enfant va rencontrer bien des faits marquants, des anecdotes amusantes… qui seront réinvestis ensuite, lors des parties de cartes !

**matériel :** *Papier assez épais (120 g/m²). Ciseaux, colle, crayons de couleur, stylo feutre.*

**1** Proposez à votre enfant de fabriquer un jeu de 7 familles sur **les rois de France** : connaît-il le nom des sept grandes familles de monarques qui se sont succédé sur le trône ? Aidez-le à faire une recherche dans ses livres d'histoire.

**2** Pour chaque famille, sélectionnez ensuite ensemble **six personnages qui vous paraissent emblématiques**. Encouragez votre enfant à choisir ses personnages favoris : lisez ensemble de courtes biographies, et aidez-le à réaliser sa sélection. La liste de la page ci-contre est une proposition, que vous pouvez choisir de suivre ou non.

**3** Une fois votre liste déterminée, **fabriquez vos cartes** en les découpant dans du papier assez épais et en veillant à ce que chacune soit présentée de la même manière, comme ci-dessous :

Collez des images issues de photocopies de livres d'histoire ou de recherches Internet. Coloriez-les.

**4** Plastifiez-les ensuite : elles glisseront mieux dans la main des joueurs et dureront dans le temps !

**5** Le jeu se joue comme **un jeu de 7 familles classique** : mélangez les cartes, et distribuez-en 7 à chacun des participants. Le reste fait office de pioche. Chaque joueur, à tour de rôle, demande une carte qui lui manque à un joueur de son choix. Le gagnant est celui qui a constitué le plus de familles à la fin de la partie.

## Exemples de personnages

**1 La dynastie des Mérovingiens** : Mérovée, Childéric Ier, Clovis, Clotaire Ier, Dagobert Ier, Childéric III.

**2 La dynastie des Carolingiens** : Pépin le Bref, Charlemagne, Louis Ier le Pieux, Charles II le Chauve, Charles le Gros, Louis V le Fainéant.

**3 La dynastie des Capétiens** : Hugues Capet, Philippe Ier, Philippe II Auguste, Louis IX (dit Saint Louis), Philippe IV le Bel, Charles IV le Bel.

**4 La maison des Valois** : Charles de Valois, Jean II le Bon, Charles V le Sage, Charles VII le Victorieux, Louis XI Le Prudent, Charles VIII l'Affable.

**5 La maison des Bourbons** : Henri IV, Louis XIII le Juste, Louis XIV, Louis XV, Louis XVI, Louis XVIII.

**6 La maison Bonaparte** : Napoléon Ier, Élisa Bonaparte, Joseph Bonaparte, Jérôme Bonaparte, Napoléon II, Napoléon III.

**7 La maison d'Orléans** : Philippe d'Orléans, Philippe II d'Orléans « Le Régent », Louis Ier d'Orléans dit « Le Pieux », Louis Philippe Ier d'Orléans, dit « Le Gros », Louis Philippe II d'Orléans, dit « Philippe Égalité », Louis Philippe Ier de France.

### À lire, à voir et à vivre

- *À la découverte des rois et reines de France*, Jean-Benoît Durand, Flammarion Jeunesse, Père Castor, 2015, dès 8 ans.
- *Je joue pour tout savoir sur... Les rois et reines de France*, Cécile Guibert-Brussel, Flammarion Jeunesse, Père Castor, 2016, dès 8 ans.
- *Les reines de France*, Caroline Charron, Casterman, 2015, dès 11 ans.

## Pour poursuivre le jeu...

- La loi salique interdit aux femmes d'accéder au trône de France. Voilà pourquoi notre histoire est jalonnée de noms masculins... Pourtant, nombre de ces femmes de rois ont régné, elles aussi, sans en avoir le titre. Rendez-leur justice, et créez un jeu de cartes alternatif sur les Reines de France ! De Brunehaut et Frédégonde et leur haine sanguinaire, jusqu'à Eugénie de Montijo, dernière femme à avoir gouverné la France avec les prérogatives d'un chef d'État, rendez-leur hommage ! Et vous ne verrez plus l'histoire du même œil...

- Utilisez le même jeu pour jouer à la bataille : partagez les cartes équitablement entre les joueurs. Chacun abat une carte sur la table : on compare alors les siècles inscrits en bas des cartes. Le plus grand chiffre gagne. Et si deux siècles sont identiques, c'est la bataille, bien sûr ! Cette version du jeu permet de travailler la chronologie des grands personnages, et la lecture des chiffres romains.

### Le saviez-vous ?

– Seuls trois représentants de la maison Bonaparte ont dirigé notre pays. Pour obtenir 6 personnages dans cette famille, le choix a été fait ici d'inclure les frères et sœur de Napoléon Ier, qui furent bel et bien des monarques, mais de régions ou de pays européens autres que la France.

– Louis Philippe Ier de France est le seul homme de cette lignée, cependant très puissante autrefois, à avoir régné sur la France. Ses descendants sont aujourd'hui les dignes prétendants au trône de France... si d'aventure nous revenions un jour à un régime monarchique !

## Retrouvez d'autres conseils pour apprendre à aimer l'histoire

*P. 116, « L'histoire, ça se vit ».*

# Feuilles d'automne

Au début de l'automne, la variété des couleurs des feuilles est quasiment infinie. Profitez-en pour inviter votre enfant à affiner son regard à travers l'exercice suivant : ensemble, collectez, observer, triez et organisez de manière artistique. Cette activité peut d'ailleurs être réalisée en toute saison – on trouve des feuilles à terre tous les mois de l'année, et on peut aussi les cueillir fraîches, sur la branche, à condition de savoir respecter les espèces environnantes.

**matériel :** *Panier pour la récolte, ciseaux. Feuilles d'automne variées. Livre documentaire sur les arbres. Gros et grand livre en guise de presse. Papier journal, papier à dessin coloré, colle, laque à cheveux.*

**1** Organisez une « chasse aux feuilles » : invitez votre enfant à une promenade un peu spéciale – prenez soin de vous munir d'un panier et d'une paire de ciseaux. Une fois dehors, observez les feuilles que vous ramassez, commentez leurs tailles, leurs couleurs, leurs formes et comparez-les. Invitez votre enfant à choisir les plus beaux spécimens, et ayez en tête que pour la suite, **les feuilles de petites tailles sont plus faciles à travailler**.

**2** De retour à la maison, **étalez les feuilles récoltées** sur une table. Identifiez vos trouvailles à l'aide d'un guide. Encouragez votre enfant à photographier sa récolte, voire à dessiner quelques spécimens s'il le souhaite. Pressez-les ensuite entre deux couches de papier journal dans les pages d'un gros livre, où vous les laisserez quelques heures. N'attendez pas qu'elles sèchent, elles deviendraient cassantes !

**3** Une fois les feuilles aplanies, demandez à votre enfant de trier sa récolte **selon les coloris** : vert, jaune-vert, jaune, jaune-orange, rougeâtre, brun... Employez un vocabulaire précis et référez-vous à un cercle chromatique pour mettre en relation chaque feuille avec une teinte précise. Disposez les végétaux par coloris dans des plateaux distincts, ou déposez-les sur des feuilles de papier journal.

**4** Expliquez à votre enfant que vous allez travailler aujourd'hui sur les dégradés, en réalisant une œuvre. Précisez bien qu'il n'est pas obligé de représenter quelque chose : **les motifs abstraits** sont certainement ce qu'il y a de mieux pour mettre en valeur les nuances. Invitez votre enfant à réfléchir à cette question : comment mettre ces couleurs en relation les unes avec les autres ? Quel motif lui semble le plus approprié ? Ce peut être un mandala, des cercles concentriques, des rayures, des vagues, une spirale, une étoile, etc.

**5** Fournissez de la colle forte à votre enfant, ainsi qu'un petit panel de **papiers colorés**. Quelle couleur choisir pour le support du collage ? Quelle est la couleur qui fait le mieux ressortir les nuances des feuilles ? Encouragez votre enfant à faire des essais en posant quelques feuilles sur différents papiers, et à verbaliser ses impressions. En règle générale, les bleus profonds et les verts foncés fonctionnent très bien (ils sont opposés, sur le cercle chromatique, aux orangés-violacés des feuilles d'automne), mais acceptez les préférences de votre enfant quelles qu'elles soient.

**6** Invitez-le à tracez rapidement au crayon à papier les lignes de son dessin (vagues, spirales...) pour guider le travail. Il s'agit ensuite de commencer le collage. Aidez-le à s'organiser : quel coloris de feuille va-t-il coller en premier ? Et ensuite ? Travaillez en ajoutant les couleurs avoisinantes de proche en proche afin d'obtenir **un dégradé** le plus précis possible.

**7** **Fixez le collage** par un trait de laque pour cheveux, qui durcira l'ensemble et lui conservera pour un temps ses couleurs vibrantes.

**Astuce**

Vous pouvez choisir de vous focaliser sur les feuilles d'un seul arbre ou arbuste : l'homogénéité de leur forme et de leur taille permet de mettre l'accent sur l'incroyable diversité de leurs teintes. Sur un même arbre, chaque feuille est unique !

# Premiers scénarios

Au cours de cette activité, votre enfant va apprendre les bases de l'écriture d'un scénario de film, en revisitant une scène qu'il connaît et qu'il affectionne. Votre enfant sera ainsi amené à raconter une succession d'évènements, à rédiger des dialogues, à visualiser et décrire des détails, réfléchir au statut de narrateur et au concept de personnages. À terme, il lui sera plus facile, quand il lira, de construire « le film de l'histoire » dans sa tête.

**matériel :** *Lecteur de DVD ou ordinateur. Film. Extraits de scripts (sur Internet). Papier, stylo ou traitement de texte.*

**1** Expliquez à votre enfant que **tout film commence par un script**, à partir duquel il est construit. Demandez-lui de réfléchir : quel est son film préféré ? Organisez une grande soirée cinéma en famille (n'oubliez pas le pop-corn !) pour visionner tous ensemble la production sélectionnée.

**2** Proposez ensuite à votre enfant de lister les personnages du film. Peut-il, pour chacun, préciser **quel est le but** qu'il poursuit dans l'histoire et **les obstacles** qu'il rencontre dans sa quête ?

**3** Y a-t-il dans ce film une **scène cruciale** qui illustre particulièrement bien les personnalités des protagonistes et les objectifs qu'ils poursuivent ? Aidez votre enfant à sélectionner une séquence : expliquez-lui qu'on appelle ainsi une série de plans qui se déroulent dans le même lieu, dans le même temps, et autour d'une même action. Une fois l'extrait choisi, visionnez-le à nouveau ensemble.

**4** Demandez à votre enfant d'imaginer ce qui changerait dans cette scène si on faisait **varier un des ingrédients de l'histoire**. Par exemple, comment les choses se passeraient-elles si les personnages présents étaient différents ? Ou si le but poursuivi n'était pas le même ? Ou si c'était la nature de l'obstacle rencontré qui changeait ?
**Par exemple** : si votre enfant a choisi la scène des « clefs volantes » dans *Harry Potter à l'école des sorciers*, aidez-le à transformer cet extrait :
– **Avec d'autres protagonistes** : au lieu d'être accompagné d'Hermione et Ron, Harry Potter est cette fois en compagnie de Drago Malefoy et Gregory Goyle.
– **Avec un autre but** : les trois amis essayent d'atteindre une fenêtre pour quitter la pièce.
– **Avec un autre obstacle** : les amis se heurtent à un mur invisible qui se dresse au milieu du hall, ou à une tornade magnétique qui les emporte tout à coup…

**5** **Explorez ces trois réécritures** avec votre enfant, et demandez-lui de choisir l'une d'elles – celle qui lui plaît le mieux. Racontez-vous mutuellement votre scène plusieurs fois, afin de peaufiner les détails. Prenez en note vos idées de dialogues, de décors ou d'enchaînements d'actions.

**6** Montrez à votre enfant quelques exemples de scripts (on en trouve facilement sur Internet) et dégagez avec lui les caractéristiques d'un tel écrit : **en quoi diffère-t-il de la manière dont un roman est rédigé** ? Que peut-on dire de la présentation, du contenu ?

**7** Aidez votre enfant à **rédiger la scène** qu'il a imaginée sur traitement de texte, en respectant les règles d'usage *(page ci-contre)*.

JEU d'écriture

de 8 à 12 ans

## Les règles d'or de l'écriture d'un scénario

- Donner un titre à la scène.
- Indiquer et décrire le lieu de l'action.
- Décrire la scène aussi précisément que possible et notifier dès que quelque chose change dans la scène.
- Écrire tous les dialogues et faire précéder chaque intervention du nom de celui qui parle :

*« HERMIONE – Mais qu'est-ce que c'est que ça ?*
*HARRY – Je n'en ai aucune idée. »*

- Noter quelques directions scéniques à destination des acteurs, qui doivent savoir ce qu'ils ont à faire. On les place entre parenthèses, après le nom du personnage.

*« RON (gémissant) – Oh, non ! »*

**Conseil**

Prenez l'habitude, lorsque vous découvrez de nouveaux films en famille, d'échanger avec votre enfant après la séance en lui demandant le nom des protagonistes, leurs objectifs et les obstacles rencontrés. Ce sont les trois ingrédients de base d'un scénario !

**Prolongement**

Aidez votre enfant à donner vie à son écrit ! Il peut organiser un grand casting parmi les membres de la famille, qui joueront, déguisés, sous sa direction. N'oubliez pas de filmer !

# Mini-volcans

Les volcans évoquent aux enfants des explosions de lave en fusion et exercent souvent sur eux une forte fascination. Les petites expériences suivantes permettent d'illustrer le phénomène d'éruption volcanique, qu'il soit sous-marin (c'est le cas de la majorité des éruptions sur notre planète !) ou terrestre. Elles sont sans danger, mais nécessitent néanmoins la supervision et les explications d'un adulte.

## Éruption sous-marine

**matériel :** *Un petit cahier de 45 pages environ, stylo, ciseaux, colle. Facultatif : une bibliothèque de secteur, une connexion Internet.*

**1** Demandez à votre enfant de vous décrire **une éruption volcanique**. Pense-t-il à des roches chauffées à blanc, projetées à des hauteurs vertigineuses, des coulées de magma liquide et des panaches de fumées ? La plupart du temps, ce n'est pas comme cela que les choses se passent… Recherchez sur Internet une carte des principaux volcans du monde et observez-la avec votre enfant : que constatez-vous ? Les volcans sous-marins sont mille fois plus nombreux que les 1 500 volcans terrestres actifs… Ce qui signifie que la plupart du temps, lorsqu'une éruption volcanique a lieu, elle se passe… sous l'eau !

**2** Proposez à votre enfant de récréer **une éruption sous-marine** à petite échelle… dans votre cuisine ! Réunissez les matériaux nécessaires, et demandez à votre enfant de centrer un morceau de cire (une bougie chauffe-plat, par exemple) dans le fond d'un bécher transparent. Invitez-le ensuite à ensevelir délicatement la cire sous du sable fin, puis de l'eau – tout doucement, et en s'arrêtant avant le bord du bécher. Chauffez le récipient à feu doux, et demandez à votre enfant d'observer attentivement !

**3** Une fois la réaction terminée, aidez votre enfant à **verbaliser ses observations** : au fur et à mesure que la cire chauffe, elle fond et s'échappe à travers le sable. Aidez-le à faire le parallèle avec les volcans sous-marins : le noyau de la terre contient du magma liquide et chaud, ici représenté par la cire. La cire chaude se liquéfie, se répand, et provoque une éruption miniature à la surface du sable. Elle rencontre alors l'eau froide qui la fait durcir très rapidement.

## Éruption terrestre

**matériel :** *Petite bouteille de plastique de récupération. Entonnoir, pichet. Argile ou boue. Colorants alimentaires, liquide vaisselle, bicarbonate de soude.*

**1** L'expérience ci-après n'illustre que très partiellement le phénomène d'éruption. Elle est néanmoins spectaculaire et sans danger, et très appréciée des enfants de tout âge. Fabriquez **une maquette de volcan** en enfermant une petite bouteille en plastique dans un cône d'argile ou de boue dense. Procédez sur un grand plateau, ou dans un bac en plastique, en veillant à laisser l'embouchure de la bouteille libre.

**2** Aidez votre enfant à verser délicatement dans la bouteille, **à l'aide d'un entonnoir**, de l'eau bien chaude additionnée de colorant alimentaire (6 gouttes rouges, 4 gouttes jaunes et 2 gouttes bleues). Versez-y ensuite un trait de liquide vaisselle, qui emprisonnera les bulles de gaz et rendra votre « éruption » plus spectaculaire. Ajoutez enfin deux cuillères de bicarbonate de soude.

**3** Demandez à votre enfant de verser ensuite du vinaigre blanc dans son volcan : **c'est l'éruption !**

**Le saviez-vous ?**
La « lave » observée est le résultat d'une réaction entre le bicarbonate de soude et le vinaigre, qui produit du dioxyde de carbone. Il y a également une forte libération de ce gaz lors d'une éruption volcanique ! Lorsque le dioxyde de carbone est produit, la pression s'accumule à l'intérieur de la bouteille en plastique, et votre mélange jaillit de la bouteille.

Retrouvez d'autres réactions impressionnantes

P. 38, « Potions bouillonnantes ».

Bille pédagogique

# JEUX DE CARTES

L'un des objectifs de l'étude de la géographie est d'acquérir des compétences cartographiques : savoir interpréter le titre d'une carte, lire une rose des vents, localiser des phénomènes et calculer des distances, permet, à terme, d'appréhender les concepts des sciences sociales – comme le climat, ou la culture – dans un contexte précis. Voici diverses pistes à explorer avec votre enfant pour jouer avec les cartes et se familiariser avec leur langage.

## JOUER AVEC LES ATLAS

Pour apprendre à se servir d'un atlas, rien de tel que de petits défis : concoctez une série de questions sur une ville, une région ou un pays, en adaptant la difficulté à l'âge et aux compétences de votre enfant. Par exemple : *« Quel est le pays qui est bordé au nord par la mer Baltique et dans lequel se trouve le port de Gdansk ? Cherche vite ce drôle de nom dans l'index pour le découvrir ! »* Distillez les indices (numéros de pages, entrées dans l'index...) afin de permettre à votre enfant de se familiariser avec le maniement de l'atlas.

Pour plus d'attrait, **liez les questions les unes aux autres** de façon à simuler un petit voyage. Par exemple : *« Comment s'appelle le pays qui a la forme d'une botte ? Trouve-le dans l'atlas ; nous allons le traverser. Nous commençons par franchir une chaîne de montagne, tout au nord du pays. Comment s'appelle-t-elle ? Cite quatre grandes villes dans lesquelles nous pourrions faire escale dans ce pays, du nord au sud. Nous voici prêts à nous embarquer pour la Sicile : quelle distance devra parcourir notre bateau ? »*

## JOUER AVEC LES DRAPEAUX

Les emblèmes colorés des drapeaux servent à symboliser et identifier les pays. Attirez l'attention de votre enfant sur les motifs, comparez-les, repérez les similitudes et les différences. La plupart des drapeaux du monde sont très faciles à reproduire : amusez-vous à les dessiner avec votre enfant, puis à les colorier ! Enfin, il est aisé de fabriquer **un petit loto des drapeaux**, en imprimant vous-même vos planches que vous plastifierez éventuellement : c'est encore en jouant qu'on les mémorise le mieux !

## JOUER AVEC LES CARTES

• **Carte-puzzles :** photocopiez une carte issue d'un atlas ou d'un site Internet, plastifiez-la si possible et découpez-la en morceaux. Voici un puzzle à reconstituer ! Cette activité est particulièrement efficace pour consolider la connaissance des pays et peut facilement être personnalisée : adaptez le nombre de pièces et leurs formes aux compétences de votre enfant, et fournissez-lui un modèle (à l'échelle, ou en plus petit) si besoin.

• **Carte-mémoire :** mettez votre enfant au défi de dessiner une carte d'après mémoire ! C'est un bon exercice de reconnaissance et de mémoire visuelle. Montrez-lui une carte simple, décrivez-la ensemble, et invitez-le à la regarder attentivement pendant une minute. Demandez-lui ensuite de dessiner ce dont il se souvient. Vous pouvez adapter cette activité en utilisant des cartes plus ou moins complexes et en variant le temps d'observation.

• **Carte imaginaire :** pourquoi ne pas proposer à votre enfant de dessiner une carte grand format, celle d'un pays merveilleux, couverte d'énigmes, d'indices, d'instructions et de symboles ? Procurez-lui une grande feuille à dessin format « raisin » et mettez-y tout ce qui le fait rêver : licornes enchantées, pirates romantiques... Soyez flexible et allez là où l'enthousiasme de votre enfant vous mène !

• **Coloriages :** proposez à votre enfant des cartes vierges à colorier et à renseigner. Pour chacune d'elle, fournissez une liste de lieux à localiser. Par exemple, pour une carte de l'Europe, listez les pays que votre enfant devra retrouver.

• **Cahier à cartes :** réservez un grand cahier ou un porte-vues aux cartes de votre enfant : il pourra y retrouver ses cartes coloriées, mais aussi celles qu'il aura choisi de découper dans des journaux, des magazines, qui auront été photocopiées dans ses atlas, ou fabriquées par lui-même (collages...). Ouvrez-le ensemble de temps en temps et feuilletez-le en le commentant.

## JOUER AVEC LES PLANS

• **Plan à deux :** le jeu s'opère en duo. Asseyez-vous face à votre enfant. Il vous décrit un parcours, par exemple le chemin pour aller de votre domicile à l'école. Pendant ce temps, vous dessinez le plan en suivant strictement ses indications. Puis inversez les rôles ! Voici un excellent exercice pour modéliser le vocabulaire spatial.

• **Maquette :** créez une maquette en trois dimensions en recyclant des emballages alimentaires en carton (boîte de céréales, de riz, de biscuits…). Collés sur une base en carton ondulé, ils figureront les bâtiments d'un parcours familier (celui de votre domicile à l'école, par exemple). Appuyez-vous sur un plan de votre localité pour plus de réalisme, et pour exercer votre enfant au va-et-vient entre la 2D et la 3D. Ajoutez des détails en pâte à modeler, bouchons de liège ou de plastique, ficelle… Peignez l'ensemble ou décorez-le de collages variés.

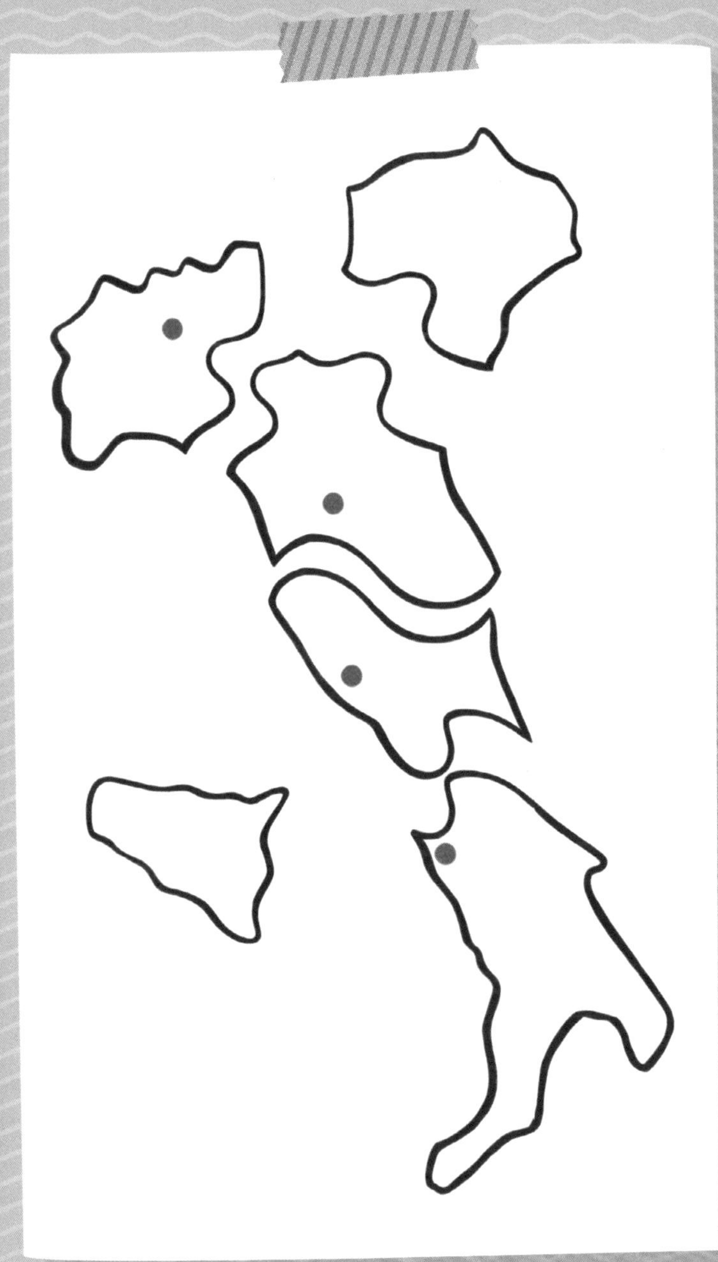

Retrouvez une idée de jeu autour du planisphère

*P. 58, « Du globe au planisphère ».*

# L'art de convaincre

Attention, l'activité ci-dessous pourrait un jour se retourner contre vous ! Il s'agit de doter votre enfant d'outils infaillibles pour qu'il puisse être en mesure de convaincre n'importe qui de faire n'importe quoi… ou presque ! En devenant le maître de la persuasion, votre enfant développe aussi son esprit critique et s'arme contre les discours médiatiques auquel il peut être exposé.

**matériel :** *Papier, stylo.*

## Pour s'entraîner…

**1 Profitez d'un jour où votre enfant vous demande une faveur**, pour répliquer : *« Peut-être que j'accepterais, si tu réussissais à me convaincre ! »* Demandez-lui ce que « convaincre » signifie : a-t-il déjà vécu des situations dans lesquelles il a dû convaincre quelqu'un ? Qu'a-t-il fait alors, comment les choses se sont-elles passées ? Comment faire pour convaincre ?

**2** Cherchez avec votre enfant **des exemples de tentatives de persuasion autour de vous** : dans la presse, à la télévision, les magazines ou les panneaux d'affichages publicitaires urbains. Quels sont les objectifs visés par ces messages ? Quels arguments sont utilisés au service de cette finalité ?

**3 Aidez votre enfant à verbaliser la différence entre l'expression de son opinion personnelle** (*« Les œufs, c'est dégoûtant, j'en ai assez de manger des œufs ! »*) **et un énoncé objectif** (*« Les œufs sont riches en cholestérol et ne sont pas, en excès, bons pour notre santé »*). Cherchez ensemble plusieurs exemples et prenez le temps, pendant quelques semaines, de transformer les énoncés « émotionnels » (*« C'est pas juste, je n'ai pas envie d'aller à l'école ! »*) en énoncés « rationnels » (*« Les enfants ont besoin de temps pour jouer librement afin de s'épanouir… »*).

**Prolongement**

Aidez votre enfant à rédiger une courte lettre, sur le même principe, relative à un sujet qui lui tient à cœur : protester contre la fermeture de la bibliothèque locale, demander à l'enseignant d'introduire un temps de lecture libre dans la semaine…

**4** Jouez au jeu de la persuasion : **proposez à votre enfant de trouver trois faveurs que, vous, parent, pourriez lui octroyer si elles sont bien argumentées** : reculer l'heure de son coucher, inviter son meilleur ami le week-end prochain… Les règles du jeu sont simples : pour chacune de ces trois faveurs, votre enfant devra développer trois arguments : *« Mon argent de poche doit être augmenté parce que les études prouvent qu'un enfant disposant de 5 € par semaine est plus heureux. De plus, le prix des croissants vendus à la récréation par l'association des élèves a augmenté. Enfin, je cherche à économiser, ce qui me responsabilise. »* Aidez-le si besoin à organiser son argumentation et à rechercher des faits scientifiques, objectifs, sur lesquels appuyer ses propos.

**5** Vous, les parents, écoutez sérieusement les arguments de votre enfant, et votez, à la fin de l'allocution, pour l'argument qui vous semblera le mieux illustré. Votez en toute objectivité, et bien sûr, **accédez à la demande** du jeune rhétoricien afin de le récompenser de ses efforts !

## Les mots de la persuasion

- Je m'adresse à vous aujourd'hui parce que…
- Est-il possible que…
- Que se passerait-il si… ?
- Nous ne pouvons pas nous passer de…
- Je pense que…
- Les études montrent que…
- La conséquence est que…
- Réfléchissez-y…
- La réponse à cette question est…
- Sérieusement / évidemment / bien sûr / sûrement / tout bien considéré / par exemple…

# Jeux de sens

Tout ce que nous savons du monde, nous le savons par nos sens. L'acuité de chacun de nos sens varie considérablement d'une personne à l'autre. Veillez à stimuler chez votre enfant les sens les plus développés chez lui, mais aussi et surtout ceux qui le sont moins ! Les activités suivantes vous donneront quelques pistes.

## Jeu de goût

**matériel :** *Quatre ramequins, cuillère. Jus de citron, sauce soja, café froid, eau sucrée. Une pomme, une poire. Bol, couteau.*

**1** Aidez votre enfant à remplir **quatre ramequins de différents liquides** : une cuillère à soupe de jus de citron dans le premier, une cuillère à soupe de sauce soja dans le deuxième, de café froid dans le troisième et d'eau sucrée dans le dernier.

**2** Demandez à votre enfant de fermer les yeux et de se **boucher le nez**. Tendez l'un des ramequins au hasard, dans lequel il plonge son doigt avant de goûter le liquide. Invitez-le à tester tous les liquides de la même façon et aidez-le à verbaliser : sent-il **la différence entre ces saveurs** ?

**3** Expliquez à votre enfant que même sans les sentir, **ces quatre goûts « basiques »** sont aisément identifiables. Fournissez-lui le vocabulaire : le jus de citron est acide, la sauce soja, salée, le café, amer, et l'eau sucrée, sucrée. Seules ces saveurs sont perçues par les papilles. Le reste de ce qu'on appelle « goût » est perçu en fait par l'odorat : le goût spécifique des pâtes, d'une pomme ou d'une épice est en réalité une odeur !

**4** Pour le vérifier, aidez votre enfant à réaliser **une petite salade de fruits** mêlant de gros cubes de pommes et de poires épluchées. Demandez-lui de fermer ses yeux et de se boucher le nez, de piocher un morceau au hasard et de le manger. Que pense-t-il que ce soit : pomme ou poire ? Invitez-le à réessayer plusieurs fois, avant de goûter quelques morceaux en libérant son odorat. Que se passe-t-il ?

**5** Aidez-le à verbaliser la conclusion : il est impossible de déterminer un goût précis sans l'odorat, **notre capacité à sentir les parfums participe largement à ce que l'on nomme « le goût »**. Expliquez à votre enfant que l'arrière du nez communique avec le fond de la bouche, ce qui nous permet de sentir les aliments lorsque nous les mâchons.

### Astuce

Si des ingrédients manquent dans votre cuisine, vous pouvez remplacer :

- le jus de citron par du vinaigre,
- la sauce soja par de l'eau très salée ou du miso délayé,
- le café par du cacao non sucré dilué dans un peu d'eau,
- le sucre par du miel.

### Le saviez-vous ?

On a découvert plus récemment une cinquième saveur de base, que l'on nomme « umami » (de son nom japonais). Elle est plus difficilement identifiable, mais si vous voulez vous en faire une idée, buvez un peu de bouillon de bœuf non salé ou croquez dans de belles tomates cerises !

# Jeu tactile

**matériel :** *Ballons de baudruche, en nombre pair. Entonnoir, petits bols. Diverses matières : sable, sel, farine, billes, pâte à modeler, riz, grains de maïs, grains de café, pois cassés, gel douche, miel…*

Fabriquez des **ballons tactiles** : c'est très facile et hautement sensoriel ! Vous pouvez bien sûr enrôler votre enfant lors de leur fabrication, ou décider de miser sur l'**effet de surprise** et confectionner ce matériel dans le plus grand secret avant de le lui présenter.

Commencez par **gonfler un ballon** : pincez l'embouchure pendant une minute, puis relâchez. Le ballon se dégonfle, mais ses parois sont étirées. Procédez ainsi pour tous les ballons. **Remplissez-les** à l'aide d'un entonnoir : dans chacun, versez une matière différente : semoule, eau, terre… Soyez créatif ! Refermez soigneusement chaque ballon de baudruche au moyen d'un nœud bien serré.

Les « balles » obtenues sont solides et résisteront aux manipulations. Présentez-les à votre enfant en l'encourageant à malaxer, caresser, soupeser. **Pourra-t-il deviner le matériau que renferme chaque ballon ?** Lorsque l'enfant a formulé ses hypothèses, présentez-lui des petits bols remplis des matières que vous avez utilisées pour remplir vos ballons : sucre, haricots rouges, billes plates, mélange d'eau et de fécule de maïs… Saura-t-il appareiller chaque bol avec le ballon correspondant ?

**Prolongement**
Et pour jouer avec sa vue, rien de tel que les illusions d'optique ! Vous trouverez d'excellents visuels sur le sujet dans votre bibliothèque de secteur ou sur Internet !

Retrouvez un jeu liant sciences et ouïe
*P. 162, « De bonnes ondes ».*

# Jeu de l'Oie de l'histoire de France

Pourquoi ne pas fabriquer en famille un grand jeu de l'Oie sur le thème de l'histoire ? En impliquant votre enfant dans la fabrication et la conception du plateau, vous le dotez d'outils pratiques pour apprendre : il sélectionnera avec méthode les évènements historiques dignes de figurer dans son jeu, autour desquels vous échangerez et communiquerez… Il devrait apprendre bien des choses avant même de commencer à jouer !

**matériel :** *Carton ondulé. Ciseaux ou cutter, colle. Crayon à papier, gomme. Gouache et pinceau. Feutre marqueur noir. Pions, dés. Imprimante ou photocopieuse. Papier calque.*

## Confectionner le jeu

1 Proposez à votre enfant de **fabriquer un jeu de l'Oie historique** : aidez-le à préparer le plateau en découpant un morceau de carton ondulé d'environ 40 cm x 30 cm.

2 **Tracez votre parcours** à l'aide d'un crayon à papier. Vous pouvez agrandir le modèle ci-contre ou décalquer le plateau d'un jeu que vous avez déjà. Comptez une soixantaine de cases, pas trop petites, qui s'enroulent jusqu'au centre (arrivée).

3 Choisissez **les cases « spéciales »**, celles qui feront avancer ou reculer le joueur. Répartissez-les bien sur l'ensemble du plateau, en veillant à équilibrer **les cases « bonus » (qui font avancer plus vite)** et **les cases « malus » (qui font reculer)**. Prévoyez une quinzaine de cases spéciales maximum.

4 Déterminez avec votre enfant les actions qui correspondront à ces cases spéciales : la seule contrainte est **qu'elles fassent référence à un évènement historique !** Inspirez-vous des exemples ci-dessous, mais l'idéal est que ce soit votre enfant lui-même qui sélectionne les évènements qui lui tiennent à cœur, en se promenant dans ses livres d'histoire. Gardez cette liste de jokers sous la main pendant le jeu : dès qu'un joueur tombera sur une de ces cases, il lira l'action correspondante.

5 Numérotez soigneusement les cases du parcours et décorez les cases spéciales avec **des images** relatant les évènements historiques concernés (photocopiées dans vos manuels ou imprimées d'après vos recherches Internet). Aidez votre enfant à peindre toutes les autres cases à la gouache en changeant de couleurs pour chaque case et laissez-le décorer le plateau comme il le souhaite.

6 Il ne reste plus qu'à jouer !

## Exemples de cases spéciales

- **Case 5 :** c'est la Préhistoire. L'Homme apparaît en Afrique il y a 3 millions d'années. Va directement à la case 12.
- **Case 9 :** des Celtes venus du centre de l'Europe s'installent sur notre territoire. C'est le début de la période antique, passe ton tour !
- **Case 14 :** nous sommes en 476, voici le début de la période médiévale avec la chute de l'Empire romain d'Occident. Relance les dés une seconde fois !
- **Case 18** : c'est la fin du Moyen Âge et le début des temps modernes. Retourne à la case 10.
- **Case 23 :** nous voici à la Renaissance. Va directement à la case 30.
- **Case 27 :** les guerres de Religion font rage. Retourne à la case 22.
- **Case 32 : 1789 !** C'est la Révolution française ! Relance les dés une seconde fois !
- **Case 36 :** 1880 : 14 juillet. Trop occupé à fêter la première fête nationale, tu passes ton tour !
- **Case 41 :** nous sommes dans le dernier tiers du XVIIIe siècle : c'est le début de la Révolution industrielle en Angleterre. Avance à la case 43.
- **Case 45 :** après 1830, la France connaît un essor de l'industrialisation sans précédent. Avance case 49.
- **Case 50 :** 1944 : les femmes en France obtiennent le droit de vote ! Avance à la case 55.
- **Case 54 :** 1914-1918, c'est la Première Guerre mondiale. Recule case 49.
- **Case 59 :** 1939-1945, c'est la Deuxième Guerre mondiale. Recule case 49.

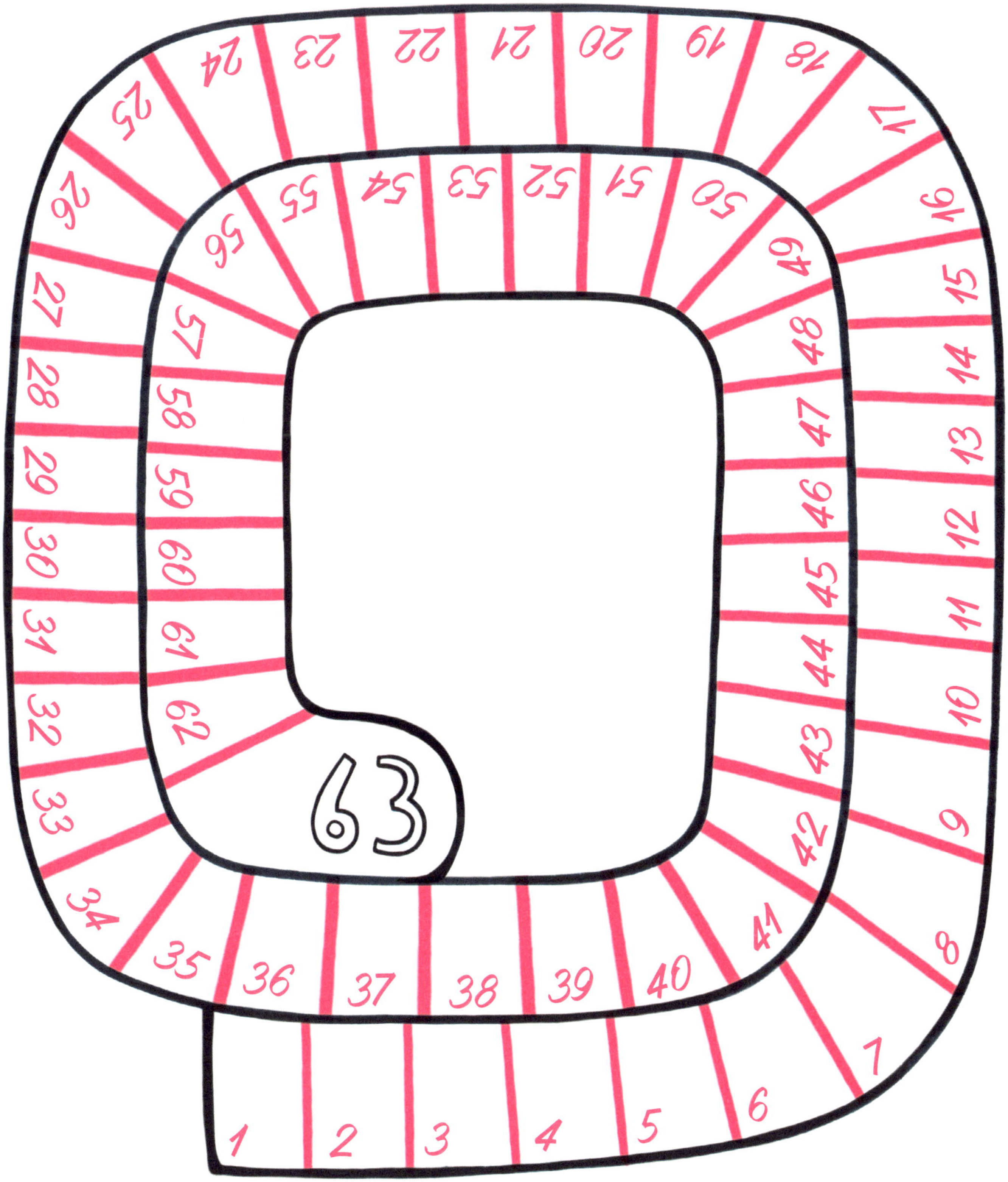


**Retrouvez un autre jeu pour s'amuser avec l'histoire**

*P. 182, « Jeu des 7 familles historiques ».*

# Journal de la nuit

Votre enfant apprendra certainement bien des choses sur les phases de la lune et les constellations dans ses livres. Mais la meilleure manière d'apprendre et de développer son intérêt, c'est de sortir, pour observer le ciel nocturne ! En prenant note des changements subtils qu'il découvre, soir après soir, au-dessus de sa tête, il appréhende la notion de cycle, et se sent relié au monde naturel qui l'englobe. Il apprend de plus à tenir une documentation scientifique et développe ses connaissances astronomiques.

matériel : *Carnet. Crayons et feutres, stylos. Lampe de poche, jumelles. Facultatif : carte du ciel, calendrier lunaire (en vente en jardinerie).*

**1** Proposez à votre enfant de tenir avec lui un « **Journal de la nuit** ». Placez un sac dans votre entrée, et glissez-y le matériel nécessaire à vos observations : carnet, feutres et stylos de couleur, lampe de poche… Jetez un œil à la météo : pour votre première sortie, essayez de privilégier une nuit sans nuage. Et si la lune est pleine, ce sera encore plus spectaculaire !

**2** Le soir venu, préparez une bouteille isotherme de chocolat chaud ou de tisane, habillez-vous chaudement et n'oubliez pas d'emporter une couverture si le temps est frais. Sortez en famille à la nuit tombée, et choisissez un **site d'observation** éloigné des lumières artificielles. Installez-vous sur votre couverture et observez le ciel en dégustant votre boisson chaude.

**3** **Cherchez la lune** : Quelle est sa taille, sa couleur, sa forme ? Observez les étoiles, les nuages, les arbres, les mille et une manifestations de la vie nocturne (bruits, parfums…).

**4** Proposez à votre enfant de jeter succinctement vos observations **sur le papier**. Cela peut être fait de retour à la maison, mais il est aussi très amusant de travailler dehors, à la lueur d'une lampe torche.
Qu'inscrire sur son Journal de la nuit ?
– La date.
– La météo (nuageux, dégagé, froid, venteux…).
– Le dessin rapide de la forme de la lune (ronde, en croissant…), ainsi que le nom de la phase correspondante.
– Le dessin rapide d'une constellation observée (petite ourse, Orion…) et son nom.

**Conseil**
Votre enfant n'aura peut-être pas envie de sortir observer la lune tous les soirs. Ne forcez rien, il est important que l'enthousiasme soit de la partie. D'autant qu'une chose est sûre : la lune sera encore là le lendemain !

**5** Essayez, au moins les premiers temps, de sortir tous les soirs pour observer le ciel. L'idéal serait d'assister à **un cycle lunaire complet**. Profitez-en pour apprendre ensemble le vocabulaire spécifique, qui sera mémorisé d'autant plus facilement qu'il sera ancré dans l'expérience : nouvelle lune, premier croissant, premier quartier, gibbeuse croissante, pleine lune, gibbeuse décroissante, dernier quartier, dernier croissant.

**6** Ne laissez pas votre carnet tomber aux oubliettes ! Même si vos sorties nocturnes s'espacent par la suite, feuilletez-le avec votre enfant et encouragez-le à comparer ses dessins et à verbaliser les changements observés. Invitez votre enfant à enrichir son journal de petits trésors : il peut y coller un poème sur la nuit qui lui a plu, y glisser ses dessins, ses collages ou ses peintures sur ce thème…

**Astuces**
– Ne vous découragez pas si vous pensez que « vous n'y connaissez rien ». Le principal est de savoir s'émerveiller et de développer l'envie de savoir. Pour le reste, vous apprendrez en même temps que votre enfant à lire une carte du ciel ou le nom des phases de la lune !
–Il existe des sites, des applications ou des logiciels gratuits qui permettent de suivre les phases de la lune (calendrier-lunaire.net/) ou le mouvement des constellations (stella-rium.org/fr/).

# Les fractions dans la peau !

L'apprentissage gestuel est souvent boudé dans l'enseignement classique, mais il est pourtant à la base de bien des compétences et des métiers (sportifs, artisans, chirurgiens…) ! Lier les apprentissages au corps facilite la compréhension profonde et la mémorisation. Les activités suivantes proposent d'appréhender la signification des fractions, souvent abstraites pour l'enfant, en passant par le mouvement et le jeu corporel.

## Fraction' dance

**matériel :** *Quelques feuilles de papier journal. Poste CD et disques CD. Feutre noir, ciseaux.*

Profitez d'un moment où votre enfant semble avoir besoin de se défouler pour lui proposer de danser ! Posez deux feuilles de papier journal dépliées sur le sol – une pour vous et une pour votre enfant. Voilà vos pistes de danse personnelle ! Mettez de la musique, placez-vous sur votre feuille de papier et bougez votre corps selon votre inspiration. Invitez votre enfant à en faire autant : **la seule contrainte consiste à ne pas sortir les pieds de la feuille de papier.**

Dansez ainsi quelques minutes. Une fois le morceau achevé, **demandez à votre enfant de sortir de la feuille et de la plier en deux**. Faites de même avec la vôtre : *« Cette fois, nous n'avons plus qu'une demi-feuille pour danser ! Il va falloir faire preuve de créativité, nos pieds ne doivent pas en sortir ! »*
**À la fin de chaque morceau, invitez votre enfant à plier à nouveau sa feuille en deux** : le voilà qui danse sur un huitième de feuille, puis sur un seizième !

Lorsque l'activité s'essouffle, ménagez un temps calme, et **profitez-en pour reprendre le vocabulaire**. Étalez une feuille de papier journal au sol et demandez à votre enfant d'y écrire un grand 1 : *« C'est une feuille, une feuille entière. »*
Demandez-lui ensuite de couper une deuxième feuille en deux parties égales, et d'écrire sur l'une d'elles la fraction correspondante : 1/2. *« Il s'agit d'une demi-feuille : c'est la moitié d'une feuille, nous l'avons coupée en deux. »*
Demandez à votre enfant de poursuivre en coupant une autre feuille en quatre. Il inscrit la fraction correspondante (1/4) et **peut vérifier, en superposant les feuilles de papier, qu'il faut bien quatre quarts pour recouvrir la surface d'une feuille entière**.
Procédez de même pour le huitième et le seizième. **Aidez votre enfant à verbaliser que le dénominateur** (le nombre qui se trouve sous la barre de fraction) indique que l'on a partagé l'unité.
Ces feuilles de papier **peuvent être conservées** quelques semaines : elles prennent peu de place dans un tiroir et pourront être ressorties en cas de doute ou d'oubli.

## La marelle des fractions

**matériel :** *Craies de trottoir, pierres plates.*

Tracez sur votre terrasse ou votre balcon une marelle d'un nouveau genre ! **Il s'agit de se déplacer de 0 à 1, en passant par les fractions intermédiaires : 1/8, 2/8, 3/8…** Dès qu'une fraction peut être simplifiée, ses différentes écritures sont inscrites sur des cases alignées *(voir illustration ci-contre)*.

En sautant sur chaque case, **les joueurs énoncent les fractions à haute voix**. Pour le reste, le jeu se joue comme une marelle classique !

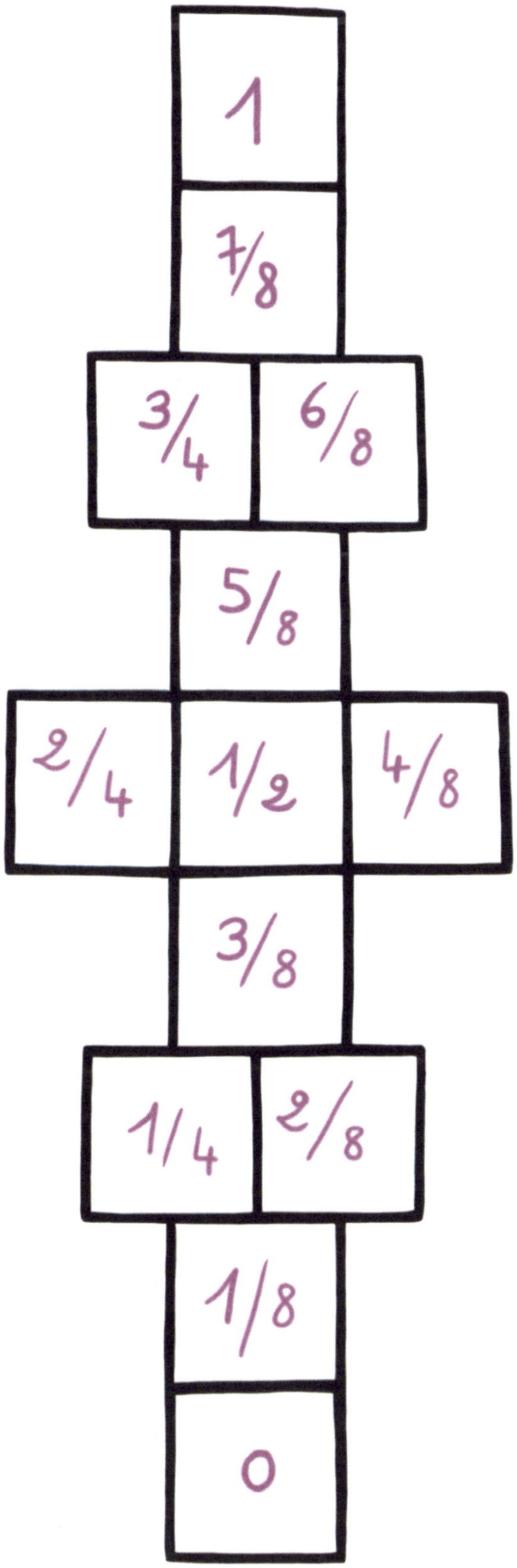


Retrouvez nos conseils pour jouer avec les mathématiques

*P. 156, « Les maths, ça bouge ! ».*

# Voyage virtuel

Si vos finances ou votre emploi du temps ne vous autorisent pas à voyager pour de vrai, invitez votre enfant à un véritable voyage… virtuel ! Voici une activité personnalisable, qui développe une connaissance intime des lieux du monde, tout en s'amusant. En confectionnant un carnet de voyage plus vrai que nature, votre enfant se fait géographe… N'hésitez pas à proposer ce projet régulièrement, tous les ans par exemple.

**matériel :** *Guides touristiques. Carte routière ou plan de la région à visiter. Atlas. Photocopieuse et plastifieuse. Feutre effaçable. Carnet vierge, crayons, stylos et feutres, ciseaux, colle.*

**1** Laissez votre enfant **choisir sa destination** : tout est possible, vous n'avez pour une fois aucune restriction budgétaire ! Cela fait, localisez le lieu choisi dans un atlas et demandez à votre enfant d'énumérer les reliefs, des plans d'eau, des régions et des villes qu'il traversera lors du voyage.

**2** Établissez ensemble **un budget global** : quelles sont les formalités pour accéder au pays ? Un passeport est-il nécessaire ? Faudrait-il louer un véhicule sur place ? Des vaccins seraient-ils nécessaires ? Quelle est la monnaie du pays choisi ? Faudrait-il changer de l'argent pour le voyage ? Si oui, combien ? Où logerez-vous ? Comment voyageriez-vous ? Comparez les prix sur divers sites de compagnies aériennes ou ferroviaires.

**3** **À quel moment de l'année** votre enfant aimerait-il partir ? Quel temps fait-il dans ce pays à cette période ? Y a-t-il d'éventuelles manifestations ou fêtes locales ? Souhaiterait-il y assister ? Quel impact cela aura-t-il sur votre budget ?

**4** Quelle est **la situation politique** du pays ? Y a-t-il des zones à éviter ? Promenez-vous ensemble sur le Site des Affaires étrangères de votre pays (en France : www.diplomatie.gouv.fr/) pour le découvrir.

**Astuce**
Il est aujourd'hui possible de réaliser bien des visites virtuelles ! De nombreux musées célèbres, comme le Louvre, offrent des visites à 360° de leurs collections. Le site de la tour Eiffel invite à une vue panoramique de Paris. « *Google Art Project* » ouvre les portes de musées d'art du monde entier. Et la plupart des lieux touristiques sont équipés de webcam, auxquelles on peut se connecter via leurs sites !

**5** Planifiez **votre itinéraire** : votre enfant souhaite-t-il passer tout son séjour dans la même ville ou voir un maximum de pays ? Quelles activités votre enfant souhaiterait-il découvrir une fois sur place ? Empruntez quelques guides touristiques dans votre bibliothèque de secteur, visitez les forums Internet ou les blogs de voyage pour localiser les attractions, les évènements et les sites remarquables. Investissez dans une carte routière ou un plan, que vous photocopierez et plastifierez : avec un feutre effaçable, votre enfant pourra s'exercer à tracer son itinéraire. Aidez-le à le rendre le plus réaliste possible, en prenant en compte les temps de trajet entre vos étapes et les possibilités de transport (à moins que vous n'ayez décidé de louer une voiture !).

**6** Votre voyage est enfin planifié ! Eh bien, **allez-y à présent...** virtuellement, bien sûr ! L'objectif est de créer un petit carnet de voyage aussi réaliste que possible. Sur quel aspect votre enfant souhaite-t-il se concentrer ? Ce peut être la géographie physique : il explorera les montagnes, les lacs, les rivières, les côtes, les océans. Il évoquera la météo, et dessinera les plantes et les animaux rencontrés. Ce peut être aussi la géographie humaine : il détaillera alors les us et coutumes, décrira les personnes rencontrées (métiers, langues, vêtements...), les villes traversées (activités économiques, monuments...).

**7** Promenez-vous sur Google Earth, et aidez votre enfant à faire des **recherches d'images** sur Internet, ou dans les guides de voyage, selon les aspects qu'il souhaite mettre en avant dans son carnet. Imprimez-les ou photocopiez-les ; votre enfant découpera celles qui lui plaisent et les annotera avec le nom des sites et ses impressions les concernant.

# À la conquête de l'espace !

Votre enfant rêve de quitter la Terre et de voyager dans l'espace ? L'exploration spatiale du XXe siècle repousse les limites de l'imagination humaine… S'il est hélas impossible de recréer chez soi les conditions de vie des spationautes, vous pouvez proposer à votre enfant d'y réfléchir : en concevant un « repas de l'espace », il résoudra des problèmes, et modélisera ses connaissances physiques et astrophysiques !

**matériel :** *Papier, stylo. Congélateur. Sac de congélation zippé. Mortier, pilon. Gourde réutilisable pour compote. Adhésif double face. Facultatif : connexion Internet. Combinaisons de ski.*

**1** Proposez à votre enfant de concocter un repas spécial, afin de **manger comme si vous étiez des cosmonautes** en expédition spatiale. Un repas de l'espace pourrait-il ressembler à celui que vous avez pris il y a quelques heures ? Pourquoi ? Demandez à votre enfant de dresser une liste d'aliments qui puissent être achetés facilement dans votre magasin habituel. Pour chaque ingrédient choisi, réfléchissez ensemble : pourrait-il être emporté et consommé dans l'espace ? Amenez votre enfant à verbaliser la principale difficulté : en s'arrachant à l'attraction terrestre, tout ce qui se trouve dans une navette spatiale est en impesanteur… et flotte ! Il faudra donc veiller à bannir les aliments qui pourrait s'effriter ou se répandre : les miettes ou les gouttes se mettraient alors à flotter autour de vous !

**2** Expliquez à votre enfant que les aliments qu'emportent les astronautes ont souvent subi des transformations pour pouvoir être consommés dans l'espace. Proposez-lui de modifier lui-même certains ingrédients frais de votre cuisine selon les techniques utilisées pour les voyages spatiaux :

- **L'emballage sous vide :** placez vos aliments à emballer dans un sac de congélation zippé, et remplissez votre évier d'eau froide. Plongez le sac debout, ouverture vers le haut (l'eau ne doit pas rentrer dans le sac). Utilisez la pression de l'eau sur les aliments pour chasser l'air, puis fermez le sac.

- **La lyophilisation :** choisissez quelques fruits (banane, pomme, poire) bien mûrs, lavez-les et séchez-les. Demandez à votre enfant de les couper en petits dés et de les disposez bien à plat sur un plateau (les morceaux de fruits ne doivent pas se toucher). Placez le plateau au congélateur puis évitez d'ouvrir celui-ci pendant une semaine (car des cristaux de glace se formeraient sur vos aliments). Au bout de ce temps, prélevez un morceau de fruit et laissez-le décongeler : s'il noircit, c'est que le processus de lyophilisation n'est pas achevé, et doit être prolongé. Lorsque les aliments sont lyophilisés, transférez-les dans des sacs de congélation, et chassez-en l'air. Ils se conservent alors à température ambiante.

- **La transformation en poudre :** proposez à votre enfant de piler un sachet de fruits séchés (bananes, raisins…) dans un mortier, puis de verser la poudre obtenue dans une gourde à compote réutilisable. Au moment de déguster, il ne reste plus qu'à y ajouter un peu d'eau et à aspirer… Bon appétit !

**3** **C'est l'heure de passer à table !** Invitez votre enfant à enfiler sa combinaison de ski pour plus de réalisme…

**Prolongement**
Le comportement de l'eau, lorsqu'elle n'est plus régie par les lois de la gravité, illustre bien les problèmes pratiques que rencontrent les cosmonautes dans l'espace. Feuilletez ensemble *On a marché sur la Lune* d'Hergé : sous l'effet de l'apesanteur, le scotch du capitaine Haddock se met à flotter dans l'air sous la forme d'une grosse goutte ! Montrez à votre enfant de petits reportages sur YouTube qui décrivent la vie quotidienne des spationautes : comment se lave-t-on les mains et les dents dans l'espace ? Comment cuisine-t-on ?

**4** Disposez sur votre table les aliments choisis : compotes en gourdes, boissons en briquettes, fruits secs, aliments transformés et conditionnés par votre enfant… À quel problème seriez-vous à présent confronté dans l'espace ? Les aliments, bien sûr, **se mettraient à flotter !** Comment faire ? Les spationautes disposent de systèmes d'attaches pour fixer autour d'eux tous les objets de leur quotidien. Faites de même : placez des morceaux d'adhésif double face sur votre table, et collez-y vos emballages.

**5** Pour déguster ce repas spatial, autorisez votre enfant à **manger debout**, en virevoltant lentement dans la cuisine. Attention, s'il veut poser un aliment, il devra prendre garde à le fixer ! Dans le cas contraire, vous le saisirez et le ferez dériver lentement… Fous rires garantis !

# Les merveilleux nuages !

Les nuages sont des accumulations de gouttelettes d'eau ou de cristaux de glace, visibles à l'œil nu, qui flottent dans l'atmosphère terrestre. L'activité suivante mêle poésie et observation scientifique, art et manipulation expérimentale. Elle permet à votre enfant d'aiguiser son regard sur le monde, l'initie à la météorologie et aux processus naturels.

matériel : *Sac de randonnée contenant : couverture, papier à dessin bleu (coupé au format d'une carte postale), pastels gras blancs et gris, palette d'aquarelle, pinceau, sous-main (clipboard ou livre), gourde, papier essuie-tout, appareil photo. Bocal. Allumettes. Ballon de baudruche, ciseaux. Lampe de poche.*

**1** Un jour où le ciel est dégagé, préparez votre sac et proposez à votre enfant une **excursion « spécial nuages »**. Promenez-vous à la recherche d'un espace dégagé et installez-vous : dépliez la couverture sur le sol, allongez-vous et observez les nuages ensemble. Se déplacent-ils lentement ou rapidement ? À quoi leurs formes vous font-elles penser ? Amusez-vous à leur trouver des ressemblances avec des animaux, des personnages, des objets… Essayez de repérer différents types de nuages et nommez-les.

Les principaux nuages sont :

- **Les cirrus** (« boucle de cheveux », en latin) ont l'aspect de longs filaments blancs. Très élevés dans le ciel bleu, ils annoncent l'arrivée d'une perturbation.
- **Les cumulus** ressemble à de gros morceaux de coton dans le ciel. Selon l'épaisseur et la taille, ils peuvent être signes de beau temps, ou, au contraire, apporter la pluie.
- **Les stratus** sont des nuages bas, gris, qui génèrent brouillard et pluie.

**2** Lorsque l'intérêt retombe, sortez de votre sac **le matériel d'art** et proposez à votre enfant de reproduire les nuages d'après nature sur de petits morceaux de papier bleu. Demandez-lui de dessiner un nuage par carte, en utilisant les pastels blancs et gris. Les dessins terminés, il peut recouvrir toute la feuille d'aquarelle bleue : les pigments des pastels repoussent l'eau et le dessin est ainsi mis en valeur. Essuyez l'excédent d'eau sur la feuille avec du papier essuie-tout, et veillez à bien rincer vos pinceaux avant de les faire sécher au grand air. Pendant ce temps, invitez votre enfant à prendre quelques photos de ses nuages préférés.

**3** De retour à la maison, visionnez les photos sur l'écran de votre ordinateur. À l'aide d'un logiciel de dessin, invitez votre enfant à dessiner sur sa photographie : **à quoi ce nuage ressemble-t-il ?** Que peut-on lui ajouter pour accentuer la ressemblance (antennes, yeux, accessoires…) ? Invitez votre enfant à rechercher le nom des nuages capturés et à les inscrire sur sa photo. Vous pouvez aussi imprimer les photos de votre enfant et lui proposer de dessiner directement dessus, avec des feutres et des crayons de couleur.

## L'expérience du bocal et du ballon

Proposez à votre enfant **une petite expérience** pour observer la manière dont un nuage se forme. Coupez en deux un ballon de baudruche, de manière à obtenir un capuchon souple, qui sera enfilé sur un bocal. Aidez votre enfant à remplir à moitié votre bocal d'eau chaude. Craquez une allumette et plongez-la dans le récipient, de manière à faire entrer un peu de fumée dans le pot. Lâchez l'allumette, qui s'éteindra dans l'eau et refermez rapidement le bocal avec le ballon de baudruche. Demandez à votre enfant d'appuyer doucement sur le plastique du ballon de manière à augmenter la pression de l'air dans le pot. En relâchant, un nuage se forme immédiatement à l'intérieur du pot. Éclairez-le avec une lampe de poche. Votre enfant peut recommencer l'opération : à chaque pression, un nouveau nuage se forme.

Voici comment expliquer l'expérience ! L'eau chaude du bocal se transforme en vapeur d'eau. Lorsque la pression de l'air dans le pot augmente, l'air se réchauffe. En relâchant le ballon, la pression de l'air dans le bocal baisse, l'air se refroidit et la vapeur d'eau se condense sur les particules de fumée de l'allumette : le nuage apparaît !

Direction : Guillaume Pô

Direction éditoriale : Tatiana Delesalle

Édition : Julie Cot

Suivi éditorial : Christelle Fucili

Direction artistique : Chloé Eve

Mise en pages : Vincent Fraboulet

Illustrations : Oreli Gouel

Photographies : © I-Stock

Direction de fabrication : Thierry Dubus

Suivi de fabrication : Sabine Marioni

1re édition - N° d'édition : M18155

ISBN : 978-2-3170-1255-6

Code MDS : 63667

**Achevé d'imprimer en juin 2018 par GraphyCems en Espagne**
**Livre imprimé sur papier FSC**

MIX
Paper from responsible sources
FSC® C007507

**Mango, 2018**
**Dépôt légal : août 2018**
**www.mangoeditions.com**